황허문명부터 중국공산당까지
역사 흐름과 그 특징

중국사

어떻게 읽을 것인가

역자 일러두기

- 저자는 원문에서 영어 단어를 많이 구사하는데 저자의 의도가 있다고 보아 한국어로 다르게 번역한 경우는 [ ] 안에 영문을 병기하였습니다. 그리고 저자의 원문 그대로 영어 단어를 살린 경우는 독자의 이해에 필요한 경우를 제외하고는 따로 병기하지 않았습니다. 저자가 구사한 단어 이외에는 번역에 영어 단어를 사용하지 않았으므로 본문에 나온 영어 단어는 모두 저자의 표현임을 미리 밝혀둡니다.
- 원저가 일본 독자 대상인 책이어서 우리 한국인에게 낯선 일본 관련된 사항들은 각주를 달아 설명했습니다. 그리고 용어나 문맥에 대한 독자의 이해를 돕기 위한 것도 각주에 넣었습니다.
- 원저에서 저자는 ( ) 안에 간단한 설명 어구를 삽입했습니다. ( )의 용어 병기 외에는 저자의 설명입니다.
- [ ]는 번역과 다른 원문 표기, 독자의 이해를 위해 원문 표현을 병기할 때, 혹은 ( )를 다시 한 번 묶을 때 사용하였습니다.

편집 일러두기

- 맞춤법과 띄어쓰기, 그리고 용어는 국립국어원 표준국어대사전을 기본으로 하고, 교육부 편수자료를 참조하였습니다.
- 사진 출처는 다음과 같습니다. 만리장성(124쪽)_Pixabay / 대관통보(178쪽), 명 홍무제(219쪽)_대만국립고궁박물원 / 어린도책(227쪽)_중국 안후이대학 안휘연구중심 소장 / 수 양제(64쪽), 쿠빌라이(161쪽), 캉유웨이와 량치차오(277쪽), 마오쩌둥(295쪽)_wikimedia

황허문명부터 중국공산당까지
역사 흐름과 그 특징

중국사
어떻게 읽을 것인가

오카모토 다카시 저
강진아 역

ToBe
BOOKS
투비북스

첫 머 리 에

책 제목에 나오는 '교양'이란 말은 요즘 사회에서는 꼭 친근한 느낌의 용어는 아닌 듯합니다.[1] 예를 들면 '교양' 있는 사람은 약간 일반인과는 다르다는 이미지가 있습니다.

그렇지만 필자는 대학이라는 세속과 동떨어진 곳에서 이러니 저러니 해도 30년 넘게 있어서 그런지 '교양'이란 말이 퍽 익숙합니다만, 교양의 뜻도 꽤 바뀐 것 같습니다.

제가 대학교에 입학했을 때에는 '교양' 과정이 있어서 그곳에서 배웠습니다. 이때 교양은 '전공은 아닌' 혹은 '전공으로 가기 전'과 같은 뜻으로, 이 과정을 완수한 후에야 전공 단계에 도달한다는, 교과과정에서 그런 위치에 있었습니다. 이래서는 사전 준비에 지나지 않습니다.

그런데 요즘에는 전공이 고도화·정밀화되어, 예전보다 훨씬 긴 시간을 전공 지식의 습득에 써야만 하게 되었습니다. 동시에, 고도화한 전공은 지나치게 세밀해져서, 그것만으로는 가치가 있는지 없는지, 어디에 가치가 있는지 알 수 없게 되고 있습니다. 때문에 전공 지식을 유효하게 배치하고 활용하는 대국적 시각[大局觀]·세계관이 꼭 필요하게 되었습니다. 대학뿐만이 아니라 일반 사회에서도 사정은 마찬가지라고 생각합니다.

---

1) 원서 제목은 《교양으로 중국사를 읽는 법(教養としての「中国史」の読み方)》임_역주

이전에는 '전공은 아니지만' 전공을 준비하는, 또는 전공을 보조하는 역할밖에 없던 '교양'은, 이리하여 전공을 떠받치는 중추[backbone], 혹은 틀을 제공하는 지위로 떠올랐습니다. 이른바 '도시락 찬합에서 구석 한 칸'을 고집하는 것이 전공이라면, '교양'은 '찬합' 그 자체의 구조와 품격이 어떤지 생각하는 행위라고 보면 좋을까요.

최근에는, '교양'이라고 하는 손때가 탄 칭호를 '리버럴 아트(liberal art)'라는 서양풍의 외래어 표기로 바꿔 써서, 기업에서 그 의미를 강조하기에 이르렀습니다. 모두 연관된 현상이라고 해도 좋을 겁니다.

이 책은 '중국사'를 어떻게 읽을까란 문제를, 그런 '교양으로서' 다루었습니다. 우리가 현대 세계를 살아가는 데, 가장 가까이 있는 중국은 싫든 좋든 사귀지 않으면 안 되는 대국입니다. 그 중국을 아는 것은, 이미 누구에게라도 많든 적든 꼭 필요한 지상 과제라고 말해도 좋을 것입니다.

'중국사'란 현대 중국의 성장 내력이므로, 역사를 읽는 것은 중국을 이해할 절호의 단서가 될 것입니다. 이 책은 '찬합의 구석 한 칸'을 후벼 파듯 세세한 사실·사건을 가지고 끝까지 파고들기보다는, 각 칸의 틀을 잡고 있는 '찬합' 그 자체를 위에서 내려다보고 생각할 수 있는 '읽는 방법'을 제안해 보려고 했습니다. 그리하여 조금이라도 '교양' 역량이 높아진다면, 필자로서 망외의 기쁨입니다.

목차

첫머리에

서장　　중국은 '쌍[對]'의 구조로 봐야 한다

　　　　일본인은 '중국'을 모른다 … 12

　　　　나라에는 '개성'이 있다 … 15

제**1**부

'중국'의 시작
: 고대부터 현대까지 계승되는 것

제1장　　왜 '하나의 중국'을 지향하는가

　　　　제각각이라서 주장하는 '하나의 중국' … 20

　　　　시대에 따라 변하는 '중국'의 범위 … 24

　　　　중국은 동화와 균질화로 커졌다 … 27

　　　　세계는 '중화(中華)'와 '외이(外夷)' 둘로 나뉜다. … 31

　　　　'차이나(China)'도 '지나(支那)'도 어원은 진(秦) … 36

　　　　진(秦)의 통일 – 봉건제에서 군현제로 … 40

　　　　한(漢)의 통일 – 군현제에서 군국제로, 그리고 다시 군현제로 … 44

제2장　　'황제'는 어떻게 탄생했는가

　　　　전사와 황제는 같은 것인가 … 49

　　　　황제라는 명칭은 한 고조가 '권력+권위'의 칭호로 만들었다 … 53

　　　　황제가 중심이 되는 세계질서 구축 … 56

　　　　'선양'이라는 미명의 실체 … 59

중국에 '제국'은 없다 ··· 62

천명은 호족에게도 내려오는가 ··· 66

황제조차 무시할 수 없는 지식계급 '귀족'의 존재 ··· 70

제3장　　유교 없이는 중국사를 말할 수 없다

'유교'는 현실 세계에서 탄생한 자기중심 사상 ··· 75

유교적 이상 사회는 먼 옛날에 있다 ··· 78

전문가[specialist]는 한쪽으로 치우친 인간으로 여긴다 ··· 81

유교의 유효 사거리는 딱 개인까지 ··· 84

한(漢) 이후 '학문은 곧 유교'라는 상황이 2천여 년 지속된다 ··· 86

일본인이 아는 유교는 진짜와 비슷하지만 다른 것[似而非]이다 ··· 88

귀족은 어떻게 생겨났는가 ··· 89

중국의 '정사(正史)'란 유교적 올바름을 드러내고자 기록한 것 ··· 92

유교는 '종교'인가 ··· 95

중국에 '종교의 시대'를 가져온 한랭화 ··· 98

불교를 전제로 하여 일어난 유교 르네상스 ··· 103

주자학은 '엘리트의, 엘리트에 의한, 엘리트를 위한 학술' ··· 105

'근대 사유'로서 양명학의 탄생과 좌절 ··· 109

유교는 중국 역사와 떼려야 뗄 수 없는 관계이다 ··· 113

제2부

교차하는 '호(胡)'와 '한(漢)', 바뀌는 왕조, 변화하는 사회
: 유목민의 대두에서 황제 독재로

제4장　　중국사를 크게 움직인 유목민

이질적 세계가 이웃하는 땅에서 문명은 태어났다 ··· 118

유목민이 강했던 비결 ··· 123

유목민에게 국가의식은 있었는가 … 126

거란이 이뤄낸 것 … 129

한랭화가 유목민을 움직였고, 유목민이 중국 사회를 바꾸었다 … 133

온난화로 다시 나누어진 중국 … 138

'호한일체(胡漢一體)'라는 새로운 세계질서 구축 … 141

당의 번영과 멸망 … 144

새로운 호한 공존 시스템의 구축과 그 종언 … 149

몽골의 대두 배경에는 거란이 있다 … 152

몽골의 '혼일(混一)' … 158

경제 대국의 발전과 종언 … 160

제5장   당송변혁이 가져온 대전환

중국사의 최대 전환점[turning point] '당송변혁' … 165

강남 개발과 인구 증가 … 168

에너지 혁명이 가져온 것 … 171

경제대국 송(宋) … 174

화폐경제가 상업 발전을 촉진했다 … 175

새로운 도시의 탄생 … 179

니덤 패러독스의 문제점 … 181

제6장   '사(士)'와 '서(庶)'의 이원 구조

시대와 함께 변화한 '사'와 '서' … 186

서민의 대두가 낳은 새로운 엘리트 '사대부' … 189

문벌귀족은 망해도 '유품(流品)'은 망하지 않는다 … 191

가혹한 시험과 그것으로 얻는 특권 … 194

사대부는 될 수 없으나 권력을 지향한 사람들 … 198

당송변혁이 초래한 지방행정의 부조리 … 202

중국에서 뇌물은 필요악 … 205

중국에는 합법, 비합법, 선악의 경계가 없다 … 208

중국의 주권은 국민에게 없다 … 211

일본은 왜 과거를 도입하지 않았는가 … 213

제**3**부

현대 중국은 어떻게 생겨났나
: 역사를 알면 지금이 보인다

제7장　　현대 중국을 만든 명과 청

　현대 중국의 시작은 명(明) ⋯ 216

　원(元)을 멸망시킨 것은 명이 아니라 한랭화였다 ⋯ 219

　명의 존재 이유[raison d'être]가 된 '화이지변(華夷之辨)' ⋯ 221

　공포정치와 그 목표 ⋯ 224

　사회를 직접 장악하다 ⋯ 226

　의옥(疑獄) 사건과 대규모 숙청 ⋯ 227

　정난(靖難)의 변과 영락제 ⋯ 230

　강남 삼각주의 차원이 다른 발전 ⋯ 231

　무너져 가는 주원장 시스템 ⋯ 234

　관과 민의 괴리가 만들어 낸 '북로남왜(北虜南倭)' ⋯ 237

　예상 못한 왕조 교체, 명에서 청으로 ⋯ 241

　청의 통치 이데올로기 '화이일가(華夷一家)' ⋯ 244

　만주인, 한어를 쓰게 되다 ⋯ 250

　유럽의 중국 진출과 중국의 인구 폭발 ⋯ 252

　아편전쟁으로 가는 길 ⋯ 256

　아편전쟁으로는 바뀌지 않았다 ⋯ 258

제8장　　관과 민이 괴리된[官民乖離] '서양화'와 '국민국가'

　경제적 분립이 부른 분할[瓜分]의 위기 ⋯ 260

　양무운동은 독무중권(督撫重權)의 한 측면 ⋯ 265

　일본은 '화혼양재(和魂洋才)', 중국은 '중체서용(中體西用)' ⋯ 268

　이홍장의 걱정이 현실로 드러난 청일전쟁 ⋯ 270

　중국인에게 '국민' 의식 심어준 량치차오(梁啓超) ⋯ 273

신해혁명이란 무엇인가 … 278

혁명과 오족공화(五族共和) … 281

공화제를 지향하면서도 위안스카이의 독재와 혼란으로 … 283

제9장   '공산주의 국가' 중국

변하지 않는 중국 사회 … 287

언제나 결론은 '하나의 중국' … 289

유교는 중국인에게 역사 그 자체이다. … 292

중국은 왜 공산주의 국가가 되었는가 … 294

공산당 정권에서 자유경제가 성립하는 논리 … 298

중국인은 국가가 아니라 커뮤니티에 귀속되어 있다 … 300

중국과 잘 지내기 위한 비결 … 302

마치면서 … 306

참고 문헌 … 308

역자 후기 … 310

● 중국의 왕조표

시대 명칭	왕조명 (진한 부분이 정통 왕조)	연도
삼대(三代)	하(夏)	B.C.1600
	상(商, 殷은)	B.C.1000
	주(周, 西周서주)	
춘추(春秋)	진(秦) / 육국(六國) / 동주(東周)	
전국(戰國)		B.C.221
한(漢)	전한(前漢, 西漢서한)	B.C.202
	신(新)	9
	후한(後漢, 東漢동한)	25
		220
삼국육조 (三國六朝)	오(吳) / 촉(蜀) / 위(魏)	221
	서진(晉, 西晉서진)	265
		317
	오호십육국(五胡十六國) / 진(晉, 東晉동진)	
	북위(北魏) / 유송(劉宋)	
	/ 남제(南齊)	
	서위(西魏) / 동위(東魏) / 양(梁)	
	북주(北周) / 북제(北齊)	
	/ 진(陳)	
	수(隋)	589
당(唐)		618
	당(唐)	907
오대(五代)	거란(契丹) / 십국(十國) / 후량(後梁) 후당(後唐) 후진(後晉) 후한(後漢) 후주(後周)	
		960
송(宋)	금(金) / 북송(北宋)	1125
		1127
	몽골(蒙古) / 남송(南宋)	1213
	대원국(大元國)	1276
원(元)		1368
명(明)	북원(北元) / 명(明)	1616
	후금(後金)	1636
	청(淸)	1644
청(淸)		1912
중화민국 (中華民國)	위안스카이정권(袁世凱政權)	1916
	베이징정부(北京政府)	1927
	국민정부(國民政府)	1931
	만주국(滿洲國) / 왕징웨이 괴뢰정권 (汪兆銘政權)	1945
		1949
중화인민공화국	중화민국(中華民國) / 중화인민공화국(中華人民共和國)	

졸저《중국의 논리》를 기초로 작성

중국은 '쌍의 구조'로
봐야 한다

일본인은 '중국'을 모른다

우리는 중국을 언제 어떻게 알았을까요?

일본인이 사용하는 한자는 중국에서 전래된 것입니다. 언제 어떻게 한자가 일본에 전해졌는지 정확히는 알 수 없지만 대략 1세기 즈음이라고 합니다. 하지만 그것은 문자가 써진 무언가가 일본에 전해졌다는 말이지, 일본인이 중국에 대해 알게 되었다는 이야기는 아닙니다.

그렇다면 나라 간에 정식 교류를 하고 견당사(遺唐使)가 파견된 헤이안시대[1]는 어떨까요? 확실히 천태종(天台宗)을 일본에 들여온 사이초(最澄)[2]도, 진언종(眞言宗)을 전파한 구카이(空海)[3]도 견당사를 수행하여 당나라로 건너갔습니다. 이 밖에도 많은 사람이 당나라로 건너가 중국에서 많은 문물을 가지고

---

1) 794~1192년의 귀족 정치 시대를 지칭함_역주
2) 생몰 766~822년, 헤이안시대 일본의 불승으로 천태종의 개조_역주
3) 생몰 774~835년, 헤이안 초기 일본의 승려로 진언종의 개조_역주

돌아왔습니다. 무라사키 시키부(紫式部)[1]가 나카미야 아키코(中宮彰子)의 부탁으로 백거이(白居易)[2]의 《백씨문집(白氏文集)》 중에서 '신락부(新樂府)'라는 작품들을 강의했다는 것도 헤이안시대의 일입니다.

그러나 일본인 전체로 보면 극히 한정된 사람들이, 극히 한정된 물건을 가지고 돌아와 극히 한정된 범위에서 사용했을 뿐입니다. 대다수의 일본인은 바다 건너에 다른 나라가 있다는 정도는 알고 있었겠지만 그 나라에 대해서는 거의 아무것도 몰랐습니다.

가마쿠라(鎌倉)시대[3]에는 '원구(元寇)[4]'가 있었지만, 그것은 '외국인들[異人]이 공격해 왔다'는 것일 따름이고 중국을 알 기회가 되지는 못했습니다.

무로마치(室町)시대[5]에 들어서면 무역 등이 활발해져 중국에 대한 일반적인 지식은 조금씩 보급되지만, 그래도 서민에게 정보는 전해지지 않습니다.

그렇다면 많은 일본인이 중국이라는 나라를 알게 된 것은 언제일까요?

답은 에도(江戶)시대[6]에 들어서부터입니다.

계기는 도쿠가와막부(德川幕府)의 주자학 도입이었습니다.

무사들이 주자학을 배우고 그 무사들이 정치적 혹은 사회적, 문화적으로 주도권[initiative]을 잡게 되면서, 일반인들도 '중국'이나 '중국인'을 이해하게 된 것입니다.

이리하여 일본인은 비로소 '중국을 알게 된' 것이지만, 유감스럽게도 그 배움의 교본[text]은 아주 옛날 것들이었습니다. 당시의 중국은 '청(淸)이었지

---

1) 생몰 970~1019년?, 헤이안시대의 궁중 관리로 여성 작가, 일본을 대표하는 고전 소설 《겐지모노가타리(源氏物語)》의 작가임_역주
2) 생몰 722~846, 당 중기의 시인으로 자는 낙천(樂天)이며 〈장한가〉, 〈비파행〉이 유명함 _역주
3) 1192~1333년, 가마쿠라에 막부를 세운 최초의 사무라이 정권 시대_역주
4) 원(元) 도적(寇), 즉 원의 일본 정벌군을 지칭하는 멸칭으로 일본어로는 겐코라고 발음함_역주
5) 1338~1573년, 아시카가 가문이 지배한 일본의 두 번째 사무라이 정권 시대_역주
6) 1603~1868년, 에도, 현 도쿄에 막부를 둔 도쿠가와 사무라이 정권 시대_역주

만 경서나 사서라고 해도 거기에 쓰인 것은 아주 옛날의 내용입니다. 그런 오래된 책을 읽는 것만으로 중국의 진짜 모습을 알 수 있을 리 없습니다.

이때 일본과 중국 사이에 교류가 더 있었다면 이런 것이 오래된 정보라고 눈치챘을지도 모르지만, 당시 일본은 쇄국을 하고 있어서 그런 좋은 찬스는 얻지 못했습니다. 그 무렵, 실제로 중국인과 접촉과 교류를 할 수 있던 사람은 나가사키에 출입하고 있는 상인이나 관리 등 극히 한정된 이들뿐이었습니다.

이렇게 보자면, 일본인이 진정한 의미에서 중국을 알고 중국인과 접하게 된 것은 메이지(明治)시대[1]에 들어가서부터라는 것이 됩니다.

지도상으로 이웃하고 있고, 같은 한자를 사용하고 있다는 것만으로 일본인은 중국을 '잘 알고 있다'고 멋대로 믿고 있었습니다.

제2차 세계대전 이전[2], 일본인이 대륙에 건너가 처음 중국인과 직접 접촉했을 때 아마 많은 사람이 당황했을 것입니다.

이것은 자신들이 생각했던 중국인이 아니다, 라고.

여기서 '그렇다고 믿는 것'과 '현실'이 서로 부대끼고 조정이 이루어져 상호 이해가 깊어졌다면 좋았겠지만, 안타깝게도 그럴 틈도 없이 일본과 중국은 대립이 깊어져 전쟁 상태로 돌입하고 말았습니다.

전후에는 중국과의 왕래가 사실상 끊겼고, 국교가 회복된 것은 1972년입니다. 이후 지금까지 중국과 일본은 한 번도 좋은 관계를 구축하지 못했습니다. 아직 서로에 대해 잘 모르는 탓이라고 생각합니다. 우리는 자각하지 못하는 사이에 서양의 사고방식에 물들어 있습니다. 옳다고 믿는 것도, 당

---

1) 1868~1912년, 메이지 유신으로 사무라이 정권이 무너지고 즉위한 첫 천황인 메이지 천황 재위 시기_역주
2) 일본 서적에서 별도의 설명이 없는 경우 전전(戰前)은 제2차 세계대전과 일본 패전 이전을 말하고 1945년 이후는 전후(戰後)로 지칭함_역주

연하다고 생각하는 것도, 그리고 '민주주의'나 '자본주의'도 원래는 서양의 극히 일부 지역에서 생겨나 선택된 시스템에 지나지 않습니다.

일본은 에도막부 말기에 그런 서양의 가치를 만나, 우연히 일본인에게 잘 맞아떨어지는 것들이라 위화감 없이 받아들였습니다. 하지만 동양에는 서양의 그것과는 전혀 다른 시스템이 오랫동안 행해지고 있었습니다. 자세한 내용은 본문에서 서술하겠지만, 중국인이 일본인처럼 서양화하지 않았던 것은 그 때문입니다.

중국에는 중국 특유의 풍토와 역사, 그리고 그곳에서 자라난 문화와 시스템이 있습니다. 서양의 그것과는 다른 겁니다. 어느 쪽이 더 낫다거나 옳다거나 하는 것은 아닙니다.

그냥 '다른' 것입니다.

나라에는 '개성'이 있다

이 책은 중국의 역사를 소재로 하고 있지만, 목적은 역사적 사건·현상을 세세하게 쫓는 것은 아닙니다. 책이 목표로 하는 것은 '중국'의 '개성'을 분명히 하는 것입니다. 많은 일본인은 중국의 역사를 보면서 '왜 여기서 이런 선택을 하는지' 이해하기 힘들 때가 많이 있으리라 봅니다. 그건 일본사의, 혹은 일본인의 상식·개성으로 중국사를 읽어내려 하기 때문입니다.

일본과 중국은 같은 한자를 사용하고, 공통되는 어휘도 많이 가지고 있습니다. 하지만 읽을 수 있다고 해서 일본어의 사고로 중국어를 읽으면 '진의'를 잘못 읽게 됩니다.

역사 역시 마찬가지입니다.

일본인과 중국인은 외양은 비슷하지만 사물에 대한 생각이나 사고 패턴,

행동 기준이나 가치관 등 내면은 크게 다릅니다.

이런 차이를 낳는 것이 '개성'입니다.

사람마다 개성이 있듯이 나라에도 개성이 있습니다.

그리고 사람의 개성이 그 성장 과정, 이력, 인생의 결과인 것처럼 나라의 개성은 역사의 결과라고 할 수 있습니다.

중국의 역사를 살펴봄으로써 무엇이 그런 개성을 만들어 냈고, 그 개성이 어떠한 현상을 초래했는가를 풀어가고 싶습니다.

중국의 개성을 한마디로 말하면 '이원 구조(二元構造)'입니다. 그 구체적, 역사적인 내용이 본문의 주제이지만, 여기서 그 취지를 좀 더 알기 쉽게 표현해 두면 '쌍의 구조'[1]라고 해도 좋을 것입니다.

중국에서는 사물을 크게 대립하는 두 개의 것으로 나누어 생각합니다.

언행(言行), 허실(虛實), 상하(上下), 남녀(男女), 원근(遠近), 조야(朝野)[2] 등 한어(漢語)[3]에는 쌍의 의미를 가진 숙어가 수없이 많습니다.

왜 쌍의 구조가 생겼을까요?

하나는 지리적인 요인이 있을 수 있습니다.

중국의 광대한 국토는 북부와 남부에서 완전히 다른 양상을 띠고 있습니다. 북부는 한랭하고 건조하며 식생은 빈약한 반면 남부는 온난하고 습윤하며 식생은 더할 나위 없이 풍요롭습니다.

북부와 남부에 흐르는 큰 강은 둘 다 서쪽에서 동쪽으로 흐르는데, 국토 전체가 서쪽은 높고 동쪽은 낮다는 것을 보여줍니다.

이처럼 명확하게 양분되는 지형 및 기후 풍토는 자연히 그곳에 사는 사

---

1) 원문은 대의 구조(対の構造), 주로는 서로 대립하는 두 가지 개념이 한 세트를 이루는 구조_역주
2) 조정과 민간, 관과 민_역주
3) 한어는 현재는 중국어라는 뜻이나, 이 글에서는 동아시아에서 공통으로 사용된 문어인 한문, 한자어와 구어인 중국어를 구별하지 않고 한어로 사용하므로 이하 원문대로 한어로 표기함_역주

람들의 생활 방식을 규정합니다. 하천 근처나 남쪽의 습윤한 지역에서는 식생이 풍부해서 농경이 발달하고, 건조하고 식생이 부족한 북방 지역에서는 수렵과 유목 생활이 주를 이룹니다.

문명은 농경을 영위하는 사람들 사이에서 먼저 탄생했고, 그 문명은 생활양식의 차이에 따라 자신들은 '화(華)' 그리고 자신들과 다른 생활을 하는 자들은 '이(夷)'라고 양분하고, 다시 자신들 화(華) 내부를 '사(士)와 서(庶)'로 양분했습니다.

이러한 '쌍의 구조'를 결정지은 것이 '유교'였습니다.

중국에서 유교는 정치·사회와 강하게 결합되어 세계, 국가, 사람들의 생활에까지 침투해 갔습니다.

왜 중국은 '하나의 중국'을 고집하는가.

중국은 왜 그토록 강렬한 '중화사상'을 가질까.

중국은 왜 '공산당 일당독재'가 됐을까.

중국은 왜 그렇게 격차가 클까.

왜 중국에서는 '산업혁명'이 일어나지 않았을까.

이러한 의문은 많은 일본인이 중국사를 보았을 때에 느끼는 것이지만, '쌍의 구조'를 비롯한 중국의 개성을 알면 이런 의문을 풀어줄 이치가 보이게 될 것입니다. 우리는 중국도, 중국 사람도 실은 잘 모르는 것입니다. 그렇게 깨닫고 중국에 가졌던 기존의 이미지나 선입견을 버리고 중국사와 마주하기를 바랍니다.

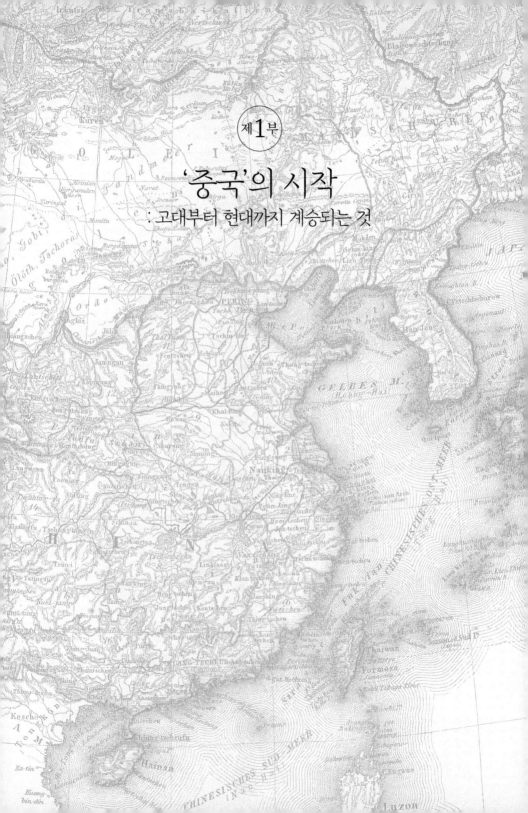

제1부

'중국'의 시작

: 고대부터 현대까지 계승되는 것

제 1 장

왜 '하나의 중국'을 지향하는가

제각각이라서 주장하는 '하나의 중국'

중국은 왜 사사건건 '하나의 중국'에 목소리를 높일까요. 이 말에서 읽어낼 수 있는 것은 '중국은 하나로 뭉쳐야만 한다', '하나가 되지 않으면 강대한 중국을 실현할 수 없다'는 강한 믿음입니다.

이런 강한 믿음은 어디서 생겨났을까요?

19세기 말에 서유럽 열강에 국토가 쪼개질 뻔했다거나 일본에 침략당해 일시적이나마 국토의 일부를 빼앗겼다는 트라우마도 있을 것입니다. 하지만 중국이 '하나의 중국'을 강조하는 진짜 이유는 오히려 다른 데에 있다고 생각합니다.

왜 굳이 '하나'라고 강조해야 하는가를 생각해 보면 진짜 이유가 보입니다.

중국이 원래 하나로 뭉쳐진 나라라면 굳이 '하나'라고 말할 필요가 없습니다. 굳이 '하나'라고 해야 하는 이유는 현실에서는 '하나가 아니기' 때문입니다. 이를 상징적으로 나타낸 유명한 말이 있습니다.

'흩어진 모래[一片散沙]'

'중국 혁명의 아버지'라 일컬어지는 쑨원(孫文손문, 1866~1925)이 중국인들을 평하면서 쓴 말입니다

'흩어진 모래[一片散沙]', 그 뜻은 '사방으로 뿔뿔이 흩어져 있는 모래'입니다.

뿔뿔이 흩어진 모래는 손으로 퍼내도 손가락 사이로 금방 주르르 흘러내려 버립니다. 혁명을 이상으로 내세우면서도 이루지 못하고 있던 쑨원은 조국 중국에서 혁명을 성취하지 못하는 것은 중국 민중이 '흩어진 모래'처럼 단결력도 저항력도 없는 사람들이기 때문이라고 말했던 것입니다. 중국은 '흩어진 모래'였기 때문에 서양 제국주의에 국토를 침범당하고 경제 경쟁에서 져서 힘든 상황에 몰리고 있다, 따라서 이 흩어진 모래 같은 민중들을 공고한 덩어리로 뭉쳐내 국민국가로 만들어내야 한다, 그것이 바로 쑨원에게는 '혁명'이자 평생을 건 꿈이었습니다.

이 말에서도 쑨원이 지향한 '혁명'이 예부터의 중국 사상인, 천명에 따라위정자가 교체된다는 '역성혁명(易姓革命)'이 아니라 서양식 '레볼루션[revolution]'을 의미하는 혁명이었음을 알 수 있습니다.

이렇게 말하면 '쑨원은 말로는 국민국가를 지향한다면서 그네들이 한 것은 결국 강권정치(强權政治)였지 않나', 이렇게 의문을 제기할지도 모릅니다. 하지만 그건 어떤 의미에서 어쩔 수 없는 일이었습니다.

쑨원은 동서양 사상을 모두 공부한 뒤 당시 중국의 상황을 보면서 많은 고민과 망설임 끝에 중국 역시 국민국가로 가야 한다고 생각하고, 혁명을 그렇게 정의했습니다.

그러나 '혁명'을 지향한다고 해도, 서양과 중국은 국민의 자질이 크게 달랐습니다.

서양 사람들은 구체제(앙시앵 레짐)의 압정과 위정자 밑에서 자유를 쟁취하기 위해 혁명을 일으켰습니다. 즉, '자유'라는 한 가지 목적으로 사람들이 이미 뭉쳐 있어서 단번에 혁명을 일으킬 수 있었던 것입니다.

이에 비해 중국 민중은 이들을 하나로 묶는 것이 없었습니다. 민중들이 제각각이라는 것은 어떤 의미로는 그들이 이미 자유로웠다는 것입니다.

오랜 황제 지배하에서 민중들이 자유로웠다고 말하면 일본인에게는 조금 이해하기 어려운 감각일거라 생각합니다. 일본인에게는 '강자에겐 굽혀라'는 말이 있듯이, 윗사람에게 맡겨두면 어떻게든 해 줄 것이라는 감각이 있지만 중국인에게는 이러한 감각이 없습니다. 중국인들은 윗사람을 신용하고 있지 않고, 기대도 안 합니다.

극단적으로 말하자면, 중국인들에게 중요한 것은 자신들의 일상생활이며 나랏일이야 사실 어찌 되든 상관없습니다. 중국에서 정치와 국가를 생각하는 것은 극히 일부의 상층부 사람들뿐이며 대다수를 점하는 서민은 자신들이 매일 살아나가는 것만으로 벅차서 그런 생활과, 정치니 국가니 하는 것은 거의 상관이 없었던 것입니다.

혁명을 성취하려면 저마다 자신만 생각하는 이 '뿔뿔이 흩어진 민중'들을 하나로 묶어낼 필요가 있었습니다. 그러려면 '강한 리더십'이 필요하다고 쑨원은 생각했습니다. 우선 강한 리더십으로 국민을 통합해 나가면 국민도 점차 지혜를 키워나갈 것이다, 입헌 정치로 이행하는 것은 그때부터라는 것입니다.

하지만 쑨원이든 후계자인 장제스(蔣介石장개석, 1887~1975)든 국민국가와 입헌제를 꿈꾸면서도 그 전 단계에서 끝나고 말았습니다.

국민국가 실현이라는 꿈을 내걸고 황제 독재정치를 부정하고 혁명을 지향하던 쑨원도 '흩어진 모래'라는 현실을 앞에 두고, 결국은 중국 예로부터의 '가장 덕 있는 인물에게 천명이 내려오니 사람들은 그 덕이 있는 군주를 따라가면 된다'는 황제 정치의 논리로 돌아가 버린 것은 역설적입니다.

즉, 중국의 독재는 사람들이 뿔뿔이 흩어져 있어서 나타난 독재이며, 현재 중화인민공화국이 사실상 공산당 일당독재라는 점에서 중국이란 나라의 본질은 황제 정치로부터 바뀌지 않았다고 할 수 있습니다.

현실의 중국은 결코 '하나'가 아닙니다.

그러므로 중국의 위정자들은 '하나의 중국'을 지향하고 뿔뿔이 흩어진 모래알 같은 현실을 불식하기 위해서도 사사건건 '하나의 중국'이라고 해야 하는 것입니다.

실제로는 뿔뿔이 흩어져 있으니까 중국은 '하나'를 지향하는데, 왜 그렇게 '하나'이기를 고집하는 걸까요.

쑨원의 경우는 그것이 혁명을 일으켜 국민국가를 실현하기 위해 필요한 단계였기 때문입니다.

그러나 하나의 중국이라는 의식은 결코 쑨원에서 비롯된 것이 아닙니다. 쑨원이 등장하기 훨씬 옛날부터 중국은 '하나인 것'에 집착해 왔습니다.

일본은 중국에서 한자를 들여왔기 때문에 중국어로 써진 문헌을 읽을 때에 무심코 일본어의 의미로 파악하기 십상입니다. 하지만 실제로는 같은 문자, 같은 숙어를 쓰고 있어도 일본어와 중국어는 말이 가지는 의미나 뉘앙스가 크게 다른 경우가 있기 때문에 주의해야 합니다.

먼저 중국의 '중(中)'자가 핵심인데, 요즘 일본인이 생각하는 것보다 이 한자는 훨씬 무거운 의미가 있습니다. 자세한 것은 뒤에서 설명하므로 여기에서는 말뜻만 봐 두겠습니다.

'중'이란 중심이라고 하는 의미여서 도형에서도, 세계에서도 중심이란 '하나'밖에 없는 유일무이, 둘도 없는 것입니다. 여러 개 있는 중심은 중심이 아닙니다. 중국이 몇 개나 있을 수 있다고 하는 것은 말 자체로 논리 모순이 됩니다.

다음 문제는 그 알맹이인데, 유일무이한 둘도 없는 중심이라면 그것은 작고 하찮은 것일 리 없습니다. '큰 하나'여야만 합니다. 그래서 중국은 흔히 '대국'이라고 자칭합니다.

예를 들어, 일본에서 '대(大)'라고 하는 말(문자)은 단지 '크다'라는 의미로 쓰이지만 중국에서 '대'는 클 뿐만 아니라 동시에 '우월한' 것을 의미합니다.

'대'가 뛰어나다는 것이므로 그 대척점에 있는 '소(小)'는 하찮고 '열등한 것'이란 의미를 가지게 됩니다. 예전에 '소설(小說)'이란 재미없는 나쁜 문학이라는 의미였고, 지금 중국인이 일본인을 매도할 때는 '소일본(小日本)'이라고 합니다.

뿔뿔이 흩어져 제각각이라는 것은 하나하나는 작은 것이 되기 때문에 전체적으로도 뒤떨어지는 것이 되고, 중국으로서는 인정하기 어려운 굴욕이 됩니다.

즉 '하나의 중국'이라는 말에는 '중국은 유일무이한 뛰어난 나라'라는 의미가 내포되어 있는 것입니다.

시대에 따라 변하는 '중국'의 범위

중국이 제각각인 것은 그 크기와도 관련이 있습니다.

지금 '중국'이라고 불리는 범위의 국토는 너무 넓습니다. 그 때문에 아무래도 지역마다 다양한 개성이 나타납니다. 이런 각지의 개성 차이가 하나로 묶기 힘들게 만드는 한 요인으로 작용합니다.

그런 점에서 중국의 역사를 볼 때 자연환경과 지세를 아는 것은 매우 중

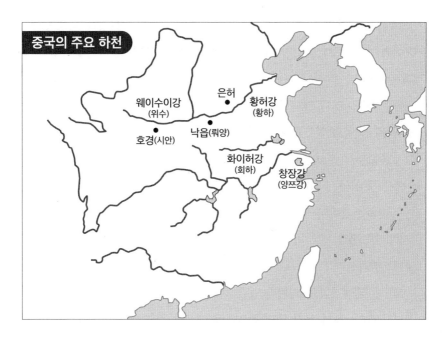

중국의 주요 하천

웨이수이강
(위수)

은허

황허강
(황하)

낙읍(뤄양)

호경(시안)

화이허강
(회하)

창장강
(양쯔강)

요합니다.

유라시아 대륙의 동부에 위치한 중국의 지형은 기본적으로 서고동저(西高東低)여서 하천은 서쪽에서 동쪽으로 흐릅니다. 그중에 가장 길고 큰 2개의 하천, '황허강(黃河황하)'와 '창장강(長江장강, 양쯔강)' 유역에 펼쳐진 드넓은 충적평야에서 중국 문명은 태어났습니다.

황허강 유역과 창장강 유역은 모두 대하천 부근에 형성된 평야이지만 기후 풍토는 크게 다릅니다. 북쪽에 위치한 황허강 유역은 건조하나 남쪽에 위치한 창장강 유역은 습윤합니다.

이들 두 지역의 경계가 되는 것이 '화이허강(淮河회하)'입니다.

화이허강은 황허강과 창장강의 딱 중간에 있는 하천으로 화이허강 북쪽의 한랭 건조 지대는 밭농사에, 화이허강 남쪽의 온난 습윤 지대는 벼농사에 적합합니다.

현재는 화이허강 이북을 '화북(華北, 화베이)'으로, 이남을 '화중(華中)' '화남(華南, 화난)'이라 하지만 사실 이런 호칭은 비교적 새로운 것이고 역사적으로는 오랫동안 다른 호칭이 사용되었습니다.

'중원(中原)', 이것이 화북의 옛 호칭입니다.

중원은 '중앙의 땅' 혹은 '중심이 되는 장소'라는 의미로 '중원(中原)', '중국(中國)', '중화(中華)'는 사실 거의 같은 뜻입니다. '중앙', '중심'이라는 말에는 '제일 좋은 곳'이라는 의미가 내포되어 있습니다. 예를 들어 아이돌 그룹의 자리 배치에서 센터가 가장 상위인 것과 같다고 생각하면 이해하기 쉬울 것입니다. '중원'과 '중국'은 일본에서도 '장소'를 의미하지만 '중화'는 조금 다르다고 생각할지도 모릅니다. 중화의 '화(華)'에는 '훌륭한 것', '화려한 것', 그리고 '문명적'이라는 의미가 있습니다.

화북은 중국에서 가장 먼저 문명(황허문명)이 발원하여 발전한 지역입니다.

한편, 화중 지역도 예부터 문명(창장강문명, 양쯔강문명)이 발원하여 발전했지만 황허문명(황하문명)과 비교하면 애당초 세력에서도 문명 수준에서도 상대가 되지 못했습니다. 따라서 화중·화난의 원래 호칭은 '강남(江南)'이라 하여 딱 봐도 지리적으로 한쪽에 치우친, 일개 지역의 고유명사 같은 것이었습니다. 화이허 이남의 땅이 중시된 것은 후세에 와서 이 땅이 개발된 이후입니다.

'중원', '중국', '중화'는 역사적으로 거의 동의어로 사용되었습니다.

즉 원래는 화이허강 이북의 '중원'만이 중국이었던 것입니다.

역사를 볼 때, 이 중국이라는 명칭은 조금 주의할 필요가 있습니다. 이 나라를 '중국'이라는 고유명사로 부르게 된 것은 극히 최근인 20세기에 와서이기 때문입니다.

그 전까지 이 나라는 그때그때의 왕조 이름으로 불렸습니다. 일본에서도 20세기 이전에는 '수[遣隋使견수사]', '당[遣唐使견당사, 입당(唐入り)]', '송[宋錢송전, 日宋貿易일송무역)', '원[元寇원구]', '명[日明貿易일명무역]', '청[日淸戰爭일청전쟁]'1) 등과 같이 그 시대의 왕조 이름을 썼지 중국이라는 호칭은 쓰지 않았습니다.

당연한 말이지만, 국토의 넓이나 수도의 위치는 시대와 왕조마다 다릅니다. 이런 시대적 차이를 무시하고 전부 '중국'이라 한다면 역사학적 오해를 초래할 위험이 있습니다. 그래서 우리 역사학자들은 평소에 중국이라는 명칭을 사용하지 않고 왕조 명(名)을 사용합니다.

그러나 이 나라의 큰 역사적 흐름이나, 시대·왕조는 달라져도 변치 않는 '이 나라의 개성'을 살펴볼 경우엔 '중국'이라는 호칭을 사용하는 것이 유익합니다. 그러므로 이 책에서도 '중국'이라는 호칭을 사용하지만, 그때는 현재의 국가 '중화인민공화국'인 중국이 아니라 '현재 중국이라고 불리는 범위'라는 큰 틀을 나타내는 말이라고 이해하면 좋겠습니다.

요컨대 문명이 싹튼 지 얼마 되지 않은 고대에는 화이허강 이북의 한정된 지역인 '중원'만이 문명을 가진 '중국'으로 인식되었다는 것입니다.

중국은 동화와 균질화로 커졌다

황허문명은 청동기를 사용하게 된 얼리터우문화(二里頭文化이리두문화)를 거치면서 점차 도시를 형성하게 됩니다.

이 도시는 중국식 한어(漢語)로 표현하면 '읍(邑)'입니다. 한자학의 권위자인 시라카와 시즈카(白川靜) 선생에 따르면 읍이라는 글자는 흙으로 쌓은 담에 둘러싸인 사람들을 나타내는 상형문자에서 나온 것으로 한자 부수의 하나인 '우부방[阝]'의 원 글자라고 합니다.

---

1) 일송무역, 일명무역과 마찬가지로 일청전쟁도 원저자의 표기 방식임_역주

'우부방[阝]'을 가진 한자에 '도(都)'가 있지만 이 글자는 '큰 마을'이라는 뜻입니다. 다만, 여기서 말하는 '도[都市도시]'는 일본인들이 생각하는 도시와는 다른 특색을 가집니다. 바로 '읍' 글자의 뜻이 보여주듯 성벽으로 둘러싸인 장소라는 의미입니다.

이해하기 쉽게 성벽이라고 했지만 중국에서는 '성(城)'이라는 한 글자가 도시를 둘러싼 성벽을 뜻합니다. 처음 발생 단계에서는 물론 성벽처럼 대단치는 않았고 차라리 관목 울타리나 흙담이라 하는 편이 적절한 정도였으나 나중에 제대로 된 '성벽[城]'을 갖추게 되었고, 그것이 '읍'과 동일시됩니다.

일본인은 '성'이라고 하면 히메지성이나 오사카성 같은 이른바 '천수각(天守閣)'[1]을 떠올리지만, 일본의 성은 중국어로는 '성보(城堡)'라고 하여 요새나 성채에 불과합니다. 중국어로 '성시(城市)' 또는 '성(城)'은 '시티(city)'나 '어번(urban)'을 뜻합니다.

사람들이 사는 지역을 외적에게서 보호하려고 성벽으로 감싼 장소가 곧 '도시'인 것입니다. 따라서 만리장성은 1만 리의 '장성(長城)'인 것입니다.

일본은 섬나라여서 바다가 천연의 방어용 해자 역할을 하여 이국과 외적의 침입을 막아온 까닭에 사람들이 사는 취락을 흙담과 벽으로 에워싸 방어하는 관습이 없었습니다. 하지만 세계적으로 보면 유럽도 그렇고 중국 대륙에서는 도시는 성벽으로 둘러싸여 있는 것이 상식입니다.

게다가 그 성벽은 반드시 한 겹도 아닙니다. 큰 도시에는 성벽을 몇 겹이나 둘러놓은 곳도 드물지 않습니다. 그 점을 보여주는 것이 바로 '성곽도시'라는 말입니다.

성곽(城郭)이라는 단어는 다들 아시겠지만, 사실 '성'과 '곽' 둘 다 도시를

---

1) 성의 중심 건물 맨 위에 가장 높게 세운 3~5층 정도의 망루_역주

에워싸는 성벽을 의미하는데, 그 차이가 있습니다. 예를 들면 '내성외곽(內城外郭)'이라고 해서 '성'은 안쪽에 있는 벽, '곽'은 바깥쪽 벽을 의미합니다. 중요한 도시일수록 이중삼중으로 성벽으로 둘러싸는 것이 관례였습니다.

어쨌든 대하천 유역에서 생겨난 문명은 이윽고 집주하는 취락도시를 형성하게 되고, 각각의 도시=읍은 점차 독립된 국가와 같은 존재로 발전해 갔습니다. 중국의 경우에는 이를 '읍제국가(邑制國家)'라고 합니다.

중국에서 가장 오래된 왕조라고 알려진 '하(夏)', 그 뒤를 이은 '상(商, 은)'과 '주(周)'는 이렇게 무수히 탄생한 읍들 중에서 힘을 얻어 대두한 것입니다.

대두했다고는 하지만 통일 왕조라 할 만한 것은 아니었고, 어디까지나 여럿 존재하는 읍제국가 중 하나에 지나지 않았습니다. 이런 무수한 읍이 존재하던 상태가 춘추전국시대(春秋戰國時代)까지 이어집니다.

춘추시대 읍제국가의 수장인 '제후'들 중에서 특히 힘이 센 자가 나타납니다. 그들은 여러 나라들의 '맹주'라는 위치에서 다른 제후들을 거느리고 천하를 움직여 나갔습니다.

이들 맹주는 '패자(覇者)'라고 불리며, 패자 중에서도 특히 유력한 5명이 '춘추오패(春秋五覇)'라고 불렸습니다.

'오패'가 어느 나라의 누구를 가리키는지는, 사실은 문헌에 따라 차이가 있어 명확하지는 않습니다. 그럼에도 '오패'라는 표현을 사용하는 것은 무언가를 총칭할 때 3, 5, 7이라는 홀수[중국식으로 말하면 양(陽)의 숫자]로 세는 것이 통례이기 때문이라고도 생각합니다.

춘추오패는 그때까지 중원의 중심인 '주 왕조'를 둘러싼 나라의 맹주로, 이른바 주의 후계로서 천하의 패자가 되고자 한 사람들이라 할 수 있습니다.

여기서 짚고 넘어가고 싶은 것이 바로 종족의 문제입니다.

사람들의 집단을 '민족'이라는 개념으로 설명하는 경우가 많습니다. 하지

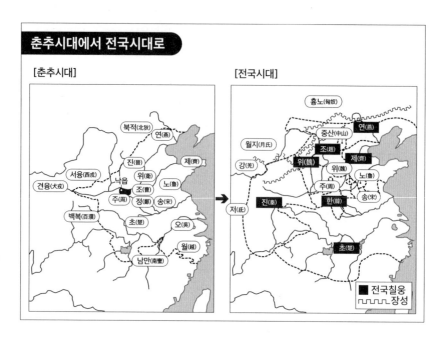

춘추시대에서 전국시대로

[춘추시대]

북적(北狄)
연(燕)
진(晉)
서융(西戎)
견융(犬戎)
낙읍
위(衛)
주(周)
노(魯)
조(曹)
정(鄭)
송(宋)
제(齊)
백복(百濮)
초(楚)
오(吳)
월(越)
남만(南蠻)

[전국시대]

흉노(匈奴)
월지(月氏)
중산(中山)
연(燕)
강(羌)
조(趙)
위(魏)
제(齊)
위(魏)
주(周)
노(魯)
저(氐)
진(秦)
한(韓)
송(宋)
초(楚)

■ 전국칠웅
〰〰 장성

만 이 책에서는 '민족'이라는 단어 사용을 피하고자 합니다.

그 이유는 두 가지입니다. 하나는 '민족'이 근대적인 개념이어서 역사적 실태에는 맞지 않아서입니다. 다른 하나는 현대 중국에서 활발하게 쓰이는 '민족주의' '민족문제' '중화민족'이라는 독자적인 정치 개념과 혼동될 위험이 있기 때문입니다.

이런 혼동을 피하고자 여기서는 '종족'이라는 단어를 쓰겠습니다.

종족은 이른바 '인종'이 아닙니다. 그렇다면 무엇으로 '종족'을 구별하느냐 하면 아주 대충 '언어나 풍습이 공통된 집단'이라고 생각하면 될 것 같습니다.

이 기준으로 춘추오패를 보면, 그들의 습속은 주나라와 분명히 달랐으므로 오패는 모두 종족이 달랐다고 할 수 있습니다.

즉 최초 단계의 중국, '중원'에 위치한 주 왕조가 보기에 오패는 모두 중화가 아닌 존재인 '외이(外夷, 바깥 오랑캐)'였다고 볼 수 있습니다.

외이였던 오패가 중화인 주 왕조의 영향을 받아 시간이 지남에 따라 동화되고 균질화되면서 '중원' '중화' '중국'으로 여겨지는 범위가 확대되어 갔습니다.

이런 상황은 이어지는 전국시대(戰國時代)에도 마찬가지였다고 생각합니다.

전국시대를 대표하는 '칠웅(七雄, 秦진·楚초·齊제·燕연·趙조·魏위·韓한의 7국) 중에 가장 변방에 위치한 '북쪽의 연', '남쪽의 초', '서쪽의 진', 이 세 나라는 그 시대의 문헌을 읽으면 명백히 외이라고 중원의 나라들이 얕잡아 보았습니다.

그런 의미에서 당시 가장 '중화'와 거리가 멀었던 진(秦)이 시황제(始皇帝)의 등장으로 천하통일을 이룬 것은 아이러니한 결과라고 할 수 있습니다.

즉, 황하 부근에서 생겨난 '중원(중화/중국)'은 기원전 3세기 진의 통일 때까지 그 범위를 계속 확대하고 있었다고 할 수 있습니다.

세계는 '중화(中華)와 외이(外夷)' 둘로 나뉜다

어느 나라나 자국을 중심으로 사물을 생각합니다.

일본의 세계지도는 일본이 한가운데에 있지만 유럽 지도에서는 일본은 동쪽 끝에 위치하고 있습니다. 바로 극동입니다. 하지만 일본인은 당연히 일본을 중심으로 생각합니다.

현대에도 그러한데 고대 세계에서 자신들이 있는 곳을 세상의 중심이라고 생각하는 것은 이상한 일도, 드문 일도 아닙니다.

그러면, 어디에서나 볼 수 있는 이러한 자국 중심주의가 중국에서는 왜 '중화사상'이라 불릴 정도로 강력한 사상으로까지 발달해 오늘날까지 지속되었을까요?

이 물음에 대한 명확한 답은 없습니다. 단지 제 의견을 말씀드리자면 중국인들이 사용하는 언어, 특히 '한자'가 가지는 규제력이 강하게 작동하는 것은 아닐까 생각합니다.

'중화'라는 말에는 '중앙/한가운데/문명적' 등의 의미가 있습니다. 이렇게 말하면, 많은 일본인은 그런 뜻을 지닌 말을 국명으로 사용하는 중국에 대해 거만하다는 이미지를 가지는 것 같은데 중국인들에게는 자신들이 있는 장소를 표현하는 말이 '중국' '중원' '중화'였을 뿐입니다.

아마 춘추전국시대의 제후들은 저마다 자기 나라가 '중화'라고 생각했을 겁니다.

그러던 중 인근 제후들과 경쟁하는 사이에 점차 뚜렷한 우열이 가려졌고, 마침내 정상에 오른 인물이 '천자(天子)'로서 제후들 위에 군림하는 정치 체계가 확립되었습니다.

이렇게 '천자'를 중심으로 한 정치 체계가 구축되고, 그 체계에 편입된 범위가 동화되고 균질화되면서 '중화'라고 인식되는 범위가 넓어졌습니다.

원래는 '중심'이라고 하는 의미에 지나지 않았던 '중국'이나 '중화'라는 말이 '가장 좋은 장소' '우월한 문명의 중심'이란 의미로 확대된 것은 자신들의 체계에 굽히지 않는 이질적인 자들을 '화'와 대극(對極)에 위치하는 '이'라고 간주한 것과 관련 있습니다.

언어적으로 '화(華)'가 '중(中, 한가운데)'과 같으므로 대극의 '이(夷)'는 '바깥(外)'과 묶여 '중화(문명인)'와 '외이(야만인)'라는 대립 구조를 만들어냅니다.

이렇게 만들어진 '중화'와 '외이'라는 말을 사용하는 동안 중국 사람들은 자신들이 문명적으로 우월하다는 의식을 가지게 되었다고 생각합니다. 이런 의식을 도식적으로 표현한 것이 오른쪽 그림입니다.

동심원의 중심에 있는 '중앙'은 '천자'가 있는 장소입니다.

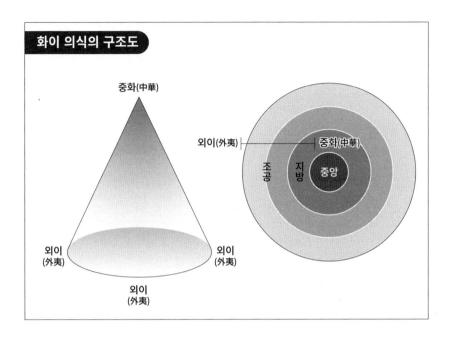

화이 의식의 구조도

중화(中華)

외이(外夷)

중화(中華)

조공 · 지방 · 중앙

외이
(外夷)

외이
(外夷)

외이
(外夷)

  중국사가 시작될 시기에 중앙의 위치가 구체적으로 어디에 해당되느냐
하면 현재 지명으로 허난성(河南省하남성) 뤄양시(洛陽市낙양시) 근처일 것입니다. 중
국에서 가장 오래된 왕조인 '하'와 '상(은)'의 수도가 있던 곳입니다. 그 주위
에 퍼져 있는 '중화'는 천자를 떠받드는 제후들입니다.

  중화를 둘러싼 '조공(朝貢)' 구역은 중화의 직접적인 정치 체계 밖에 있지
만 천자의 덕을 흠모하여 공물을 바치고 대신 천자의 교화와 비호를 받는
나라들을 말합니다. 나름 관계는 밀접한 셈입니다.

  그 '조공'의 더 바깥쪽에 위치하는 것이 '외이'입니다.

  또한 이 그림은 중심을 정점으로 한 원뿔로 입체적으로 파악함으로써 계
층 구성을 나타낼 수도 있습니다. 원뿔의 꼭짓점(=동심원의 중심)에 위치한
천자가 가장 고귀한 존재이며 원의 바깥쪽으로 갈수록 계층도 낮아진다는
것입니다.

이 그림에서는 편의상 각 층이 같은 폭으로 그려져 있지만, 실제로는 간격이 같았을 리도 없고 층이 깔끔하게 균등히 나눠졌을 리도 없습니다. 원의 중심에 가까워질수록 '중화의 정도[中華度]'가 높아지고 멀어질수록 낮아지지만 실제 변화는 얼룩덜룩한 '그러데이션' 형태로 펼쳐집니다.

이 4중의 동심원은 크게 '중화'와 '외이'로 양분되는데, 그 경계선은 중화와 조공 사이가 아니라 조공과 외이 사이에 존재합니다. 왜냐하면 세계를 '중화'와 '외이'로 크게 나누는 중국의 세계관 근저에 있는 것은 '유교' 가치관이기 때문입니다.

유교란 중국에서 탄생한 동아시아에서 가장 오래되고, 체계화된 사상입니다.

유교에서는 '인(仁)·의(義)·예(禮)·지(智)·신(信)·충(忠)·효(孝)·제(悌)·정(貞)'의 덕목을 중시하는데, 그중에서 중화사상과 관련이 깊은 것이 '예'입니다.

'예'는 '예의'를 말합니다. 일본에서도 예의는 친밀한 덕목이므로 크게 의식하지 않을 수도 있는데, 실은 '예의'라는 것은 상하 관계를 기초로 한 예의범절입니다.

절을 하는 것도, 인사말을 아뢰는 것도 기본은 상대를 공경하고 자신은 낮추는 것입니다. 즉 거기에 있는 관계는 늘 상하를 의식한 것으로, 대등한 관계에서는 있을 수 없는 것입니다.

그럼 유교의 인간관계는 무엇을 기준으로 위아래가 결정될까요?

유교에서 가장 공경 받는 사람은 '인(仁)'이라는 덕을 갖춘 사람입니다.

앞에서 유교에서 중시하는 덕목을 소개해 드렸지만, '인'은 덕목 중에서도 특별하며 다른 덕목을 모두 갖추고 있는, 말하자면 완벽한 덕목입니다.

모든 덕을 몸에 익힌 사람은, 바꿔 말하면 유교를 통달하고 그 교의를 실천하고 있는 사람입니다.

중국에서 이러한 생각은 인간관계뿐만이 아니라 나라와 나라 간의 관계에도 적용되었습니다. 즉, '화'라는 말로 표현된 문명의 수준은 얼마나 유교를 몸에 익히고 실천하고 있는가로 결정된다는 것입니다.

천자가 제후의 정점에 서는 것도 천자의 덕이 다른 제후들보다 높기 때문이라는 것이 실제야 어떻든 중국의 논리입니다.

이런 논리를 알게 되면 왜 세계가 중화와 외이 둘로 크게 나뉘는지, '조공'과 '외이'의 결정적인 차이점이 무엇인지 이해할 수 있습니다.

조공은 중화의 정치 체계에는 속하지 않지만 천자의 덕을 흠모하여 공물을 바치고 머리를 조아려 찾아와 경의를 표하는 것입니다. 이로써 상하 관계가 명확해지고 예를 갖춘 것이 됩니다. 중화에 '예'를 다하고 있다는 것이죠.

이에 비해 외이는 덕이 있는 천자에 대해 경의를 표하는 언동을 하지 않으므로 예에 맞지 않는 '무례한' 집단으로 여겨집니다.

요즘도 예의범절을 모르면 눈총이나 비판을 받기도 합니다.

'이(夷, 오랑캐)'가 야만인으로 간주된 것은 - 어디까지나 중국의 유교적 가치관에 입각한 것이지만 - 조공이라는 '예'를 갖추지 않아서 최소한의 예의범절조차 모르는 미개한 야만인이라고 단정되어서입니다.

현재 중국은 국민국가를 자처하므로 자신들과 가치관이 다르다 하여 곧바로 상대를 멸시하지는 않습니다. 그럼에도 중국 외교가 '위로부터의 시선'이라든가 '거만'하다는 평을 받는 것은 역시 자신들과 가치관을 달리하는 상대, 그중에서도 자신들에게 예를 갖추지 않는 상대를 '외이=야만인'이라고 보는 감각이 남아 있어서라고 생각합니다.

그것도 어쩔 수 없다고 할 수 있습니다.

중국 사람들이 '국민국가(nation)'나 '국제관계' 같은 관념을 알게 된 것은 극히 최근인 19세기 후반부터입니다. 그 전까지는 수천 년 동안 '중국의 논리' 속에서 살아왔습니다.

　무엇보다도 '문자^(한자)'와 그 안에 담긴 의미가 강하게 작용하고 있습니다. 사람은 언어를 사용하여 사고합니다. 그러므로 중국인들도 한자가 가진 의미에서 벗어나 사물을 생각할 수 없는 것입니다.

　중국어에는 '한자를 대신할 문자가 없다.', 그래서 세계를 자신들의 동료인 문명적인 '중화'와 그 밖의 야만인들인 '외이'로 크게 구별하게 되었다고 생각합니다.

'차이나(China)'도 '지나(支那)'도 어원은 진(秦)

　세계가 중화와 외이 둘로 나뉜다 해도 현실적으로 중화와 외이가 아예 교섭이 없었던 것은 아닙니다. 중화는 외이와 접촉하면서 자신이 '화'임을 강하게 의식하고, 외이는 중화와 접촉하며 자극을 받아 동화되어 갔습니다.

　그런 움직임 속에서 많은 제후를 처음으로 '왕조 정권'이라는 하나의 '패키지'에 넣어 통일한 것이 당시 중화의 서쪽 끝에 있던 '진^(秦)'이었습니다.

　'진'이라는 이름이 나왔으니 잠깐 나라 이름 이야기를 하고 싶습니다.

　현재 국제 사회에서 널리 이용되고 있는 'China/차이나'라는 호칭은 이 '진^(秦, 중국어 발음 Qin)'을 어원으로 한 것입니다.

　외국 문헌에서 처음 '지나'^[친(Qin)의 발음이 변형된 것]라는 호칭을 쓴 것은 인도였습니다. 물론 오래전 이야기이므로 인도라는 나라가 있었던 것은 아닙니다. 지금의 인도로 불리는 지역에서 생겨난 '불교'의 경전 중에 동방^(현재 중국이라 불리는 부근)에 '지나'라는 나라가 생겼다는 기록이 있습니다.

　우리는 불교의 경전이라 하면 한자로 쓰인 '불경'^[お経오쿄]을 떠올리지만 원래 불전은 고대 인도의 언어로 기록되어 있었습니다. 그것이 중국에 전파되

었을 때 한역된 것이 일본인에게 친숙한 한자로 쓰인 '불경[오쿄]'입니다.

그리고 산스크리트어의 '지나'를 한역하면서 붙여진 한자가 '支那[지나]'였습니다. 이때 '중국[中國]'이라는 글자를 쓰지 않은 것은 '세계의 중심[중국]'을 뜻하는 '마디야 데샤'라는 산스크리트어는 불교의 발상지인 인도를 뜻하는 말로 사용되었기 때문입니다.

거듭 말씀드리지만 '중국'의 원래 의미는 '세계의 중심'입니다. 비록 중국인일지라도 - 이때 현대적 의미의 '중국인'은 존재하지 않았지만 - 불교도에게는 세계의 중심은 역시 불교의 발상지인 인도였습니다.

그래서 경전에 나오는, 자신들의 나라 '지나'에 대해서 그 소리가 비슷한 한자 '支那'를 붙였던 것입니다. 따라서 '지나'라는 호칭을 처음 사용한 사람은 경전을 한역한, 그 시대에 한자를 쓰던 중국인이었다고 생각하는 것이 자연스럽습니다.

덧붙여, '지나'만 한역하면 '支那'이지만 '지나의 땅'이라고 하는 의미의 '지나·스타나'라는 산스크리트어는 '震旦[진단]'으로 한역되었습니다. '스타나'라고 하면 잘 모르겠지만 오늘날 '파키스탄' '아프가니스탄' 등에서의 '스탄'과 같다고 생각하면 됩니다.

여기에서 알 수 있는 것은 '지나'라는 말은 원래, 소위 차별적 용어가 결코 아니라는 것입니다.

말하자면 '진'이라는 나라 이름이 인도에서 역수입되었을 때 중국인 자신이 사용한 외래어 같은 것입니다. 그런 의미에서는 '차이나'와 '지나'는 같은 것입니다.

일찍이 100년 전, 중화민국이 탄생했을 때 일본 외무성이 그 일본어 표기에 '지나공화국[支那共和國]'을 사용했다가 차별적 용어를 썼다고 해서 외교 문제가 된 적이 있습니다.

하지만 일본 외무성은 꼭 차별 의식에서 '지나'를 이용한 것은 아닙니다.

여기서 주목할 점은 '중화민국'은 중국어 표기라는 점입니다. 일본인은 예부터 한자를 사용하고 있어서 중화민국이라는 표기를 중국어 표기로 인식하지 않는 사람이 많지만 '중화민국'은 다툼의 여지도 없는 중국어입니다.

기본적으로 외국의 국명을 일본어로 표기할 때 상대국의 표기가 그대로 사용되는 경우는 없습니다. 'United States of America'는 '아메리카 합중국'으로 표기됩니다. 지나공화국이라는 표기도 이런 사고방식에 따른 것에 지나지 않습니다.

중화민국의 영어 표기는 'Republic of China'입니다. 'Republic'은 일본어로 번역하면 '공화국', 'China'는 불교 경전과 함께 옛날부터 일본에서 쓴 '지나'를 사용해 지나공화국이라고 표기했을 뿐입니다.

그런데 중국 측은 '지나'라는 말을 썼다고 맹렬히 항의했습니다.

원래 '차이나/China'는 중국에서도 '지나(支那)'였지만 중화민국이라 자칭하면서 'China'를 '지나'가 아닌 '중화'라는 한자로 재정의했기 때문입니다.

더 덧붙이자면, 당시의 일본인이 걸핏하면 중국을 멸시한 것도 사실입니다. 그런 일본인이 '지나'라고 불렀기 때문에 차별적인 '뉘앙스'가 포함된 것은 부정할 수 없습니다.

'중화민국'이라는 국명을 고안한 사람은 장빙린(章炳麟장병린)이라는 쑨원(孫文손문)의 맹우이자 경쟁자이던 학자입니다. 중국사 전공자에게는 유명한 인물이지만 일반인들에게는 그다지 알려져 있지 않습니다. 일반적으로는 루쉰(魯迅노신)의 선생님이라고 소개하는 편이 더 잘 통할지도 모릅니다.

그 장빙린이 '차이나=중화'라고 하고, 그때까지 황제가 다스린 제국에서 국민이 다스리는 국가로 다시 태어났다는 뜻으로 '민국'을 붙여 '중화민국'

으로 정했습니다. 따라서 '민국'은 '공화국'과 같은 의미입니다.

그래도 '중화' '중국'이라고 하는 한어에서 자신이 존귀하고 우월하다는 자존자대(自尊自大) 뉘앙스가 없어지지는 않습니다. 그런 의미에서 그들이 '중국'이라고 자칭하는 한 중화사상은 계속될 것이며 다른 나라가 '지나'라고 부르는 것은 용서할 수 없는 일입니다.

같은 한자를 사용하고 있어도 일본인과 중국인이 한자에서 읽어내는 정보의 양과 질에는 큰 격차가 있습니다.

'중(中)'이라는 문자는 중국 사람들에게는 일본인이 상상할 수 없을 정도의 무게감이 있습니다. 그것은 단순한 한가운데가 아닙니다. 중심점은 그 한 점밖에 없기 때문에 유일무이한 존재, 중앙이자 최고인 '지고(至高)/supreme'입니다.

이 유일무이하고 무엇과도 바꿀 수 없는 것을 유교에서는 '중용(中庸)'이라고 합니다.

《논어》에 '중용의 덕이 지극하구나[1]'라는 말이 있습니다. 이 말은 '중용은 덕으로서의 가치가 최고로 높은(至上) 것이다'는 뜻입니다.

오늘날 중국인이 모두 이런 경위를 이해·의식하고도 '지나'는 차별적 용어이고 우리는 '중화'라고 생각하는 것은 아닐 것입니다. 하지만 자신들의 나라를 '중국' '중화'라고 하는 한 무의식적으로 또 감각적으로 이러한 한자가 가진 의미가 생각에 박히게 된다고는 말할 수 있습니다.

---

1) 中庸之爲德也, 其至矣乎 중용지위덕야 기지의호_역주

진(秦)의 통일 - 봉건제에서 군현제로

진(秦)나라 제31대 왕, 정(政, 嬴政영정, 재위 BC247~BC210)은 중원을 통일한 후에 '시황제(始皇帝)'라는 전에 없던 칭호를 스스로 붙였습니다.

그러나 통일이 되었다 해도 그 속사정은 하나가 아니었습니다.

진의 시대를 아주 간단하게 설명하면, 제각기 흩어진 것들을 진나라 방식으로 하나로 만들려다가 결국 잘 되지 않았고 진시황이 죽자 같이 무너지고 말았다고 정리할 수 있습니다.

진시황은 새로운 통치 시스템을 구축하려 했는데, 이걸 설명하기 전에 진 이전 중원을 다스렸던 주(周)의 통치를 먼저 살펴보고자 합니다.

중국에서 가장 오래된 문헌은 유교 경전인데, 그 유교가 이상적으로 이야기하는 치세가 기원전 11세기부터 기원전 3세기 중반까지 이어진 주 왕조의 정치였습니다.

물론 그것은 경전에 나오는 이상적 형태 혹은 이데올로기적인 역사상에 지나지 않습니다. 진짜 있었던 사실이냐 하면 그건 꼭 아닙니다. 최신 연구들은 그 실체를 밝혀내는 데 많은 성과를 올리고 있습니다.

다만 이러한 연구 성과를 이해하기 위해서도 예로부터 주 왕조의 정치가 어떻게 이야기되어 왔는지 알아둘 필요가 있습니다. 아래는 그런 기록으로 봐 주셨으면 합니다.

주 왕조는 봉건제를 시행합니다. 그러나 주의 봉건제는 유럽의 봉건제 'Feudalism'과는 다릅니다.

양자의 차이는 유럽의 봉건제가 '주종 관계' 즉 영주와 농노의 관계 위에 구축된 데 반해 주의 봉건제도는 '종족 관계'를 기초로 했다는 점입니다.

종족이란 남계(男系, 부계) 동족 집단이지만, 일본인이 알기 쉽게 말하면 '본가(本家)와 분가(分家)'의 관계라고 생각하면 좋을 것입니다. 물론 현실적으로는 땅을 혈연관계의 동족에게만 전부 다 분봉할 수는 없으므로, 그런 경우에는 주(周) 왕과 제후들이 '의사적(擬似的) 종족 관계'를 맺었습니다.

종족의 기본은 혈연이기 때문에 결속의 기본은 조상숭배에 기초한 '종법(宗法)'에 있습니다.

앞서 주 왕과 제후의 관계는 본가와 분가와 같은 것이라고 했는데, 종법에서는 본가에 해당하는 집을 '대종(大宗)', 분가를 '소종(小宗)'이라고 하여 둘 사이에 서열과 질서가 명확하게 정해져 있었습니다.

그러나 유교가 이상으로 삼았던 주의 봉건제는 기원전 8세기 무렵이 되면 분란이 발생하기 시작해 제후끼리 다투게 됩니다. 이 제후끼리 서로 다투는 시대가 춘추시대이고, 다툼을 종식시키고 제후의 리더로 대두한 사람이 '패자(霸者)'였습니다.

이윽고 전국시대에 돌입하면, 각 지역의 패자들이 스스로 '왕'을 칭하게 되어 대종이었던 주 왕실의 권위는 완전히 상실됩니다.

그런 가운데 기원전 3세기에 갑자기 대두한 것이 서쪽에 위치하고 있던 진이었습니다.

진은 동쪽을 향해 영역을 확대하여 이미 유명무실해진 주 왕실을 기원전 256년에 마침내 멸망시키고, 기원전 221년에는 다른 왕들까지 모두 굴복시켜 통일을 이룹니다.

중원의 통일을 이룬 진왕 정은 '시황제'라는 새로운 군주 호칭을 사용하면서 체제의 일신을 꾀하게 됩니다.

주 시대의 봉건제를 부정하고 종법에 근거하는 질서가 아닌, 당시 최첨단 정치사상이었던 '법가'의 제도 구상에 기초하여 '관료국가' 수립을 목표로 삼았던 것입니다.

그리고 이 관료국가를 실현하기 위해 채택된 구체적 제도가 바로 '군현제(郡縣制)'였습니다.

군현제라는 말 자체는 교과서에도 꼭 나오기 때문에 아실 겁니다. '군'과 '현'이라는 명칭은 현재 일본에서도 사용되고 있듯이 모두 행정구역입니다.

그러면 '군'과 '현'은 무엇이 다를까요?

군현제 자체는 진의 시황제가 처음 만든 것이 아니라 이전부터 다른 나라에서도 시행되어 왔던 제도입니다.

시황제는 이를 정비하여 먼저 전국을 여러 군으로 분할한 뒤 다시 군 아래에 현을 설치하고, 중앙정부가 그 최소 행정구역인 '현'에 관리를 파견하는 방식으로 전국을 직할 지배하였습니다.

일본어 약자인 '県(현)'의 원래 한자는 '縣(현)'인데 '실[糸]'로 뭔가에 매달려 있는 형상을 나타냅니다. 오늘날 '현(懸)'과 똑같은 의미로 '매달리다'는 뜻이지만 한자에서도 알 수 있듯이 현은 확실히 중앙에 끈을 대고 있는, 직할지라는 말입니다.

'군'은 현 몇 개를 한데 모아 통합하는 '유닛(unit)'으로 파악하면 좋을 것입니다. '군(郡)'이란 한자에는 '읍(邑)'을 뜻하는 '우부방[阝]'이 들어가 있습니다. 여기에서 군(郡)은 읍(邑, 도시)이 무리[群, 무리 군]를 이룬 것임을 알 수 있습니다.

시황제가 정한 현은 주 왕조 때부터 존재하던 취락인 '읍'과 실체는 같았습니다. 그런 의미에서 원래 있던 읍이 군현제가 시행되면서 이름이 현으로 바뀌었다고 볼 수 있습니다. 따라서 후세에는 읍과 현을 동의어로 서로 호환해서 사용합니다.

말단 행정구역인 '현'을 몇 개 묶어서 '군'이 감시하게 하는 통치 시스템은 잘만 기능하면 아주 뛰어난 시스템이라고 할 수 있습니다. 나중에 군이라고 하는 '유닛'이 '주(州)'나 '부(府)' 등으로 바뀌기도 하지만 말단 '유닛'들을 몇 개 묶어서 통할한다는 군현제(郡縣制)가 구축한 제도 원리는 그 후 중국에서 오랫동안 계속 기능했습니다.

그렇다면 정치 시스템의 원리 자체는 좋았는데 왜 진나라는 진시황이 죽자 바로 그 다음 대에서 무너지고 말았을까요?

진이 붕괴한 원인은 나중에 '과진(過秦)'이라 비난받은 것처럼 진의 정책이 '도를 지나쳤기' 때문이라 생각합니다.

진의 시황제가 황제 체제를 창시한 인물인 것은 사실입니다. 거대한 시황제릉에서 병마용(兵馬俑)이 발견되기도 하여 진시황은 일본에서 중국 역대 황제 중 단연 인지도가 높습니다.

그러나 그의 실력이 비근한 사례를 찾을 수 없을 정도인 것처럼 과대하게 부풀려 있는 것을 보면 위화감을 느낍니다. 왜냐하면 그의 군주 지위는 조상에게서 물려받은 것이고, 그가 행한 새로운 정치도 실제로는 이전에 있던 것을 시대에 맞게 고친 것일 뿐 창안하여 처음 시작했다고 할 만한 것은 많지 않기 때문입니다.

평범한 군주라고까지는 말할 수 없지만 특별히 뛰어난 명군이라고도 할 수 없습니다. 아마도 그는 '우연히 시대의 전환점에 있었다'고 생각합니다.

불행이었던 것은 진시황 자신으로, 그런 자신의 실력을 착각한 것입니다. 그는 자기 힘을 과신하고 너무 성급하게, 그리고 독선적으로 지나치게 밀어붙였습니다.

진의 군현제는 예부터 있던 읍을 기반으로 하고 있었음은 언급한 대로입니다. 그 때문에 명칭은 '현'으로 새롭게 바뀌어도 그 내부에는 읍 시대의 전통적인 '커뮤니티(community)'가 살아 있었습니다. 알기 쉽게 말하면 그 고장만의 '관습적 제약'이 강하게 존재하고 있었던 것입니다.

어느 커뮤니티에도, '부로(父老)'라고 불리는 리더(leader)가 있고 그들을 중심으로 요즘 식으로 말하면 지방자치가 행해지고 있었습니다.

그런 곳에 듣도 보도 못한, 중국은 크니까 출신지에 따라서는 말도 제대로 안 통하는 '현령(縣令)'이 중앙정부에서 행정관으로 파견되어 온 것입니다. 그 인물이 고장 부로들과 어지간히 좋은 관계를 맺지 못하는 한, 현령이 아무리 중앙에서 내려오는 많은 요구를 해내라고 옥박질러도 그 고장 사람들이 따를 리 없었습니다.

시황제는 재위 기간 약 10년 동안 무려 5번이나 지방 순행을 했습니다. 거의 2년에 1번 정도로 자주 간 셈입니다. 당시의 교통 사정을 생각하면 황제로서의 생활 대부분을 궁정이 아니라 여행 중에 보냈다고 해도 과언이 아닙니다.

왜 이 정도로 자주 순행을 해야 했냐면 인심을 장악하지 못했기 때문일 것입니다.

시황제는 가는 곳마다 자신의 공적과 위엄을 드러내고 현지 관리와 주민들을 훈계하는 비석을 세우기도 했습니다. 그래도 진의 통일 정권에 대한 불만은 곳곳에 잠복하여 불씨가 꺼지지 않았습니다.

그리고 다섯 번째 지방 순행이 한창이던 기원전 210년 시황제가 죽자 마치 기다렸다는 듯이 정권 내부에 정쟁이 일어났고, 밖에서는 곳곳에서 반란이 일어나 진의 붕괴로 이어졌습니다.

그런 의미에서 진시황 역시 제각각인 중국을 하나로 묶으려 했지만, 너무 서둘러서 실패하고 말았다고 할 수 있지 않을까요.

한(漢)의 통일 - 군현제에서 군국제로, 그리고 다시 군현제로

진이 붕괴하자 시황제 시대의 국가 규모를 이어받는 형태로 '한(漢)' 왕조가 탄생합니다.

한 왕조가 탄생한 것은 기원전 200년경으로 도읍지는 진의 수도였던 함양(咸陽)에서 그리 멀지 않은 장안(長安)에 두었습니다.

한 왕조는 이후 약 400년 정도 지속되는데, 장안에 도읍을 둔 전반을 '전한(前漢)', 장안에서 동쪽으로 황하를 따라 약 300km 정도 내려간 낙양(洛陽뤄양)으로 도읍을 옮긴 후반을 '후한(後漢)'이라고 합니다.

그러나 이는 일본의 중국사에서 부르는 호칭이고, 중국에서는 수도의 위치에 따라 전한을 '서한(西漢)'으로, 후한을 '동한(東漢)'으로 보통 부릅니다.

진에서 한으로 바뀌는 역사에서 반드시 등장하는 것이 '군현제에서 군국제(郡國制)'라는 정치체제의 변화일 것입니다.

진의 군현제가 제대로 작동하지 않았던 이유는 이미 기술했듯이 당시 사람들에게 진의 방식은 '비상식적'이고 고통스러웠기 때문입니다.

그래서 한 고조 유방(劉邦, 재위 기원전 202~기원전 195)은 진의 군현제 실패를 거울삼아 유력자들을 각지의 왕으로 임명하고 어느 정도 지방자치를 용인하는 '군국제'를 채택했습니다. 그런데 문제가 생기게 됩니다.

바로 고조 유방 역시 한왕(漢王)을 자처했다는 점입니다.

패권을 가진 한왕과, 그 한왕에게 충성을 맹세한 제후가 똑같이 '왕'이라는 칭호를 써서는 아무래도 모양이 좋지 않습니다.

그래서 '왕'의 칭호를 수여받은 제후들은 한왕에게 패권을 가진 자에게 어울리는 '존호(尊號)'를 올리기로 했습니다. 그래서 바친 존호가 '황제'입니다.

같은 '황제'라도 스스로 자칭한 시황제와 제후국의 왕들이 헌상한 존칭은 그 역사적 의미가 크게 다릅니다. 왜냐하면 한 유방에게 황제의 칭호가 바쳐짐으로써 중국 진역의 패권과 '황제'라는 칭호가 처음으로 명실상부하게 합치가 되었다고 할 수 있기 때문입니다.

군국제를 시행하고 제후왕들에게서 황제로 추대를 받았지만 유방은 이 정도에 만족하지 않았습니다. 왜냐하면 제후왕 중에는 유방에게 완전히 심복하지 않은 자들이 있었기 때문입니다. 유방과 엇비슷하게 싸울 만한 군사력을 보유한 왕도 있었습니다.

유방이 명실상부한 '황제'가 되기 위해서는 그런 심복하지 않은 제후왕들을 굴복시켜 자신의 권력과 입지를 확립할 필요가 있었습니다.

지방 통치를 원활하게 하려면 당분간은 그 지방에 연고가 있는 제후왕의 지배가 필요했습니다. 하지만 언제까지나 지방에 기반을 둔 '제후왕'이 자립할거(自立割據)해서는 황제가 전국에 군림하는 질서가 서지 않습니다.

이에 유방은 황제로 재위한 7년 내내 자신과 대립할 만한, 친족이 아닌 이성(異姓) '제후왕'들을 갖은 구실로 없애버렸습니다.

마침내 유방은 모든 왕들을 자신의 일족, 즉 동성(同姓)들로 갈아치워 황제라는 자신의 지위를 확립시켰습니다.

유방은 우선 '동성=일족'이라면 안심이라고 생각했겠지만, 그가 죽은 지 40년 정도 지난 기원전 154년 유씨 동성의 오(吳)·초(楚)·조(趙) 등 일곱 나라가 중앙정권에 반란을 일으켰습니다. 이것이 '오초칠국(吳楚七國)의 난'입니다.

이 반란은 불과 3개월 만에 진압되었고, 이를 계기로 한 조정이 억압 정책을 펴면서 제후왕은 약체화되어 거의 명목만 존재하게 됩니다.

그런 가운데 기원전 141년에 즉위한 사람이 바로 한 무제입니다.

본인의 의사와 상관없이 '황제'의 지위를 완성시킬 사명을 맡은 무제(武帝, 재위 기원전 141년~기원전 87년)는 이미 군현제로 방향을 틀었던 경제(景帝, 재위 기원전 157년~기원전 141년)의 정치를 계승하고 더욱 확대시켜 중앙정권의 전국 통일 지배를 완성해 나갔습니다.

그리고 이때 무제가 온 나라를 하나로 묶기 위한 사상적 뒷받침으로 사용한 것이 '유교(儒敎)'였습니다.

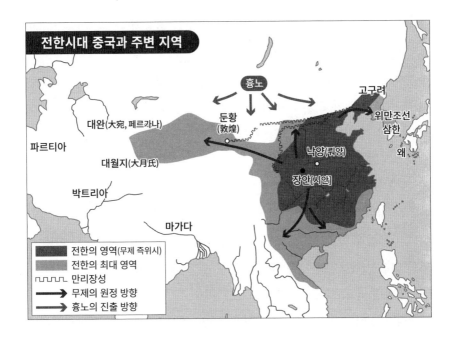

전한시대 중국과 주변 지역

흉노

고구려

위만조선
삼한

대완(大宛, 페르가나)

둔황
(敦煌)

낙양(뤄양)

왜

파르티아

대월지(大月氏)

장안[시안]

박트리아

마가다

■ 전한의 영역(무제 즉위시)
■ 전한의 최대 영역
〰〰 만리장성
➡ 무제의 원정 방향
➡ 흉노의 진출 방향

　유교가 중앙집권 국가의 성립에 어떤 역할을 했는지는 나중에 서술하고, 여기까지 일단 총괄하고 싶은 것은 진나라나 한나라나 한편에서는 압도적인 군사력으로 나라를 '하나'로 만들려고 움직였지만 다른 한편에서는 항상 그에 반항하는 움직임, 즉 뿔뿔이 흩어지려는 것이 아니라 원래 하나가 될 수 없게 만드는 이른바 지역의 에너지[local energy]가 늘 존재했다는 점입니다. 진의 군현제든 한의 군국제든, 이성제후(異姓諸侯)든 동성제후(同姓諸侯)든 표면적인 제도는 확 바뀌었지만 그 아래에는 상반되는 힘의 겨루기가 일관되게 존재했습니다.

　이것은 오히려 시공을 초월한 보편적인 현상이라고 해야 하지 않을까요. 그러니까 숭국에만 국한된 일은 아닙니다. 예를 들어 8세기 유럽에서는 카롤루스대제(카를대제, 샤를마뉴대제)가 현재 유럽이라고 하는 범위의 상당 부분을 차지하는 통일국가라고 할 만한 프랑크왕국을 만들어 내지만, 그가 죽은 후

손자 세 명이 프랑크왕국을 나누어 다스리면서 최종적으로는 현재의 프랑스, 독일, 이탈리아 세 나라로 나뉘게 됩니다.

프랑크왕국이라는 존재를 나중에 셋으로 나눴다고 봐야 할지, 원래부터 그 정도로 차이가 나는 지역이 하나로 묶여 있었던 것 자체가 이례적이었다고 봐야 할지 의견이 갈리는 사안입니다.

서양의 오랜 역사에서 유럽 각 지역이 하나로 통합되었던 적은 로마제국과 프랑크왕국 정도뿐이라는 점을 고려하면, 유럽에서는 하나가 되고자 하는 에너지보다 오히려 지역의 에너지가 강했다고 할 수 있을지도 모릅니다.

그런 유럽과 비교하면 중국은 통일 왕조로 보이는 시기가 길어서 언뜻 하나가 되려는 에너지가 강한 것처럼 보일 수도 있습니다.

그렇다면 왜 그토록 하나가 되려고 할까요.

이리하여 다시 처음 질문으로 돌아가지만, 역시 그 이유는 중국의 실태가 유럽의 지방보다 더 자잘하게 흩어지는 모래였기 때문이라고 생각합니다.

한나라도 무제 이후 약 300년 가까이 통일을 유지했으나 영원히 지속되지는 못했고, 역시 지역[local] 역량이 부활해서 커져 갑니다.

2 장

'황제'는 어떻게 탄생했을까

천자와 황제는 같은 것인가

진시황 이전에 군주의 명칭은 '왕'이었습니다.

'왕'이라는 한자의 뜻을 우리 사전에서 찾아보면 '군주'와 함께 '천자'라고 씌어 있습니다.

일본에서도 한때 천황을 '천자'라고 불렀던 적이 있지만, 일본이 중국을 흉내 낸 것일 뿐이고 원래 '천자'는 중국 특유의 칭호입니다.

천자란 '하늘[天천]'로부터 '천하'를 통치하도록 위임받은 주권자를 가리키는 말입니다. 이 위임을 '천명(天命)'이라고 합니다. '천하(天下)'는 문자 그대로 하늘 아래이므로 전 세계를 뜻합니다.

그럼 애초에 하늘이란 무엇일까요.

'하늘[천]'을 일본어로 번역하는 것은 어렵지만 일본인의 감각으로 제일 가까운 것을 무리해서 꼽아본다면 '오텐도사마(お天道様, 태양·해님)'라고 생각합니다.

일본인에게 '오텐도사마'는 실제의 태양이면서 동시에 사람들을 지켜보고 있는 '신'(神, 가미)과 같은 존재입니다. 요즘은 어떤지 몰라도 우리 어릴 때는 '아무도 보지 않아도 해님이 보고 계신다'면서 항상 도덕심을 유지하도록 배웠습니다.

이런 태양신앙 자체는 아시아에서도 널리 볼 수 있어 드문 것은 아닙니다. '하늘[천]'에 대한 숭배는 태곳적부터 늘 존재해 왔다고 할 수 있습니다.

중국의 천명사상 또한 마찬가지 맥락에서 나온 것입니다.

다만 중국의 경우 특이한 것은 어찌 보면 보편적인 신앙이라 할 수 있는 이 '하늘[천]'이 현세의 권력과 결부되어 권력의 원천이 되었다는 점입니다.

'하늘[천]'이 하나인 이상, 하늘의 명령인 '천명'이 내리는 '천자'도 천하에 유일한 사람인 셈입니다.

다시 한 번 33쪽 그림을 참조해 주세요.

'천하(전 세계)'는 '화'와 '이'로 크게 나뉘고, 그 중심점은 단 하나입니다. 중심점인 동시에 입체적으로 보면 지고의 위치에 존재하는 것이 '천자'입니다.

'천자'는 천하에 유일한 존재이지만, 모든 시대에서 '천자'라는 칭호만이 천명을 받은 자를 의미하지는 않았습니다.

유교에서 이상으로 삼았던 주 왕조에서는 '천자(天子)' 외에 '천왕(天王)'이라는 칭호를 사용하기도 했습니다. 둘 다 '天[하늘]' 자를 포함하고 있어 중국에서는 정치의 초기 단계부터 이미 '하늘[천]'과 권력자가 강한 연결 고리를 가지고 있었음을 알 수 있습니다.

하지만 주의 시대는 다수의 읍제국가가 병립하였던 시기입니다. 각 읍제국가에 권력자들이 있었습니다. 주목할 것은 그들이 모두 '왕', 즉 천자가 아니었다는 점입니다.

이미 얘기했듯이 '천명(天命)'이 부여되는 천자는 유일한 사람입니다.

즉 권력자가 여러 명 있어도 그중 천명을 받을 수 있는 사람은 단 한 사람이고, 그 천하에 유일한 존재가 주나라 왕이라는 인식은 다른 읍제국가들 역시 공유하고 있었습니다.

유교적 경전이나 유교적 사고에 근거한 역사서의 내용이 그렇다는 것입니다. 실제로 당시 사람들이 얼마나 천명사상을 확실히 믿었는지는 알 수 없습니다. 그러니 어디까지나 문헌상으로는 그렇다는 것이지만 춘추시대에는 '왕'은 주나라 왕뿐이고 주변 국가들의 권력자는 '제후'라고 불렸습니다.

흥미로운 것은 춘추시대의 천자와 제후의 관계입니다.

천자의 권위는 본래 유교적 '덕'을 근거로 한 것이어서 반드시 무력적 우위를 필요로 하지 않습니다. 주나라 왕도 실제 힘은 별로 없었고, 상징적으로 제후들의 존경을 받는 존재였습니다.

때문에 주(周) 혹은 주 왕조가 이끄는 공동체에 위해를 가하는 자가 나타나면 제후들이 모여 대항했다고 합니다. 이때 무력적인 리더의 역할을 완수한 것이 '패자(霸者)'입니다.

에도막부 말기의 일본에서 천황을 받들어 외세를 물리치려 한 지사(志士)들이 '존왕양이(尊王攘夷, 왕을 받들어 오랑캐를 물리친다)'의 슬로건을 내걸었는데, 이 말은 원래 춘추시대의 패자들이 사용한 것입니다.

하지만 이런 질서도 춘추 말기에 이르면 점차 무너집니다.

주 왕실의 권위가 떨어지면서 제후들은 대등하다는 의식을 갖게 됩니다.

질서가 어지러워지면 힘을 갖는 것은 언제나 무력을 가진 사람입니다

일찍이 제후를 모아 맹약을 맺고 맹주(盟主)라는 입장에서 주나라 왕을 지켜주던 패자는 이제 제후들 사이에 군림하게 됩니다.

전국시대가 되어도 주 왕실은 간신히 존속은 하지만 이미 주나라 왕을 '왕자(王者)'로 받드는 제후는 없고 각지의 유력 제후들은 도리어 스스로 '왕'을 칭하게 됩니다. 왕들이 난립하는 가운데 주 왕실을 멸망시키고, 중원의 패권을 잡아 각 나라들을 병탄한 것이 진이었습니다.

진나라 왕 정(政)은 자신이 '왕'을 능가하는 존재임을 보여주고자 '황제'라는 칭호를 창시했습니다. 그런데 시황제가 유교를 근거로 하는 '천자'라는 존재까지도 뛰어넘는 뭔가를 의식해서 '황제'를 자칭했는지는 애매합니다.

당시 유교적 사고방식이 어디까지 보급되었는지 분명하지 않기 때문입니다. 유교가 강한 힘을 갖게 되는 것은 한나라 때에 와서입니다.

그런 점을 고려하면 진시황이 천명사상을 어디까지 의식하고 있었는지는 답하기 어려운 문제라는 점을 알 수 있을 것입니다.

역사학적으로는 시황제가 '법가'를 중시한 법률 만능주의자여서 유교를 전혀 신봉하지 않았다고 보고 있습니다.

중국에서 가장 오래된 역사서인 《사기(史記)》가 편찬된 것은 전한시대, 그것도 유교가 지배적인 세력을 차지하게 된 한 무제의 치세 때입니다. 즉, 그 이전 시기에 대한 서술은 당시의 유교적 가치관에 끼워 맞춰 기록했을 가능성이 있습니다.

'천명'이나 '천자'에 대해서도 훗날에 이론화했다고 생각하는 편이 역사적 사실에 가깝지 않을까 생각합니다.

중요한 것은 진의 시황제가 어떤 생각을 했는가가 아니라 그가 만든 '황제'라는 칭호가 그 이후 '천자'와 불가분의 칭호가 되었다는 사실입니다.

'천자'는 본래 천명을 받은 자입니다. 그러면 왜 그에게 천명이 내렸는가 하면 그에 걸맞은 '덕'을 가진 사람이기 때문입니다. 덕은 무력(武力)의 유무와 무관하므로 천자는 권위는 있어도 이 세상을 움직일 힘은 없습니다.

그래서 천자에게는 없는 무력을 가진 자로서 '패자'라는 존재에 초점이 맞춰집니다. 패자에게 필요한 것은 무력에 의한 권력으로, 덕의 유무는 묻지 않습니다.

그러나 현실 사회에서는 군주에게 '덕'과 '무력'이 모두 기대됩니다. 그 결과 양자는 항상 서로 보완하도록 요구되었습니다.

유교가 이상으로 삼은 주나라 정치에서는 덕이 있는 왕(天子/王者)을 무력이 뛰어난 패자가 뒷받침하는 형태로 나타납니다.

하지만 이건 어디까지나 이상입니다.

현실에서는 '황제'라는 정점이 출현하고 말았습니다.

진시황에게 원래 여러 나라를 하나로 묶어 제국을 건설하겠다는 명확한 의사가 있었는지, 그것은 의심스럽습니다.

정이 진의 왕위에 올랐을 때 이미 진은 '중화'의 절반 이상을 차지하고 있었습니다. 진은 군사적으로 너무 강했고 다른 나라들은 너무 약했습니다. 진은 스스로 그 길을 추구한 것이 아니라 단지 대세에 맡긴 결과 중화 전역에 군림하는 제국이 되었고, '황제'를 만들어냈다고 할 수 있습니다.

여하튼 진에 의해 현실 세계에 '황제'라는 중심점이 탄생하고 그 뒤를 이은 한이 유교를 국교로 만드는 과정에서 유교의 천명사상을 현실 세계 황제의 권위를 높이는 데 이용했습니다. 그 결과 중국에서는 무력과 권력을 독점한 황제가, 동시에 천명과 권위까지 부여받은 천자여야만 한다고 생각하게 되었습니다.

이리하여 '황제=천자'라는 인식이 생겨났습니다.

황제라는 명칭은 한 고조가 '권력+권위'의 칭호로 만들었다

'황제'라는 칭호는 어디에서 왔을까요?

숭국의 군주 칭호를 검토할 때, 가장 먼저 봐야할 자료는 역시 중국에서 가장 오래된 역사서 《사기》입니다.

《사기》의 저자인 사마천(司馬遷, 기원전 145?~기원전 86?)은 제왕(帝王)의 사적을 기록한 '본기(本紀)'와 개인 전기를 주로 기록한 '열전(列傳)'으로 이루어진 '기전체(紀傳體)'라는 스타일을 만들었습니다.

그래서 역대 군주의 칭호는 《사기》의 본기를 보면 알 수 있습니다.

《사기》 본기는 '오제본기(五帝本紀)'부터 시작됩니다.

제목에서 알 수 있듯이 '오제본기'에는 고대 다섯 군주의 사적이 한꺼번에 실려 있습니다. 그 다섯이란 '황제(黃帝)', '(제)전욱(帝顓頊)', '제곡(帝嚳)', '제요(帝堯)', '제순(帝舜)'입니다. 그들은 전설로 일컬어지는 시대의 군주들인데 그들의 칭호에 '제(帝)' 글자가 사용되고 있습니다.

이어지는 '하본기(夏本紀)'은본기(殷本紀)'에서도 마찬가지입니다.

그런데 상(하)의 군주인 '우(禹)'나 '걸(桀)'은 《사기》나 다른 고문헌에서 '제우(帝禹)', '제걸(帝桀)'이라고 기록되어 있지만 일반적으로 우왕(禹王), 걸왕(桀王)이라고 부릅니다.

이러한 사실은 원래 '제'와 '왕' 사이에 그다지 구별은 없었고 거의 같은 의미로 사용되었다는 것을 말해줍니다. 굳이 구분하자면 '왕도(王道)' 존왕(尊王)'처럼 유교가 높이는 개념인 '왕'이 '제'보다는 더 보편적으로 쓰였다는 정도라 할 수 있습니다.

진이 대두한 전국시대가 되면서 각지의 제후들이 왕을 자칭하면서 '왕'은 칭호로서 가치가 떨어졌습니다. 그런 가운데 통일을 이룬 진의 왕은 스스로 '왕 중의 왕'임을 나타내는 새로운 칭호가 필요했습니다.

이에 진왕은 새로운 칭호를 정하고자 여러 학자들에게 몇 가지 후보를 내라고 했고, 그중에서 고르기로 합니다.

《사기》 '시황본기'에 따르면 '삼황(三皇)', '천황(天皇)', '지황(地皇)', '태황(泰皇)' 등 다양한 후보가 거론되다가 최고신인 태황(泰皇)의 '황'과 오제(五帝)의 '제'를 합친 '황제'가 채택되었다고 합니다.

시황제가 '황제'라는 칭호를 탄생시킨 것은 사실이지만, '황제'라는 칭호를 '천자'와 같은 의미로 발전, 정착시킨 것은 한나라 때부터입니다.

진의 시황제 사후 뒤를 이은 아들 호해(胡亥)가 비록 이세(二世) 황제를 자칭했으나 3대째인 자영(子嬰)은 황제가 아닌 '진왕'으로 칭했기 때문에 황제 칭호는 이 시점에서 일단 소멸했습니다.

이후 자영을 살해하고 진을 멸망시킨 후 압도적인 무력으로 군웅의 정상에 오른 항우(項羽)는 '패왕(霸王)'이라고 자칭했습니다. 패왕 역시 새로운 칭호인데, 항우는 다른 왕과 동격의 '왕'이라는 스스로의 위상을 받아들이지만 자신은 그 왕 중의 리더라는 점을 나타내고자 '왕'과, 제후 중 무력에서 리더를 의미하는 '패자(霸者)' 두 글자를 결합한 것입니다.

한번 없어진 황제 칭호가 부활한 것은 패왕 항우에게 승리를 거둔 한왕 유방이 제후의 천거로 '황제'에 즉위한 기원전 202년입니다.

이때 '황제' 칭호가 왜 쓰였는지는 이유가 있습니다.

앞서 황제 칭호는 한번 소멸되었다고 했는데, 정확히 말하면 2대 황제 호해가 피살되고 유방이 황제로 즉위하는 사이에 황제로 자칭한 사람이 한 명 있었습니다.

서초(西楚)의 패왕 항우가 옹립한 괴뢰 군주 '의제(義帝)'입니다.

의제를 황제로 치지 않는 것은 그가 천자의 권위도, 패자의 권력도 없던 허울뿐인 군주였기 때문입니다.

유방은 무력으로 패왕 항우에게서 실권을 빼앗았습니다. 이 시점에서 유방의 칭호는 '한왕(漢王)'입니다. 제후들은 유방한테서 왕의 칭호를 수여받았기 때문에 유방을 자신들보다 더 높은 자리에 받들어 올릴 필요가 생겼습니다. 그래서 비록 명목상이라고는 하지만 패왕 항우 위에 있던 의제의 '황제' 칭호를 존호로 유방에게 바쳤던 것입니다.

그러므로 유방의 황제 칭호는 역사적 제도적으로 보자면 시황제의 '황제' 칭호를 계승했다기보다는 의제의 후계로 보는 것이 옳다고 생각합니다.

황제가 중심이 되는 세계질서 구축

'황제'가 명실상부한 '천자'의 동의어로 정착하게 된 것은 기원전 2세기 말, 전한이 전성기를 맞은 제7대 황제 무제가 다스릴 때입니다.

고조 유방의 시대는 황제라고 해도 황제의 권위도 권력도 아직 절대적이지는 않았습니다. 제후왕들이 각 영토를 직접 지배했으므로 황제의 실효지배가 가능했던 범위는 유방이 '한왕'으로 불렸던 시대와 크게 다르지 않았습니다.

이런 제후왕의 통치 범위도 무제의 즉위 무렵에는 황제의 실효적 지배 아래 편입되었고, 황제와 제후왕의 관계도 명확한 상하 관계로 확정되었습니다.

그래도 제후왕은 존속하고 있었고, 그들의 심중에는 '과거 내 나라는 황제의 지배 밖에 있었다'는 기억이 살아 숨쉬고 있었습니다. 즉 권력은 확립되었지만 권위는 아직 확립되지 않았던 것입니다.

이러한 황제와 제후왕의 미묘한 주종 관계를 적극적으로 이용해 자신의 이론을 황제 중심의 세계질서 구축에 도움을 줌으로써 우월한 지위를 확보하는 데 성공한 것이 '유가(儒家)'였습니다.

무제 때까지 유교는 '제자백가(諸子百家)'로 총칭되는 수많은 학파 중 하나에 불과했습니다. 진 시황제는 '법가(法家)'를 중시하였고, 한 왕조 역시 건국 초기에는 유교보다 도교 계통인 황로사상(黃老思想)이 우세를 뽐냈습니다.

그런데 무제 때에 왜 유가가 대두할 수 있었을까요?

물론 이유는 하나가 아니지만, 극히 간단하게 말하면 무제와 유가 양측의 이해가 일치했기 때문이라고 할 수 있습니다.

무제는 선대의 황제들과 달리 북방 유목민인 흉노(匈奴) 땅까지 진출하여 세력 확장을 꾀하는 등 적극적인 대외 정책을 취했습니다.

무제의 야심을 실현하려면 주위를 납득시킬 만한 이론적인 뒷받침이 필요했습니다. 거기에 유교의 천명사상이 안성맞춤이었던 것입니다.

유학자들에게도 이것은 절호의 기회였습니다. 유교 이념에 입각한 세계 질서를 무제가 실현하는 것은 유교의 지위 향상 및 세력 확대로 이어지기 때문입니다.

양자는 급속히 결합되었고, 유교는 이른바 국교가 되었습니다.

유교적 세계질서에서는 천명을 받은 천자가 천하의 중심에 군림하는 것을 이상적인 상태로 여깁니다.

'천자'는 전 세계의 중심에 군림해야 하므로 주변의 제후왕은 물론 머나먼 외이(外夷)의 땅도 천자에게 귀속해야만 합니다.

이런 유교적인 '황제가 중심이 되는 세계질서 구축'은 이후 중국의 운명을 결정짓는 전환점이 되었다고 할 수 있습니다.

자타를 구별하는 의식이 화(華)와 이(夷)라고 하는, 차별로 발전해 가는 것은 동서고금 어디에서나 볼 수 있는 것으로 그것 자체는 드문 현상이 아닙니다. 고대 그리스에서도 다른 언어를 사용하는 사람들은 '바르바로이 (Barbaroi, 무슨 뜻인지 알 수 없는 말을 하는 자)'라고 불렀고, 마침내 그것이 '바바리안(야만인)'이라는 멸칭으로 바뀌었습니다.

다만 다른 지역에서는 자존 의식은 있어도 중국처럼 영속적인 정치제도나 질서 체계로 정착하지는 않았습니다.

그런데 중국에서는 한대에 황제 권력과 유교 사상이 결합되면서 유교적 세계관이 체제와 이데올로기가 일체화된 질서 체계로 정착되어 버렸습니다.

구체적으로 말하면 천하는 '화'와 '이'로 크게 나뉘고, 양자를 나누는 기준은 '천자=황제'의 실효 지배가 미치는가 아닌가에 따라 결정되었습니다. 이미 말했듯이 화와 이는 그대로 상하 관계에도 해당되기 때문에 화와 이의 경계[border]는 상하 관계의 경계와 일치하게 되었습니다.

유가들은 이 점을 이용하여 작위(爵位)의 계층 질서(공·후·백·자·남)를 구축하고, 그 위에 왕(제후)을, 다시 최상위에 황제(천자)를 두었습니다.

이때 주목할 점은 황제에게 새로 귀순한 주변국들에 대한 처우입니다.

멀리 떨어져 있어 언어와 습속, 습관이 다른 그들을 황제가 직접 지배하기에는 무리가 있습니다.

그래서 기존의 국내 계층 질서에 파탄을 초래하지 않고 주변국을 자신의 세계질서에 편입시키고자 고안된 것이 '책봉(冊封)'이라는 시스템이었습니다.

책봉이란 황제가 외이의 수장을 '왕'으로 봉하는 것입니다. 쉽게 말해서 귀순한 외이의 수장을 새롭게 '왕'으로 임명하는 것, 황제의 신하로 편입시키는 것입니다.

책봉을 받은 왕은 황제의 신하임을 나타내는 인장(印章)을 받고 동시에 신하의 의무로 조공을 바치는 의무를 지게 됩니다.

시대적으로는 조금 뒤이지만, 일본 후쿠오카(福岡)현 시가노시마(志賀島)에서 발견된 금인(金印) '한위노국왕인(漢委奴國王印)' 역시 이 책봉 체제로 수여받은 도장입니다.

'조공'의 실제는 무력으로 제압당한 외국인이 공납의 의무를 지는 것이지만, 유가는 이 현실을 '외이가 천자의 덕을 사모해 공물을 바친다'는 아름다운 '스토리'로 꾸미고 의례화하여 정착시킨 것입니다.

이렇게 한대에 완성된 황제 지배는 시대에 따라 차이는 있지만 거의 중단 없이 20세기 초까지 이어지게 됩니다.

'선양'이라는 미명의 실체

황제 지배는 오래 존속했으나, 황제의 핏줄로 보자면 이야기가 다릅니다.

왜냐하면 황제의 권위는 일본의 천황가와 달리 핏줄이 절대 필요조건이 아니기 때문입니다. 정권이 안정되어 있는 동안에는 황제도 기본적으로 부모로부터 자식으로 계승되지만, '만세일계(萬歲一系)[1]'일 필요는 없습니다.

'황제=천자'인 이상 황제의 절대 조건은 '천명'이기 때문입니다.

왕조가 교체되는 것을 '역성혁명(易姓革命)'이라고 합니다. '역성'이나 '혁명'이나 마찬가지 의미입니다.

'역성(易姓, 성이 바뀌다)'이란 왕조 교체에 따라 황제의 성이 바뀜을 뜻하고 '혁명(革命, 천명이 새로워지다)'은 천명이 바뀐 것을 뜻합니다. 즉, 성이 바뀌고 왕조가 교체되는 것은 천명이 바뀌어서라고 생각했던 것입니다.

문제는 '천명'은 본래 종교적 개념이기 때문에 물리적으로 증명할 수 없다는 점입니다. 그래서 부모가 아들에게 물려주는 것처럼 황제와 혈연이 있는 자가 천자의 자리를 유지하는 경우는 천명의 정통성을 묻지 않지만, 왕조 교체로 황제가 바뀌는 경우는 그렇지 않습니다. 천명은 덕을 갖춘 군주에게 내려지는 것이므로 '올바른 계승의 방식'이 필요해집니다.

여기서 역성혁명의 방법이 문제가 됩니다.

역성혁명은 크게 '선양(禪讓)'과 '방벌(放伐)', 두 가지 방법으로 나뉩니다.

'방벌'이란 전 왕조를 무력으로 무너뜨리고 새로운 왕조를 세우는 것을 말합니다.

'선양'은 무력에 의하지 않는 왕조 교체입니다. 전 황제가 혈연은 아니지

---

1) 일본 천황이 단일 혈통으로 계속 이어짐을 강조하는 말_역주

만 덕이 있는 새로운 황제에게 평화롭게 제위를 양보하는 것입니다. 전설상의 성천자(聖天子)인 제요(帝堯)가 친자식이 있음에도 혈연이 없는 순(舜)에게 제위를 양보한 것이 기록에 남아 있는 최초의 선양입니다.

힘에 의한 '방벌'과 덕에 의한 '선양' 중에서는 당연히 '선양'을 격이 높은 역성혁명으로 보았습니다.

실제 역사에서, 왕조 교체의 '정통' 문제가 처음 제기된 것은 전한의 힘이 약해졌을 때입니다.

외척의 지위를 이용하여 권력을 잡은 왕망(王莽, 재위 8~23년)이 어린 황제에게서 황제 자리를 찬탈하고 '신(新)'이라는 새 왕조를 세웠는데, 이때 왕망이 자신의 행위를 정당화하기 위해 '선양'의 의식을 연출합니다. 어지간한 유교 숭배자라 할 수 있습니다.

그러나 신 왕조는 한 왕실의 혈통을 이은 유수(劉秀, 훗날 후한의 광무제로 재위 25~57)의 거병으로 겨우 15년 만에 멸망해 버렸습니다. 왕망은 성현의 말씀을 따랐음에도 폭도들에게 살해당했고, 그의 선양 역시 후세에 거의 잊혔습니다.

그런 의미에서 최초의 선양이 제대로 이루어진 것은 후한 말 《삼국지》의 무대로, 일본에서도 유명한 삼국시대의 일입니다.

한 왕조의 멸망은 주술적인 신흥종교 결사가 일으킨 '황건(黃巾)의 난'을 계기로 시작됩니다. 황건의 난 자체는 곧 진압되지만, 이를 계기로 동란이 전국으로 확대됩니다. 유민들을 흡수하면서 할거(割據) 세력이 대두했고 패권 다툼이 전개되었습니다.

이 패권 다툼에서 끝내 승리한 사람이 《삼국지》의 주인공인 조조(曹操, 155~220)였습니다.

삼국시대는 위(魏)의 조조, 오(吳)의 손권(孫權), 촉(蜀)의 유비(劉備) 세 사람이 '천하를 삼분했다(天下三分)'고 곧잘 말하지만, 세력 비중으로 따진다면 결코 삼등분이 아니었습니다. 위, 오, 촉은 7대 2대 1 정도의 비율이었습니다.

압도적으로 큰 세력을 차지한 위는 220년 조조가 병으로 사망하고 뒤를 이은 아들 조비(曹丕)가 한 왕조의 마지막 황제 헌제(獻帝)로부터 '선양'이라는 형식으로 황제[文帝문제, 재위 220~226]에 즉위합니다.

당시 촉나라도 오나라도 그 세력에서 위나라에 대항할 수 없었습니다. 그런데도 촉의 유비는 위의 황제 즉위를 인정하지 않고 자신도 황제로 즉위합니다. 그리고 유비가 죽은 뒤에도 그 유지를 계승한 제갈량이 위를 상대로 싸울 뜻을 분명히 했습니다.

위는 촉과의 싸움 따위는 변경의 자잘한 문제였지만 위 황제를 인정하지 않고 황제를 자칭하는 자가 또 있다는 것은 간과할 수 없었습니다.

천명은 하나여서 천하에 천자가 둘 있으면 곤란하기 때문입니다.

그래서 위는 결코 촉 황제를 인정하지 않습니다. 그 증거로 삼국시대의 역사를 진수(陳壽)가 기록한 정사(正史)《삼국지》에서는 위나라 조조의 전기는 '무제본기(武帝本紀)'로 기록되어 있지만, 촉나라 유비의 전기는 '선주전(先主傳)'이라는 제목으로 열전에 포함되어 있습니다.

본기는 제왕의 전기, 열전은 개인의 전기를 가리키므로 '진짜' 황제는 조조이고, 유비는 그냥 일반인이라고 규정한 것입니다. '선주(先主)'의 '주(主)'란 '분수도 모르고 감히 황제라고 자칭하는 가짜'라는 의미로 역사서에 자주 등장하는 표현입니다. 중국에서는 그 후로도 황제를 자칭하는 사람이 동시에 여러 명 등장하는 사태가 일어났다는 것을 알 수 있습니다.

참고로 오의 손권(孫權)은 촉의 유비보다 한 단계 더 낮게 취급되어, 그냥 '손권'이라고 성칭을 떼고 이름으로 불렸습니다. 하지만 이렇게 등급을 매긴 것은 저자인 진수(陳壽)가 촉나라 출신이어서 고향의 격을 올리려고 한 것이 아니었냐는 말도 나오고 있는데 신빙성은 별로 없습니다. 다만 무엇이든 순위를 매기는 중국의 특성을 엿볼 수 있는 사례 중 하나라고 할 수 있습니다. 자세한 것은 뒤에서 서술하겠지만 유교에는 '대등'이라는 가치관이 없기 때문입니다.

조조의 후계자인 위 문제가 후한의 헌제에게서 물려받은 황제 자리는 다시 조조의 신하였던 사마의(司馬懿)의 손자 사마염(司馬炎)에게 265년 선양되었습니다. 이 사마염이 서진(西晉)의 무제(武帝, 재위 265~290)입니다.

그러나 왕망이 선양을 받은 것이 사실상 제위 찬탈이었던 것처럼 후한에서 위나라로의 선양이나 위나라에서 서진으로의 선양이나 모두 그 실체는 '덕이 있는 자에게 자리를 양보한다'는 미명과는 거리가 먼 현실에서 비롯된 것입니다.

소수의 예외를 제외하고는 이전 왕조의 관계자들은 새 정부에 의해 몰살당합니다.

신정권에 중요한 것은 현실이 아니라 선양을 통해 새 황제에게 천명이 바르게 계승되었음을 알리고 정통 황제의 권위를 보여주는 것이었습니다.

이에 따라 '선양'은 정권 교체의 실상에 관계없이 '정통성을 드러내는 왕조 교체의 절차'로 정착되어 송대까지 이어졌습니다.

중국에 '제국(帝國)'은 없다

중국의 '천자'가 어떤 것인지 알면, 수 양제(煬帝, 재위 604~618)가 일본이 보낸 국서를 읽고 불쾌해한 이유를 알 수 있습니다.

일본에는 이 국서의 기록이 남아 있지 않지만, 《수서(隋書)》 '왜국전(倭國傳)'에는 양제의 심기를 상하게 한 국서에 다음과 같은 문장 하나가 있었다고 기록되어 있습니다.

'일출처천자치서 일몰처천자무양(日出處天子致書日沒處天子無恙)**'**

(해가 나오는 곳의 천자가 해가 저무는 곳의 천자에게 편지를 보내니, 무탈하십니까.)

양제가 불쾌했던 것은 이 세상에 유일한 존재인 '천자'를 참칭했다는 결례에 대한 것이었습니다. 게다가 상대는 중화에 포함되지 않는 '동이'(東夷), 즉 동방 야만인의 '왕'입니다.

그러나 양제는 담당관에게 '오랑캐[蕃夷번이]가 보내온 글에 무례한 것이 있다면 앞으로는 나에게 보이지 말라'고 명하는 것으로 끝냈습니다. 최소한의 예의조차 모르는 '동이'는 불쾌한 존재이기는 하지만 일본 따위 안중에 없었다는 것입니다.

오히려 양제의 분노는 담당자를 향한 것이었을지도 모릅니다. 이런 문서는 일일이 나한테 보이지 않도록 너희가 적당히 알아서 처리하면 될 것 아니냐, 눈치 없는 놈이라는 겁니다.

'천자'는 안 되더라도 '천황'은 괜찮지 않았을까, 라고 생각하는 분도 계실지 모르지만 '황제'에 들어가는 글자, 즉 '황'과 '제'는 기본적으로 모두 안 됩니다.

당의 기록에 '일본의 왕은 천황으로 칭하고 있다'라는 기록이 있어 일본의 군주가 '천황'이란 칭호를 사용한 것이 사실로 기록되어 있지만, 중국 정식 문서에서 천황 호칭이 사용된 적은 결코 없었습니다. 고토쿠천황(孝德天皇)이면 '효덕왕[孝德(고토쿠)王]', 간무천황(桓武天皇)은 '왕 환무[王桓武(간무)]'라고 기록했듯이 어디까지나 '왕' 칭호에 그칩니다.

일본 군주의 칭호를 자기네 형편에 따라 멋대로 고쳐 쓰는 중국을 오만하다고 생각할 수 있지만 이는 둘 다 한자를 쓰는 나라여서 그렇습니다. 앞장에서 말한 '지나(支那)'에 대한 서로의 감각 차이 역시 아마 그러해서일 것입니다.

만약 한자를 사용하는 신흥국이 자국의 군주 칭호로 '천황'을 사용했다면 일본은 어떻겠습니까. 분수를 모른다[僭越참월]고 느끼면서 '그건 올바른 의미의 천황이 아니니까 안 쓰면 좋겠다'고 생각하지 않을까요. 한자는 원래 형성 과정부터 유교적인 상하 감각, 차별의식과 떼려야 뗄 수 없는 문자인 것입니다.

영어권에서는 한자를 쓰지 않으므로 '천황'은 'Emperor of Japan'으로 표기되지만, 이것을 자기네 멋대로 바꿔 쓴다고 생

수(隋)의 2대 황제 양제 3차례의 고구려 원정에 실패, 민심이 이반하고 반란을 초래해 양주(揚州)의 이궁(離宮)에서 살해됐다.

각하는 사람은 없을 것입니다. 사실 중국도 서구 국가들처럼 한자를 안 쓰는 나라에 대해서는 뭐라고 부르던 거의 개의치 않습니다.

그러므로 일본(왜국)의 국서에서 문제가 된 것은 오히려 중국의 기분도 생각지 않고 굳이 '천자'라고 자칭한 점이라고 생각합니다.

'천황'이라는 호칭도 마찬가지입니다. 국제 정세를 몰랐던 것인지 시비를 건 것인지는 알 수 없지만 아시아의 역사를 보자면 일본인들이란 아시아 사람들의 기분을 잘 모른다고 생각할 수밖에 없는 행동을 자주 합니다.

일본은 지리적으로 분명히 아시아권에 속하고 문화적으로도 아시아의 영향을 짙게 받고 있지만, 그 정신은 아시아보다 서양에 가깝지 않을까 생

각합니다. 그런 의미에서 일본은 주위에 동료가 없는 아시아의 '고아'라고 할 수 있습니다.

일본은 메이지시대가 되면 공문서에 천황이 아니라 '대일본제국 황제'라고 기재하는데, 이것도 문명적인 영어 호칭에 맞추면서 동시에 청 황제를 의식해서라고 봅니다.

청은 이런 일본의 행동을 좋게 볼 리 없었지만, 그 후 청일전쟁에서 일본이 승리했기 때문에 1895년의 청일강화조약(시모노세키 조약)에서는 대일본제국, 대일본제국 황제라고 기록된 문서에 서명했습니다.

황제라는 말의 진정한 의미를 아는 아시아인들에게 이것은 충격적인 일이었습니다. 청일전쟁은 한반도의 영유권¹⁾을 둘러싼 중일 간의 문제라고 여겨지지만, 그 결과는 중국과 일본 관계뿐만 아니라 동아시아 전체를 바꾼 전쟁이라고 할 수 있습니다.

이야기가 본론에서 조금 벗어났지만, 기왕 벗어난 김에 하나 더 말씀드리겠습니다.

'제국'이라는 단어는 일본어가 원조입니다.

중국에는 '제국'이라는 한어는 존재하지 않았습니다.

한어에서 '나라[國국]'는 일정한 한정된 범위, 예를 들어 '조선국'이나 '일본국'처럼 제후가 영유하는 범위를 뜻하는 말입니다.

일본인은 왕이 다스리는 나라가 '왕국'이니 황제가 다스리는 나라는 '제국'일 것이라고 생각하기 쉽지만, 한어에서는 '제국'이라는 말은 있을 수 없는 자가당착의 어휘입니다.

왜냐하면 황세는 천자와 농의어이기 때문입니다. 천자는 전 세계(=천하)의

---

1) '영유권'이라는 단어는 저자가 쓴 원문 그대로임_역주

통치를 하늘에서 위임받은 존재이므로 '나라[국]'라는 글자가 뜻하는 '일정한 범위'라는 의미와 모순되어서입니다.

황제가 다스리는 범위는 전 세계여야만 합니다. 그러므로 일정 범위의 '제국'이란 어휘는 중국어가 원조일 수가 없습니다.

그러면 일본에서는 어떻게 '제국'이라는 말이 생겨났을까요? 이것은 번역어입니다.

에도시대의 일본이 네덜란드어 'Keizer'를 '황제'로 번역했습니다. 그래서 그 황제가 다스리는 나라라는 뜻으로, 'Keizerrijk=Empire(엠파이어)'를 '제국'으로 번역한 것입니다.

'황제가 다스리는 나라이므로 제국'이라는 것은 일본어와 유럽어로는 맞는 해석이지만 한어와 중국에서는 옳지 않았습니다. 그 사실을 일본인이 알지 못한 채 한자라는 같은 문자를 다르게 인식해 사용한 것이 갈등 원인이 된 것입니다.

중국 입장에서는 자신들이 한자의 종주국이므로, 일본의 인식은 틀렸다, 올바른 말을 사용해라,라는 의식이었다고 생각합니다. 그 또한 중화사상이라고 한다면 그렇다 할 수 있습니다.

천명은 호족(胡族)에게도 내려오는가

후한 말인 3세기부터 수당시대가 시작되는 6세기 말에서 7세기 초에 걸친 동란의 시대를 중국에서는 '삼국육조(三國六朝)'라고 합니다.

'삼분'된 천하는 280년 '진(晉)'에 의해 통일되지만, 평온은 오래가지 못하고 다시 전란의 시대로 접어들게 됩니다.

진이 멸망한 직접적인 원인은 '호(胡)'라고 부르는 북방 유목민의 침공이었습니다.

호인(胡人)의 유입은 이때 갑자기 시작된 것이 아닙니다. 이들의 유입은 '황건의 난' 이전부터 줄곧 이어지고 있었습니다.

유입 요인 중 하나는 한나라에 의한 '중화'의 확대였습니다.

중화의 확대를 가져온 한의 번영으로 천하는 '중화'의 우위와 '외이'의 귀복(歸服)[1]이라는 질서 관계가 성립됩니다. 이러한 관계는 실제 사회에서는 한 왕조에 속하는 '한인(漢人)'의 우월성과 주변국 사람들인 '호인(胡人)'의 종속이라는 상황을 낳습니다.

호인은 원래 중국의 서쪽 및 북쪽에서 유목과 수렵 위주의 생활을 하던 사람들이어서 한인과는 다른 독자적인 생활양식을 가지고 있었습니다.

현대의 난민 유입을 보면 알 수 있듯이 서로 다른 문화와 생활을 하는 이주자들은 기존 주민들과 다양한 갈등을 빚습니다.

한인과 호인 사이도 마찬가지였습니다. 그 결과, 이주한 호인의 생활은 곤궁을 겪는 경우가 많았고, 외이라고 차별받고 종속되는 것을 피할 수 없게 됩니다.

그런데 차별을 당하고 학대를 받으면서도 호족의 유입이 계속된 데는 이유가 있었습니다.

'한랭화'라는 지구 전체를 덮치고 있던 기후변화입니다.

한랭화로 유목민들이 원래 살던 북쪽 지역은 식물이 자라기 어렵게 되어버렸고, 사람들은 살아남으려 온난한 지역으로 이주할 수밖에 없었습니다.

한나라 말 황건의 난을 비롯한 동란에는 이들 가난한 유민(流民)의 존재가 깊이 관련되어 있었습니다.

---

1) 귀순과 복속을 일컬음_역주

그래서 진이 천하를 통일했다지만 물밑에는 '한(漢)'과 '호(胡)'의 불안정한 관계가 여전히 불씨로 남아 있었습니다.

여러 호족(胡族)의 불만은 마침내 '영가(永嘉)의 난'이라는 반란을 불러일으켰습니다.

이로써 316년 진(晉)은 멸망하고 중화 문명의 중심지였던 황허강 유역(중원)은 호족 정권이 할거하여 지배하게 됩니다. 당시 주축이 된 호족이 '흉노(匈奴)', '갈(羯)', '선비(鮮卑)', '저(氐)', '강(羌)' 다섯으로, 이들이 세운 나라가 모두 16개여서 이 시대를 '오호십육국(五胡十六國)'으로 부릅니다.

이렇게 할거했던 16개의 크고 작은 나라에는 당연하지만 '군주'가 존재했습니다.

여기서 드는 의문은 호족이 중국을 정복할 경우에 호인(胡人), 이적(夷狄)의 군주라도 '천명이 내렸다'고 중국인들이 생각했을까 하는 점입니다.

훗날에는 호족이 세운 왕조에서도 군주는 '황제'를 자칭하게 되지만 아무래도 많든 적든 망설임이 있었던 것 같습니다.

왜냐하면 호족의 군주는 처음엔 '황제'가 아니라 '천왕(天王)'을 자신의 칭호로 사용했기 때문입니다.

'천왕'이라는 칭호는 이 시대에 처음 나온 것은 아닙니다. 아직 '황제'라는 칭호가 존재하지 않던 주나라 시대에 사용한 기록이 있습니다.

주나라 때의 '천왕'은 대립하는 '왕'들이 여럿 있을 때, 그중에 자신의 우위를 드러내고자 '천자(天子)'와 결합시킨 호칭일 것으로 보입니다.

이 고대의 천왕 칭호가 세월이 흘러 오호십육국 시대에 부활했다고 볼수도 있습니다. 다만 오호십육국 중에는 천왕이 얼마 지나지 않아 '황제'를 자칭하는 사례 역시 있기 때문에 그 의미는 고대의 천왕과는 조금 다른 것 같습니다.

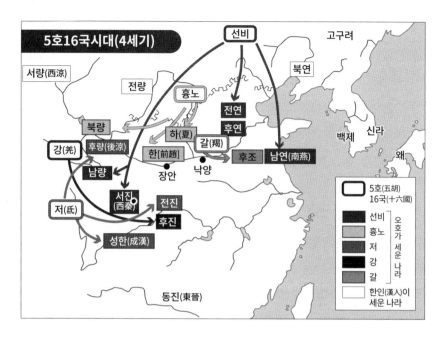

의 천왕처럼 다른 왕들에 대해 자신의 우위를 드러내기 위한 것이라면 굳이 다시 황제를 자칭할 필요가 없기 때문입니다.

이렇게 본다면, 오호십육국의 군주가 '천왕'을 칭한 것은 자신의 위상과 역할은 황제와 같지만 스스로는 아직 '왕'이라는 국지적인 세력임을 알고 전 세계의 주인인 황제라 칭하기는 꺼렸던 결과가 아닐까 생각됩니다.

또 당시에는 남쪽에 진(晉)의 명맥을 잇는 동진(東晉)이 있었고, 거기에 황제가 있었던 것과도 관계가 있을 것입니다.

중국 역사학에서는 중국 통치의 정통성이 '진(晉)'에서 남방의 '동진(東晉)'으로 이어지는 계보에 있습니다. 그리고 동진에서 남조(南朝)로, 남조에서 수(隋)로 정통의 흐름이 이어지기 때문에 오호십육국의 군주 중에 나중에 황제를 칭한 사람이 있었어도 고금의 중국인들에게 이들은 정통이 아니고, 따라서 천명이 내렸다고는 생각하지 않았던 것 같습니다.

이후 오호(五胡)의 나라들을 하나로 통일한 것이 바로 '북위(北魏)'이고, 여기에서 북조(北朝)가 시작되어 수(隋)까지 이어지게 됩니다. 수나라 군주의 출신은 북위와 같은 탁발씨(拓跋氏)였습니다.

이 수가 남조(南朝)까지 무력으로 정복, 병합하여 통일 왕조가 되었습니다. 정통인 남조로부터 정권을 계승하지는 않았지만, 남조가 소멸하고 수가 통일해 버리자 호족 출신의 황제에게 천명이 내렸다고 인정할 수밖에 없게 됩니다.

수의 명맥은 짧아서 2대 황제 양제로 끝이 납니다. 뒤를 이어 당을 건국한 이연(李淵, 고조, 재위 618~626)은 양제의 이종사촌이기 때문에 당 또한 호족 왕조라 할 수 있습니다.

당은 서역 사람들에게 '타브가치(Tabgach)'라고 불렸는데, 이 말은 '탁발'에서 발음이 좀 변형된 것입니다.

수와 당은 견수사, 견당사 등을 통해 일본과 관계가 깊은 왕조여서 일본인들 중에는 당이야말로 '중국=한(漢) 문화'라고 생각하는 사람도 많습니다. 하지만 실제로 당 왕조는 한인이 아니라 호족의 왕조입니다.

황제조차 무시할 수 없는 지식계급 '귀족'의 존재

삼국육조 시대는 전란의 시기여서 평화로운 정권 교체는 전혀 없었습니다. 그래도 형식을 갖추고자 반드시 '선양' 절차를 거쳤습니다.

모두 실상을 알고 있는데, 왜 그런 번거로운 절차를 치러야 했을까요.

선양의 절차를 밟지 않으면 '정통'으로 인정받지 못한다는 압력이 존재했기 때문입니다.

여기서 '압력'이란 지식인 엘리트들의 존재를 의미합니다.

지식인으로 불린 계층은 왕조가 바뀌어도 여전히 존속했습니다. 당시는 그런 지식인들 중에 황제보다 더 잘난 사람들이 많았습니다.

이들을 우리 학문 개념으로는 '귀족'이라고 하지만, 당시에 '귀족'이란 용어가 있었던 것은 아닙니다. 당시 용어로는 '사(士)' 또는 '사대부(士大夫)'라고 불렀습니다.

'사'라는 말은 춘추시대부터 줄곧 있었던 옛말입니다.

'사'는 한마디로 '엘리트'라는 뜻인데, 그 실체는 시대와 함께 변하기 때문에 오해를 없도록 삼국시대부터 당대까지의 시대는 '문벌귀족(門閥貴族)'이라는 용어를 사용합니다.

전란의 시대에 황제가 되는 사람은 당연히 무력이 뛰어난 사람입니다. 하지만 '황제=천자'인 이상, 무력만으로는 주위에서 진정한 황제로 인정받지 못합니다. 특히 당시 중국 사회에서는 '귀족'이라고 불리는 사회적 명성을 가진 사람들에게 인정받는 것이 반드시 필요했습니다.

그래서 황제라 할지라도 귀족들의 눈치를 많이 보면서 정치를 했던 것이 현실입니다.

그렇다면 무엇이 그들 귀족의 권위를 지탱하고 있었을까요?

단적으로 말하면 '가문'입니다. 그리고 가문과 세트를 이루는 것이지만 그들은 경제력도 가집니다.

가문이 좋고 경제력이 있기 때문에 '문벌귀족'이라고 불리지만 그 '가문이 좋다'는 것은 어떤 것이며, 어떻게 생겨났을까요. 이 점은 학설이 분분하여 지금까지 무엇도 명확하지 않습니다. 그래도 황제조차 한 수 접고 들어가야 하는 권위를 가진 사람들이 많이 있었던 것은 사실입니다.

바로 그런 이유로 황제는 그들에게 꼭 인정받아야만 했습니다. 그들의 인정을 받지 못하면 비록 황제로 행세는 하겠지만 제대로 권력을 휘두르는 것은 물론 자유로운 운신조차 불가능했기 때문입니다.

이 점을 잘 말해주는 사례가 있습니다.

당의 2대 황제 태종 이세민(李世民, 재위 626~649)은 '농서(隴西) 이씨'라는 오래된 명문가 출신으로 자칭했으나, 실제로는 북위의 명맥을 잇는 북방 유목민 출신이었습니다.

그걸 아는 명문 귀족들은 당시의 '가문 순위'에서 이세민을 삼류로 분류했습니다. 체면이 깎인 이세민은 분노하여 순위를 고치게 했다고 하는데, 귀족들이 황제를 두려워하지 않았다는 것을 잘 알 수 있습니다.

2백 년 뒤, 당시의 황제 문종(文宗, 재위 826~840)이 황녀를 일류 귀족에게 시집 보내려다 정중히 거절당합니다. 거절 이유는 '결혼은 가문의 수준이 비슷한 게 중요하기 때문'이라는 것이었습니다. 당 왕조가 그토록 번영을 누리고 통치가 오래갔어도 일류 귀족들과 어깨를 나란히 할 수 없었던 것입니다.

아무리 황제가 유능하고 무력을 가지고 있어도 귀족들은 결코 인정하지 않고 심복하지 않습니다. 왜냐하면 유교에서는 무력의 사용은 격이 낮아도 한참 낮은 것이며, 또한 군주란 본래 자잘한 일 같은 것은 하면 안 됩니다. 무엇이든 자신이 직접 하는 것은 다른 사람 위에 군림하는 군주로서 덕이 부족하다는 것이 유교의 가치관입니다.

그러므로 아무리 무력이 있어도, 능력이 있어도 군림하기에는 부족했던 것입니다.

교토 사람이라면 이런 느낌을 잘 알 수 있을 것 같습니다.

교토는 원래 천황과 공가(公家)[1]가 일본의 중심적인 문화를 배양한 도시입니다. 가마쿠라시대 이래 무사(사무라이)가 교토에 입성해 무력을 휘두르는 일

---

1) 일본 조정에 봉직하는 귀족과 관리의 총칭_역주

이 반복되었지만, 교토 사람들은 자신들의 문화와 가치관을 바꾸지 않았습니다. 아마 중국의 귀족들도 비슷한 느낌이었을 겁니다.

귀족들의 입장에서 보면 자신들이 '황제를 인정해 준다'고 하는, 어디까지나 위에서 내려다보는 시선이었던 것 같습니다.

그래서 관습에 따른 '선양'이라는, 만인을 불러놓고 지켜보게 하는[衆人環視 중인환시] 의식을 치르는 것이 정권 교체에는 필요했습니다.

2백 년이 지나도록 당 황실은 문벌귀족에게 인정을 받지 못했는데, 호족(胡族)이 문벌귀족 속으로 들어가는 것은 어땠을까요?

호족 출신의 황제와 측근들은 들어가려는 노력을 했습니다.

일례로, 북위 제6대 황제 효문제(孝文帝, 재위 471~499)는 중원 한복판인 낙양(洛陽, 뤄양)으로 천도하거나 북방 유목민 식의 이름을 모두 한인(漢人) 스타일로 바꾸는 등 '중국화 정책1)'을 열심히 시행했습니다.

황제는 어떻게 해서든 문벌귀족의 커뮤니티에 침투해서, 가능하다면 그 안에서 주도권을 잡겠다고 별렀지만 호족 출신의 유력자들은 오히려 '황제가 이상한 한인 물이 들었다'고 혹평을 했고, 효문제의 정책은 결국 실패하고 맙니다.

'왜 우리 전사들이 그런 나긋나긋한 한인 귀족들의 흉내를 내야 하나', 그런 기분이었으리라 생각합니다. 일본의 무가(武家)가 공가(公家)와는 도저히 맞지 않는다고 생각한 것과 같습니다.

황제의 입장에서는 그런 정책이 필요해서 한 것이지만, 아랫사람은 그 필요성을 실감할 수 없었습니다.

불본 실패한 배경에는 호족(胡族)들이 내켜하지 않았던 데다가 그만큼 '귀

---

1) 원문은 화화정책(華化政策), 보통 한화정책(漢化政策)으로 부름_역주

족의 벽'이 두터웠던 것도 있습니다.

귀족들의 힘은, '문화를 갖는' 것이 발휘하는 힘이라고 할 수 있습니다.

일본의 공가 역시 정권이 무사에게 넘어가고 무사의 시대가 되었어도 연중행사와 전례[1]를 중시하면서 문화의 전승에서 자신의 존재 의의를 찾아왔습니다.

자신들의 문화를 자랑스럽게 생각하는 것이 문벌귀족들의 결속과 힘을 가져왔다고 생각합니다.

---

1) 원문은 유직고실(有職故實). 일본에서 '유직(有職)'은 본디 '유식(有識)'으로 역사, 문학, 조정 의례 등에 정통한 것을 가리키고, '고실(故實)'은 시비에 관해 근거를 제시할 옛 사실과 선례를 말한다. 공가와 무가의 의례와 습관, 혹은 이를 연구하는 학문을 지칭함_역주

제 3 장

유교 없이는 중국사를 말할 수 없다

'유교'는 현실 세계에서 탄생한 자기중심 사상

유교가 태어난 것은 바야흐로 춘추시대, 중국사의 여명기인 이 시대는 누구나 마음껏 자유롭게 발언할 수 있는 시대였습니다. 유교 외에도 도가(道家)와 묵가(墨家), 법가(法家)와 명가(名家), 병가(兵家), 음양가(陰陽家), 잡가(雜家), 농가(農家) 등 후세에서 보면 정말 다양한 사상이 우후죽순처럼 생겨났습니다. 이 시기에 탄생한 수많은 사상을 '제자백가(諸子百家)'라고 총칭합니다.

그런 의미에서는 공자(孔子, 기원전 551년경~기원전 479년)의 유교도 그중 하나일 뿐이었습니다.

하지만 유교가 특별한 사상이었던 것 또한 사실입니다. 왜냐하면 유교는 제자백가 중에서도 가장 오래된 사상으로 보이는데, 다른 유력 사상들도 대부분 유교를 모태와 원류로 해서 생겨났다고 할 수 있기 때문입니다.

우리는 유교라고 하면 '사서오경(四書五經)'이나 주자학의 이기(理氣) 등 굉장히 어려운 이론을 연상하기 쉽지만, 공자가 설파한 원래의 유교는 그리 어려운 이야기는 하지 않습니다.

사실 《논어》를 읽으면 2500년 전에 나온 내용인데도 지금 우리들이 보기에도 놀랄 만큼 위화감이 없습니다.

제대로 인사를 해라거나 부모님께 효도를 해라 등 삶의 가르침 같은 것이 쓰여 있을 뿐입니다. 즉, 유교 본래의 가르침은 우리 생활 속에 현실감 있게 펼쳐지는 인간관계, 인간이 어떻게 살아야 하는가를 그대로 도덕과 교양으로 만든 것이라고 할 수 있습니다.

그런 가운데 왜 유교는 그렇게까지 상하 관계를 까다롭게 따지는가,라고 말하는 분이 많습니다.

하지만 일본인이 이런 의문을 품는 것은 서양 사상의 영향입니다.

서양에서는 '하나님 아래는 평등'이라고 하여 절대자인 신 앞에서는 왕이나 서민이나 모두 평등하다고 생각합니다. 그런데 현실에 입각해 생각하면 이상하지 않나요?

애당초 신이 있다는 전제 자체가 이상합니다. 아무도 본 적도 만난 적도 없는데, 어떻게 신이 있다고 할 수 있습니까.

왕이나 백성이나 평등하다는 것도 우습지요. 사회에서는 평등하게 취급하지 않기 때문입니다. 회사 안에서도 그렇지요. 상사가 있고 부하가 있습니다. 연장자가 있고 어린 사람이 있습니다.

또 신체로 말해도, 키 큰 사람이 있는가 하면 작은 사람도 있습니다. 완력이 센 사람도 있고 머리가 좋은 사람도 있습니다.

현실 세계에는 반드시 상하 우열이 있기 마련입니다. 유교는 그러한 현실을 솔직하게 인정하고 받아들이는 데서 출발합니다.

'인간관계에는 늘 위아래가 있고, 평등 따위 있을 수 없다. 그런 현실을 일단 인정하고 나서, 윗사람이면 무엇을 해도 다 괜찮고 아랫사람은 주눅 들어 지내야만 하는 것인가 하면 아니 그렇지 않을 것이다. 윗사람은 아랫사람을 잘 보살펴야 하고, 윗사람도 겸양은 필요하다. 아랫사람은 무턱대고

학파	주요 인물	핵심 주장
유가	공자	인(仁)의 실천과 주대(周代)의 예(예절)에 바탕을 둔 이상 국가의 실현
	맹자	성선설, 덕치주의에 의한 왕도정치를 말하다
	순자	성악설, 예의 습득과 실천을 통한 성(性)의 교정, 무력에 의한 정치(패도정치)를 차선으로 삼다
도가	노자	무위자연(無爲自然)을 주장, 예나 도덕 등의 인위적 제약에 반대
	장자	마음의 자유와 자연과의 조화 주장, 후에 도교로 발전
법가	상앙	철저한 법치주의를 주장
	한비자	법가를 완성, 군주의 권한을 무제한으로 하여 일원적 지배를 주장
	이사	분서갱유를 시행
묵가	묵자	무차별과 평등한 인간애[兼愛겸애] 주장
음양가	추연	모든 현상을 음양의 2원리로 설명하는 음양설(陰陽說), 목(木)·화(火)·토(土)·금(金)·수(水)의 5요소로 설파하는 오행설(五行說)
종횡가 (縱橫家)	소진	진(秦)에 대항한 6국의 동맹[合從策합종책]을 설파하다
	장의	6국이 진(秦)과 개별적으로 동맹을 맺는 연형책[連衡策, 連橫策연횡책]을 설파하다
병가 (兵家)	오자	정치와 전쟁 두 가지 전략의 군사 사상을 설파
	손자	
명가(名家)	공손룡	개념과 실체와의 관계를 추구
농가(農家)	허행	일하는 농민 입장에서 농업의 중요성을 설파하다

비굴하게 굴지 말고, 윗사람을 깍듯이 존경하라는 것이다.' 이런 식으로 전개해 가면서 만들어진 것이 유교의 기본이 되는 덕목인 '예(禮)'입니다.

유교는 현실을 있는 그대로 받아들입니다. 그럴 경우, 인간이란 본래 자기중심적인 존재라는 현실에 직면하게 됩니다.

정직하게 말하면 남들보다 자신이 더 소중하기 마련입니다. 따라서 유교에서는 '먹고 입는 것이 우선 충족되어야 예절을 안다'고 말합니다. 이 말은 자기 입을 것 먹을 것도 부족한데, 남에 대한 예절 따위 신경 쓸 수 없다는 깃입니다.

당연하다고 하면 당연한 것이지만 현실을 솔직하게 파악하는 것에서 출발하는 유교는 이 '자기 자신'이란 존재를 먼저 존중하고 있습니다. 타인과의 관계는 그 다음에 생각합니다.

유교 경전 '사서'의 하나인 《대학(大學)》에는 '수신(修身)·제가(齊家)·치국(治國)·평천하(平天下)'라는 유명한 구절이 있습니다. 우선 자기 자신을 수양하고, 그 다음에야 집안을 정돈하여 다스린다, 국가나 천하와 같은 공공의 일은 이런 일들이 다 이뤄진 후에 살펴야 할 문제라는 의미입니다.

항상 '사(私)'가 우선하고, 그런 다음에 '공(公)'에 진력하는 것이 유교 가르침의 기초에 있는 사고방식입니다.

유교에서 중시하는 '예'도 따지고 보면 자기를 우선하는 것에서 출발하고 있음을 알 수 있습니다.

예를 들면, '예'에 근거한 행위인 '절' 하나를 봐도 고개를 숙이는 행위는 나 자신이 높기 때문에 '숙인다'는 행위가 성립하는 것입니다. 자신이 대단하다는 것이 전제입니다.

자신을 우선하고 존중하기 때문에 겸양의 정신이 나올 수 있습니다.

상대에 대한 겸양은 자기 존중과 동전의 양면인 것입니다.

언뜻 보기에 모순되는 것처럼 생각될지 모르지만, 이는 대단히 정정당당한 사고방식입니다. 왜냐하면 자존과 자신감 없는 겸손은 단순한 비굴과 복종이 되어버리기 때문입니다.

유교가 이렇게 성립되었음을 알게 되면, '예'를 존중하는 유교에서 자기중심적인 화이사상, 중화사상이 생겨난 것도 어떤 의미에서 자연스러운 일이었음을 이해할 수 있지 않을까요.

유교적 이상 사회는 먼 옛날에 있다

우리는 목표로 해야 할 '이상'이 미래에 있다고 생각합니다. 그리고 '이상'

을 향해 날마다 진보 향상해 가는 것이 선(善)이라는 의식을 갖고 있습니다.

그러나 이런 사고방식이 사실 '서양적 사고'라는 점은 자각하지 못합니다.

꾸준한 노력으로 이상을 향해 다가간다, 즉, '진보 향상'이 선이라는 의식은 사실 굉장히 기독교적인 서양식 사고방식입니다.

유교적인 사고방식은 전혀 다릅니다.

이상을 내세우는 것이 아니라 지금 있는 현실을 받아들이고 그 안에서 자신들이 더 잘 살려면 어찌 해야 좋을지 고민하는 것이 유교이기 때문입니다.

정확히 말하면 유교에도 물론, 마땅히 그래야 할 모습인 이상적인 상(像)은 있습니다. 있기는 하지만 그건 '먼 옛날'의 성인이 체현했다고 여겨지는 모습이고, 그에 비춰보자면 인간들이 점점 타락해서 오늘날 이 모양에 이르렀다는 것입니다. 그러니 어떻게든 노력해 더 이상 타락하는 것을 막자, 라는 것이 유교의 사고방식입니다.

따라서 유교에는 '진보'라는 사고방식이 없습니다.

모든 것이 '옛날이 좋았다'입니다.

그래서 공자의 유교를 계승한 맹자는 '성선설'을 설파하고 있습니다. 성선설이란 '인간은 본래 착하게 태어난다'는 사상입니다.

즉 인간은 태어날 때가 가장 선하고, 시간이 경과됨에 따라 점점 타락해 간다는 말입니다.

이를 전제로 맹자는 어떻게 그 타락을 막을 것인가를 설파했습니다.

유교적 가치관은 이처럼 서양의 가치관과는 발상이 근본적으로 다릅니다. 눈앞의 현실을 더 좋게 만들어 가자는 것은 다르지 않지만 목표하는 운동의 방향이 다릅니다. 서양이 아래에서 위를 향해 나아감으로써 현실을 좋게 만들려고 한다면, 중국의 유교는 위에서 아래로 떨어지는 것을 막아냄으로써 좋게 만들자는 방향의 사고방식입니다.

서양 사상이 '진보·전진'에서 희망을 찾아내는 것은, 그 기초에 기독교가 있기 때문일 것입니다. 기독교에는 '원죄', 즉 모든 사람이 태어날 때부터 죄인이라는 '성악설'이라 할 만한 사고가 존재합니다. 또 현세는 고난의 연속이며 내세에야말로 천국이 있다고 믿기에 미래일수록 희망이 있고 밝은 것입니다. '진보'라든가 '진화'라는 것은 전형적인 서양적 기독교적 사고입니다.

그렇다면 유교를 최초로 주창한 공자는 왜 '과거가 지금보다 뛰어났다'는 사상을 가지게 되었을까요?

공자가 이런 사상에 이른 것은 역시 그가 살았던 '시대'라는 요소가 크게 작용했다고 생각합니다. 공자가 살았던 기원전 6세기의 중국은 혼란의 시대입니다. 어지러운 세상에서 공자는 옛날 책들을 모아 읽었고, 그 결과 현재를 '타락한 세계'로 보았던 거죠. 그래서 '예전에는 훌륭한 시대가 있었다'는 것을 희망 섞어 사람들에게 전하고자 했으리라 봅니다.

이렇게 보자면, 공자는 이상 사회를 만든 사람이 아니라, 과거에 있었던 이상 사회의 부흥을 목표로 하여 후세에 그 '이상'을 전하려 했던 사람이라고 할 수 있습니다.

유교의 교리를 담은 경전이라고 할 수 있는 '경(經)'은 공자가 창안해서 쓴 것이 아니라 당시 아직 남아 있던 옛 시대의 기록을 공자가 다시 편찬한 것이라고 합니다.

이 작업을 공자는 '기록하되 지어내지 않는다(述而不作술이부작)'고 했습니다. 지금까지 있어 온 것을 앞으로도 이어갈 뿐이지 새로운 것을 만들어내지 않는다는 말입니다.

그래서 유교에서는 새로운 것을 만든다거나 예부터 있던 것을 바꾸는 것은 공자의 생각에 반하는 '나쁜 것[惡]'이라고 생각합니다. 새것치고 좋은 것은 없다는 것입니다.

서양 사상에 물들어 있는 일본인은 '개혁(改革)'이라고 들으면 무의식중에 '개정(改正)' '개량(改良)'이나 '개선(改善)'을 연상하며 개혁하는 편이 좋아질 거라 생각합니다. 그러나 유교에서 '개혁'은 곧 '개악(改惡)'입니다.

유교에서 바꾸는 것은 '악'입니다. 더 좋아지려면 옛날로 돌아가는 것이기 때문에 우리가 생각하는 '개선'을 중국에서는 개혁이라고 하지 않고 반드시 '복고(復古)'라는 용어를 씁니다.

예를 들어 북송시대의 정치가 왕안석(王安石, 1021~1086)이 실시한 개혁을 우리 역사 수업에서는 '왕안석의 신법(新法)'이라는 용어로 배웁니다. 하지만 왕안석 자신은 경전인《주례》를 근거로 삼았다고 했고, '새로운 일'을 하겠다고는 한마디도 하지 않았습니다. 중국에서는 한어에 유교의 가치관이 배어 있기 때문에 무언가를 더 잘 바꾸려고 할 때 '예전으로 돌아간다'라고 하지 않으면 사람들이 받아들이지 않기 때문입니다.

그래서 뭔가를 실시할 때는 반드시 옛날에 그런 사례가 있었다는 걸 찾아내고, 문서를 작성할 때에 반드시 권위 있는 경전에서 그런 사례를 인용해서 이것은 완전히 새로운 것이 아니라 '복고'라고 해줘야 합니다.

어떻게 더 이상 타락하지 않도록 막을까를 말할 뿐 진보의 측면은 그리려고 하지 않아서 중국의 역사는 같은 것의 반복으로 보이는 경우가 많습니다.

그렇다고 이를 두고 '진보가 존재하지 않는다' '정체되어 있다'라고 멸시하는 것은 서양의 사상에 오염된 우리의 오만입니다. 그들은 원래 진보 따위에 관심이 없으며, 또한 진보를 지향하지도 않습니다.

전문가[specialist]는 한쪽으로 지우친 인간으로 여긴다

잊어서는 안 되는 것은, 지금 말한 유교의 사고방식은 어디까지나 중국의 엘리트 및 위정자에게 해당하는 이야기라는 것입니다.

중국은 엘리트 문화와 서민 문화가 딱 나뉘어 있습니다. 그래서 엘리트와 그렇지 않은 사람들, 이 둘을 '사(士, 엘리트)'와 '서(庶, 대중·비엘리트)'라고 합니다. 양자를 나누어 생각하는 체질은 아주 오래된 것으로 유교가 유행하기 전부터 중국에 존재했습니다. 그러다가 유교가 융성하면서 '사=유교를 배우고 익힌 사람', '서=유교를 배우지 않은 사람들'이라고 인식되었던 것입니다.

서민들은 유교를 수양하지 않으므로 유교적 가치관에 딱히 물들지 않았습니다. 예를 들어, 뭐든지 옛날 방식이 좋다고 말해도 육체노동을 하는 서민이나 기술 관련 일을 하는 서민들에게는 편한 게 좋기 마련입니다. 그래서 이른바 '기술혁신'이라 불리는 개선, 개량, 쇄신이 나타났습니다.

실제로 그들은 세계적으로 선구적인 발명을 쏟아냈습니다. 그중 가장 유명한 것이 종이, 나침반, 인쇄술, 화약의 4대 발명이지요.

이런 발명은 전부 서민들이 해낸 것입니다. 유교에 얽매이지 않는 서민이었기 때문에 새로운 것을 만들어 낼 수 있었지만, 서민이었기 때문에 후세에 이름이 남아 있지 않습니다.

마찬가지로 이렇게 태어난 새로운 문물이 학문이나 이론과 같은 형태로 체계화되어 법적으로 사회에 정착하여 응용·발전하는 경우는 거의 없었습니다. 엘리트층이 그런 새로운 것들을 좋게 생각하지 않았기 때문입니다. 그들이 인정했다 해도 모두 뒤에 가서였습니다. 민간이 하고 있던 일을 인가해주고 나름 시세에 따라가는 정도가 최대치였습니다.

이런 점이 더욱 문제로 드러난 것이 근대 중국이었습니다.

중국학에 종사하는 서양인들은, 기술혁신이나 발명이 분명히 서양보다 훨씬 앞서 있었지만 끝내 사회적인 진보와 경제적 발전으로 이어지지 못한 것에 놀랐고, 이 역설을 중국의 선진성을 주창한 학자의 이름을 따 '니담 패러독스(Needham Paradox)', '니담 퍼즐(Needham Puzzle)'이라고 합니다.(제5장 참조)

하지만 무언가를 발명하면 진보와 근대화로 이어진다는 생각 자체가 완전히 서양적인 것입니다. 중국에는 중국의 사고와 가치관이 있어 사정이 다릅니다.

첫 번째로 말할 수 있는 것은 중국 사회의 지도층, 즉 엘리트가 유교적인 사고에 푹 젖어 있었다는 점입니다. 실제로 기술혁신이나 발명을 하는 사람의 계층이 엘리트층과는 격리되어 있던 점도 크게 작용했습니다.

원래 기술이라는 것은 유교적 가치관으로 말하면 '하층 중의 하층민이나 하는 것'입니다.

《논어》에 '군자는 그릇이 아니다(君子不器군자불기)'라는 말이 있습니다.

여기서 '그릇'이란 용도가 딱 하나로 한정된 것을 상징하는 말입니다. 즉, 군자는 한 가지 기술에만 치우쳐서는 안 된다는 뜻입니다. 이렇게 유교는 두루두루 많이 아는 제너럴리스트(generalist)를 훌륭하다고 하고, 하나에 전문가인 스페셜리스트(specialist)에 대한 평가는 낮습니다.

일본은 '장인 기질'[1]이라는 말이 좋은 의미로 사용되는 것에서 알 수 있듯이 전문가[스페셜리스트]를 존경하는 기풍이 있습니다. 하지만 유교 사회는 전문직 인간을 됨됨이가 편협하여 한정된 분야 외에는 쓸 만하지 않다고 평가합니다. 유교 사회에서 훌륭한 사람, 다른 사람 위에 설 수 있는 덕을 갖춘 사람은 편중되지 않고 전체를 볼 수 있는 제너럴리스트여야만 합니다.

---

1) 職人氣質, 쇼쿠닌카타기. 장인 특유의 기질로 일견 완고하고 외골수로 보이지만, 성실하고 자신의 일에 자부심을 가지고 남이야 무어라고 하던 손익에 관계없이 자기 일을 하는 기질을 뜻함.역주

유교의 유효 사거리는 딱 개인까지

이런 점들을 보면 알 수 있듯이 유교가 내세우는 이상이라는 것은 모든 사람에게 해당되는 이상이 아닙니다.

유교가 탄생한 춘추시대 사람들에게 '세계'란 좁았고 자기 눈이 닿는 범위 정도에 불과했습니다.

그렇기에 기본적으로 사회 전체를 보는 시야가 좁고, 자기 눈이 미치지 않는 범위에 있는 것들에 대해서는 냉랭하다고 해야 할까, 애초에 관심 자체가 없었습니다.

이런 경향은 중국의 역사서를 보면 잘 알 수 있습니다. 이를테면 《사기》는 '기전체'라는 형식으로 쓰여 있는데, 기전체의 특징은 극히 간단하게 말하면 각 개인들의 전기 모음집입니다.

여기에서 드러나는 점은, 유교적 인간관계는 개인을 기본 단위[unit]으로 삼아야 이해할 수 있다는 것입니다.

서양에서는 인간이란 신 아래에서는 평등하다는 의식이 근저에 있어서 자신과 타인 사이에 평등 의식이 길러질 수 있고, 결과적으로 사회 전체의 범위가 넓어집니다. 18세기에 탄생한 학문인 경제학에는 기이하게도 '보이지 않는 손[invisible hand]'이라는 표현이 있습니다. 개개인의 행동 배경에는 보이지는 않아도 공통적으로 영향을 주는 힘 같은 것이 존재한다고 서양 사람들은 무의식중에 느끼고 있는 것입니다.

그에 비해 유교는 자기가 볼 수 있는 범위, 자기 손이 닿는 범위 딱 거기까지가 사회이고 가치 있는 세계입니다. 그래서 유교의 가치관은 자기 자신, 내 가족, 일족이 중요하고, 그 범위 밖은 어찌 되어도 상관이 없습니다.

물론 자신이 서 있는 지위가 위에 있을수록 눈길이 닿는 범위가 넓어지기에 왕이나 천자가 되면 나름대로 '공(公)'이라는 것을 의식하게 되지만, 그 밖의 사람들에게는 수신(修身)과 제가(齊家)라고 하듯이 책임을 다해야 할 범위는 어디까지나 자기 자신과 자기 집까지입니다.

항상 자신을 우선시하고 존중하는 것은 인간이라면 자연스러운 일입니다. 하지만 자존과 겸양의 균형을 잘못 잡으면 자기중심적으로 제멋대로 굴게 되는 것 또한 사실입니다.

유교는 사람을 제멋대로 하게 만들어 버린다, 그렇게 유교를 비판하며 세상에 등장한 것이 묵자(墨子)입니다.

묵자의 사상은 '겸애사상(兼愛思想)'이라는 단어로 표현하는데, 유교를 이기적이라고 비판하고 개인이나 집안, 나라에 구애받지 않는 보편적인 사랑을 설파했습니다. 그러자 이번에는 맹자가 묵자를 비판하는 형태로 등장합니다. 맹자의 말에 따르면, 묵자가 설파하는 보편적인 인류애는 자기 부모나 남의 부모나 똑같이 취급하므로 인륜을 저버리는 가르침이라는 것입니다.

이런 맹자의 설에 의문을 제기하는 형태로 순자가 나타났고, 그것을 더욱 실천적인 형태로 만든 것이 한비자를 비롯한 '법가'입니다. 이처럼 서로 다른 사상이 차례차례로 나타났으므로 '제자백가(諸子百家)'라고 일컬어지게 된 것입니다.

그러므로 유교는 제자백가 중에서도 가장 원시적이고 소박한 사상이라고 할 수 있습니다.

다양한 사상들의 근원으로 볼 수 있는 유교지만, 그렇다고 학파로서 대단히 잘 나갔던 것도 아니었습니다. 그런 의미에서 춘추시대의 유교는 수많은 제자백가 중에 하나였을 뿐입니다.

물론 유교도 여러 사상이 나타나는 걸 보면서 자극을 받아 이론적으로 성장해 갔습니다. 하지만 제자백가 중 하나라는 상황이 변화하는 것은 앞의 장에서도 언급했지만 전한시대에 이르러서입니다.

춘추전국시대를 끝내고 중국 최초의 통일 왕조가 된 '진(秦)'은 제자백가 중에서 '법가'를 채택했습니다. 법가는 알기 쉽게 말하면 법률 만능주의입니다. 유교의 일파인 '순자'에서 발생했다고 합니다.

순자는 인간의 본성이 '악'하다고 보는 '성악설'의 입장에서 사람은 노력을 어떻게 거듭하는가에 따라 선해질 수도 악해질 수도 있다고 생각했습니다. 인간의 노력을 중시한 순자는 '천(天, 하늘)'의 인간계에 대한 개입이라고 할 수 있는 천명(天命)을 부정했습니다. 인간의 노력을 형식화한 예를 중시하면서 신상필벌(信賞必罰)을 수반하는 '법(法)'으로 엄격화한 것이 법가입니다.

현실적으로 통치자 입장에서 생각하면 '덕'이나 '예'를 설파하는 것만으로 인민을 통합하고 복종시킬 수 있게 하는 것은 불가능합니다. 법으로 단속하고, 위반하면 형벌을 가하는 시스템을 도입할 수밖에 없다는 것이 솔직한 이야기일 것입니다.

한(漢) 이후 '학문은 곧 유교'라는 상황이 2천여 년 지속되다

진의 시황제는 첫 통일 왕조였으므로 더욱 그러했다고 생각합니다.

그때까지 다양한 가치관을 가지고 있던 사람들을 통합하기 위해 진시황은 상당히 엄격한 법률 만능주의를 채용합니다.

이 사고방식 자체는 틀리지 않았습니다. 진 이후 중국을 통일한 한은 유교를 채택했지만 다양한 가치관을 가진 많은 사람을 다스리려면 법으로 단속하는 것이 어쩔 수 없이 필요하다고 보았고, 유교에 법가를 섞어 통치했습니다. 덕으로 다스린다는 것은 어디까지나 표면적인 말이었기 때문입니다.

법가를 동원한 진의 통치가 실패한 것은 너무 서둘렀기 때문입니다.

당시의 '법률'은 지금의 법처럼 세세한 조문이 있었던 것은 아닙니다. 게다가 시행을 하는 데서 전문 지식을 가진 사람[有識者유식자]에게 심의 받는 단계도 밟지 않고, 현지의 사정도 고려하지 않고 그저 위에서부터 법을 따르라는 식으로 했기에 민심이 따르지 않았습니다.

법으로 다스린다는 발상[concept] 자체는 좋았지만, 그것을 실제 사회에서 시스템으로 작동시키는 방법이 형편없었습니다.

그래서 한은 실제로는 법으로 나라를 다스렸지만, 진의 전철을 밟지 않으려 표면적으로는 유교의 '덕'을 내세워 법률의 논리적 근거로 삼았습니다.

이렇게 전한시대에 세력을 넓힌 유교가 일종의 '국교(國敎)'로까지 성장하자 제자백가는 쇠락하고, 이후 2천 년 이상 학문이나 학술이라고 하면 바로 유교를 가리키고 그 외는 없는 절대적인 지위를 확립하게 됩니다.

제자백가가 쇠락한 것은 진시황이 '분서갱유(焚書坑儒)'를 해서라고 생각하기 쉽지만 사실 그렇지 않습니다. 소위 분서갱유는 분명 사상 탄압이지만, 진의 국가 이데올로기에 위배되는 것을 단속했을 뿐이고 제자백가의 모든 것이 금지되어 말살되지는 않았습니다. 이 정도의 언론 탄압·사상 통제는 중국 역사상 드문 일이 아니고, 현재의 시진핑 정부도 마찬가지입니다.

이리하여 한대에 따로 경쟁할 만한 사상이 사라진 유교는 아예 '유교'라고 불리지도 않게 됩니다. '명교(名敎)', 혹은 단순히 '교(敎)'라고만 해도 유교를 뜻하는 것으로 통했기 때문입니다. 여기서 '명교'의 '명'이란 대의명분할 때의 '명'이므로 '명분을 바르게 정하는 가르침'이라는 뜻입니다.

'학문=유교'의 시대가 오래 지속되다 보니 사람들은 일찍이 예전에는 많은 학문이 있었다는 사실조차 잊어버렸습니다.

우리는 지금 당연히 '유교는 제자백가 중 하나였다'고 알고 있지만, 제자백가의 존재와 가치가 재발견된 것은 19세기에 와서부터입니다. 게다가 그것도 유교의 원류를 거슬러 찾아가던 와중에 발견되었고, 더욱이 서양 문화의 영향을 받아서 정착한 것입니다.

그토록 오랫동안 중국인에게 학문은 유교밖에 없었으므로 현대의 중국인이 새로운 학문을 배워 여러 가지 가치관을 몸에 익혔다고 해도 20세기가 되고 나서이니 겨우 백 년 남짓에 불과합니다. 그러므로 중국인의 근간에는 지금도 유교의 틀이 공고하게 작동하고 있다고 할 수 있지 않을까요.

일본인이 아는 유교는 진짜와 비슷하지만 다른 것[似而非]이다

일본에서 도쿠가와막부(1603~1867)가 유교(주자학)를 관학으로 삼을 때, 난제 하나를 떠안게 되었습니다. 그것은 '일단 유사시에 부모와 쇼군[將軍] 중 어느 쪽을 우선시하느냐'의 문제입니다.

원래 유교에서는 '효', 즉 효행이 중요한 덕목이어서 물어볼 필요도 없이 부모가 우선입니다. 이 문제를 해결하기 위해 일본에서는 '충효일치(忠孝一致)'라는 관념을 만들어냅니다. 군주를 섬기는 것은 부모에게 효를 다하는 것과 동일하다고 주장한 것입니다.

한이 유교를 관학으로 삼았을 때, 중국에서는 같은 문제가 생기지 않았을까요?

중국에서도 개인이 지나치게 이기적인 행동을 하지 않도록 군주를 아버지에 빗대고 있습니다. '아비 된 군주[君父]', '자식 된 신하[臣子]' 라는 숙어도 있습니다.

그렇다고는 해도 둘 중 한 쪽을 골라야 하는 궁극적인 선택을 할 수밖에 없을 때, 일본인에게는 의외일지 모르지만 중국에서는 '부모를 택하는' 것이 올바른 선택이라고 여깁니다.

예를 들어 황제는 전쟁에 나가라고 명령하고 부모는 절대 가지 말라고 반대할 경우 어떻게 하겠냐고 한다면 '부모가 가지 말라고 해서'라는 이유로 거절해도 유교적으로 훌륭한 선택이라는 칭찬을 받을 수도 있습니다.

왜 이런 선택이 허락되는가 하면, 역시 '공(公)' '사(私)'의 우선순위[priority]가 일본과 다르기 때문입니다. 또는 중국은 일본에 비해 인재가 훨씬 풍부한 경쟁사회여서 '너를 대신할 사람은 얼마든지 있다'는 점도 작용할지 모릅니다.

일본인 중에는 일본도 에도시대(1603~1867)에 유교를 도입했으므로 유교는 어느 정도 알고 있다고 생각하는 사람이 적지 않지만, 그것은 큰 착각입니다.

중국이나 한국의 유교는 일본인이 알고 있는 유교와 거리가 멉니다. 다만 양자가 어떻게 다른지 일본인이 실감하기는 쉽지 않다고 생각합니다.

오히려 중요한 것은 '다르다'는 점을 알아두는 것이 아닐까요.

중국인에게는 중국인의 정의가 있고, 일본인에게는 일본인의 정의가 있습니다.

그러므로 상대의 말이 옳다고 생각해야만 하는 건 아니지만, 이웃나라로 같이 살아가야 하는 이상 왜 저런 식으로 생각하게 되었는지는 역사를 통해서 알아두는 편이 좋을 것 같습니다.

귀족은 어떻게 생겨났는가

유교가 우위를 차지하게 된 것은 한 무제 때입니다. 이후 중국 학문의 중심은 '사서오경(四書五經)'이 되었습니다.

'사서'란 유교에서 손숭하는 《대학(大學)》《논어(論語)》《맹자(孟子)》《중용(中庸)》의 총칭이고, 이어서 '오경'은 《역(易)》《서(書)》《시(詩)》《예(禮)》《춘추(春秋)》라는 유교 기본 경전의 총칭입니다.

일본에서는 '사서오경'으로 부르는 방식이 잘 알려졌지만, 사실 '사서'는 주자학 이후에 생겨난 상당히 새로운 개념입니다. 때문에 중국에서는 '오경'에 《악(樂)》을 더해서 '육경(六經)'이라고 부르는 방식이 일반적입니다.

일본에서 '오경'이 일반적인 이유는 《악》은 책으로는 현존하지 않아서 육경이나 오경이나 그 내용은 크게 다르지 않기 때문입니다.

어쨌든 오경의 내용은 아주 어렵고, 읽는 것만도 매우 힘이 듭니다. 그래서 중국에서는 많은 사람이 오경을 열심히 연구하여 '주소(注疏)'라고 불리는 해설서·주석서가 방대하게 만들어졌습니다.

궁정에 학문 기관이 설치되었지만, 별도로 학교로서 문을 연 것은 아니었습니다. 개인이 각자 자기 집에서 연구에 정진하는 형태로 대부분의 연구가 진행되었습니다.

그런 재야의 연구자들이 다음 세대의 가정교사로 일하고, 그중에서 특별히 능력이 좋은 사람이 중앙에 관리로 진출합니다. 이런 과정을 반복하다 보면 출세한 집안의 자제는 영재교육을 받을 수 있어서 역시 출세하고, 고위 관료를 배출하는 집안으로 점차 굳어져 '호족(豪族)', '귀족(貴族)'의 탄생으로 이어지게 됩니다.

한참 뒷날에는 관리를 등용할 때 그 사람이 유교를 얼마나 익혔는지, 즉 얼마만큼 덕을 갖췄는지 시험으로 판정하는 제도인 '과거(科擧)'가 실시되지만 한대에는 그런 제도가 아직 없었습니다.

당시 방법은 '선거(選擧)'였습니다.

오늘날 일본에서 '선거'라 하면 투표로 후보자를 선발하는 것을 의미하지만, 원래 중국의 '선거'란 '향거리선(鄕擧里選)'이라 해서 '향'이나 '리'와 같은 지방 현지의 커뮤니티에서 관리에 적합한 자질을 갖춘 젊은이를 추천하는 것이었습니다.

아무래도 고대 사회이이다 보니 추천과 임관에 확실한 법[rule]과 절차가 있지 않았습니다. 또한 그 젊은이의 인물이나 소행을 사전 조사해 재능이나 품행이 추천대로인지 판별해서 등용하는 시스템이 있지도 않았습니다.

따라서 채용의 결정적 요소가 된 것은, 지명도가 높고 세간에 평판이 좋은 일족의 자제인지 아닌지가 여부가 되었습니다.

그 결과 한번 영달에 성공한 일족의 동족에서 고관이 계속 배출되고, 특정 세력가·호족이 정부의 요직을 세습적으로 독점하게 됩니다.

후한 왕조는 서력으로 기원 즈음부터 약 200년 정도 평화로운 시대를 유지하는 데 성공하는데, 그 기간이 바로 이러한 '호족' '귀족'이 형성된 시기이기도 했습니다.

중국에서 '가문'의 좋고 나쁨이 반드시 혈통의 우열과 일치하지 않은 이유는 이런 배경 때문입니다. 유교를 익힌 덕이 있는 사람을 배출하고 도덕성을 체득하게 할 수 있는 가정이야말로 '귀족'이자 '가문'인 것입니다.

무릇 '귀족'은 힘이 있어야 합니다. 그렇지 않으면 애초에 귀족일 수가 없지만 힘이 있다는 것은 최소한의 필요조건일 뿐입니다. '일류의 명문가'로 불리려면 유력함에 더해서 '고귀'하다고 존중받아야 합니다. 세력의 유무 대소뿐만 아니라 덕행과 도덕성[moral]의 실천을 지역 커뮤니티에서 높게 평가받아야 합니다. 게다가 그러한 평가가 개인이 아니라 일가, 일족 단위로 결정된다는 점이 중국에서 '귀족'의 특징이라고 할 수 있습니다.

중국은 이후 후한이 멸망하고 다시 뿔뿔이 분열되는 시대를 맞습니다.

각지에 복수의 왕조 정권이 동시에 탄생하면서 사회의 제도와 구조도 큰 변화를 겪지 않을 수 없었는데, 그래도 한나라 시대에 확립된 '귀족=엘리트' 층의 명성과 힘은 건재하여 그 후에도 위정자들이 무시할 수 없는 힘을 계속 유지하게 됩니다.

중국의 '정사(正史)'란 유교적 올바름을 드러내고자 기록한 것

중국의 전통적인 학문 분류에 '사부(四部)'라는 것이 있습니다.

'사부'란 '경(經)' '사(史)' '자(子)' '집(集)'의 네 가지로, 왕조시대의 중국에서는 모든 서적, 학술이 이 네 가지의 부 중 하나로 분류됩니다.

이 사부 분류는 언뜻 보기에는 그냥 나눈 것처럼 보이지만 사실 명확한 서열이 있습니다. 가장 권위 있는 것이 '경', 그 다음이 '사', 다음이 '자', 마지막이 '집'이라고 평가합니다. 최상위의 '경'으로 분류되는 것은 오로지 유교의 주석서뿐입니다.

하나의 '부'를 온전히 유교라는 한 학문이 차지하고 게다가 서열 최상위에 있는 것만 보아도 유교가 아예 급이 다르다는 것, 또 가장 많은 사람이 연구에 종사했음을 알 수 있습니다.

두 번째인 '사'는 역사서와 지리서.

세 번째인 '자'에는 유교를 제외한 제자백가가 분류되어 있습니다. 유교를 후대하는 모습과 비교하면 가히 '나머지 기타 등등' 취급입니다.

그러나 더 하위의 '집'이 되면, 문자 그대로 긁어 '모아서(集)' 잡다하다는 느낌이 한층 강해집니다. 실제 '집'에는 시문집 등의 문학, 의학이나 공학, 이과와 수학 계열의 이론·기능에 관련되는 것까지, 상위 세 개의 부에 들어가지 못한 모든 것이 이 범주에 들어갑니다.

사부 중에서도 '경'은 격이 아예 다르지만, 사부는 기본적으로 '경과 사' 그리고 '자와 집' 이렇게 크게 둘로 나뉘고, 하위로 취급하는 '자와 집'은 엘리트의 필수 학문이 아니었습니다.

여기서 문제가 되는 것은 두 번째에 위치한 '사'입니다.

'사'는 유교도 제자백가도 아님에도 불구하고 유교처럼 오롯이 부 하나를 따로 배정받고, 순위도 두 번째이면서 엘리트에게 필수적인 학문으로 여겨집니다. 게다가 '사'는 '자'의 제자백가보다 학문적으로 뒤에 나왔습니다. 왜냐하면 사학을 창시한 비조(鼻祖)는 전한 무제 때 《사기》를 저술한 사마천이기 때문입니다.

학문으로서 후발 주자인 사학이 어떻게 제자백가의 '자' 학문을 제치고 상위 학문으로 자리매김할 수 있었을까요.

중국에서 '사학의 중요성'은 그대로 '정사(正史)의 중요성'으로 바꾸어 말할 수 있습니다.

'정사'란 《사기》에서 시작해 《명사(明史)》로 끝나는 중국의 대표적인 역사서를 가리킵니다. 전부 24종이어서 '이십사사(二十四史)'로 부르기도 합니다.

'정사'라고 하는 이유는 문자 그대로 '옳기' 때문입니다. 단, '옳은' 것은 쓰여 있는 내용이 아닙니다.

무엇이 옳은 것인가 하면, 거기에 쓰인 '인식'과 '평가'입니다. 더구나 그 인식과 평가는 무엇을 기준으로 '옳다'고 하느냐 하면, 즉 '교(敎, 유교)'입니다.

물론 '정사'는 역사서여서 가능한 한 역사적 사실에 대한 충실한 기술이 필요합니다.

다만 역사적 사실과 인식이 합치하지 않는 경우에는 인식이 우선되므로 역사적 사실에 대한 기술이 고쳐서 쓰입니다.

예를 들면 나라를 망친 황제는 유교적 인식으로 말하면 천명이 박탈되는 못난 황제여야 합니다. 수를 망하게 한 양제는 결국 어리석거나 포악한 황제여야만 합니다. 그래서 정사에서는 양제가 아버지 문제를 죽였다는, 진실인지 아닌지도 알 수 없는 풍문이 그대로 채용되어 기록되었습니다.

부모 살해는 '효'를 중시하는 유교에서는 큰 죄에 해당하므로 망국의 황제에 어울리는 인식이 되기 때문입니다.

이처럼 중국의 정사에는 역사적 사실 여부로 보았을 때는 옳지 않은 서술 역시 많이 쓰여 있습니다.

그러면 역사를 고쳐 써서 왜곡하는 것[改竄개찬]이라고 생각할지도 모르지만 그것이 중국의 '정사'가 갖춰야 할 '옳음'입니다.

중국 사회가 요구하는 역사학의 역할은 정확한 사실을 후세에 전하는 것보다 역사적 사실을 매개로 하여 유교 교리가 옳다는 것을 보여주는 것이기 때문입니다. 한대에 유교가 일종의 국교가 되면서 유교는 정권의 통치와 불가분의 관계가 되었습니다. 유교적 교리의 올바름을 보여주는 것은 그 당시 정권의 정통성을 보여주는 것과 다르지 않았습니다.

왕조 교체 때 반드시 '선양'이라는 의식이 필요했던 것도 '정사'와 마찬가지로 자신의 정권이 유교적 교리에 입각한 '올바른' 방법과 순리에 따랐다고 보여줘야 했기 때문입니다.

그런 의미에서는 '정사'가 갖춰야 할 옳음과 정권의 '정통'이 갖춰야 할 옳음은 같은 '옳음'이라고 할 수 있습니다.

정사도 처음에는 사마천의 《사기》, 반고의 《한서(漢書)》, 진수의 《삼국지》처럼 정부에서 일하는 개인이 썼지만 나중에는 왕조 정부가 직접 편찬을 지휘하게 됩니다.

그럼으로써 '정사'는 '정통'에 위치하는 존재, 즉 천명을 계승한 정권이 아니면 쓸 수 없게 되었습니다.

일본사에도 '정사'라고 불리는 것이 있습니다. 일본에서도 '정사'는 차기 정권이 그 이전 시대의 일을 기록하기 때문에 역사적 사실의 해석이 정사를 쓴 정권의 구미에 맞춰지는 일은 있지만, 중국의 정사처럼 인식을 위해서 역사적 사실을 바꾸는 일은 흔치 않습니다.

일본에는 '천황'이라는 만세일계의 군주가 계속 존재하기 때문입니다.

비록 위정자가 귀족에서 무사(사무라이)로 바뀌어도, 무사인 그 인물이 천황에게서 정이대장군(征夷大將軍, 쇼군)으로 임명받으면 '정통'의 증표가 되므로 자신이 따로 '정통'성을 세상에 보여줄 필요가 없었습니다.

그러나 중국은 나뉘어 있어서 천자 후보가 여럿인 가운데 황제 자리에 오른 인물은 정통성을 내세워[appeal] 사람들을 승복시킬 필요가 있었습니다.

그 때문에 '선양' 의식을 필요로 했고, '정사'를 기록하고, 그 정사를 배우는 것을 학문으로 중시했습니다.

유교는 '종교'인가

유교를 이야기할 때 피할 수 없는 것이 '유교는 종교인가' 하는 문제입니다.

이 문제에 관해서는 긍정적인 의견도 있고 부정적인 견해도 있어 쉽사리 단정하기는 어렵다고 할 수 있습니다. 진지하게 답하려면 '종교란 무엇인가?'라는 데서부터 시작해야 하니까요.

'종교'라는 말은 원래 중국어에는 없던 어휘입니다.

누가 만들었는가 하면, 메이지시대(1868~1912)의 일본인입니다. 일본인은 에도막부(1603~1867) 말기부터 메이지에 걸쳐 서양의 문화와 문명을 이해하려고 수많은 번역어를 만들었습니다.

메이지시대에는 서양어의 번역 작업이 조직적으로 추진됐는데, 서양 언어를 순수 일본어로 바꾸는 것은 매우 어려웠습니다. 역사가 짧은 일본 고유의 순수 일본어로는 복잡한 개념을 표현할 만한 어휘가 없었기 때문입니다.

그래서 당시 일본인들은 한어를 조합해 새로운 '숙어'를 만듦으로써 서양어가 가진 개념이나 뉘앙스를 간결하게 표현하는 방식을 고안합니다.

이때 만든 새로운 숙어는 한자를 모아 조합하거나 원래 있는 숙어 의미를 환골탈태시켜 만든, 한자 종주국인 중국에는 없는 어휘들이었습니다.

중국의 숙어나 성구(成句) 같은 것은 대부분 '고전에서 유래한' 것들입니다.

때문에 중국에서는 구어(口語)는 논외로 하더라도 제대로 된 작문에 사용하는 어휘는 유교의 사서오경이든 역사서이든 무언가 고전을 출처로 한 '고사성어(故事成語)'가 아니면 인정받지를 못합니다.

일본에는 그렇게까지 엄격한 제한은 없습니다. 그래서 기존의 한어를 조합하거나 한자끼리 새롭게 조합하거나 의미가 비슷한 말을 그대로 서양어 번역에 사용하는 등 자유로운 방법으로 서양 어휘의 의미를 전달할 수 있도록 숙어를 창작할 수 있었습니다.

이전부터 중국에서도 억지로 갖다붙이는 식의 번역은 되고 있었지만, 서양의 다양한 사물과 개념을 제대로 다 표현하지 못해 사람들은 직관적으로 이해를 못했습니다.

예를 들어 중국에서는 'gun(銃銃)'이 '창(槍, qiāng)'으로 번역이 되었습니다. '창'의 원래 의미는 일본어의 '창'과 같습니다. 총과 창은 구조가 상당히 다르지만, '사정거리가 긴 살상 무기'라면 중국에는 창밖에 없었습니다. 하지만 원래의 창에도 같은 글자를 썼기 때문에 애당초 글자만 보면 그게 창인지, 아니면 총인지 알 수 없어 헷갈릴 때가 있었습니다.

중국이 서양어의 번역에 어려움을 겪는 사이, 일본에서는 서양어 번역이 맹렬한 속도로 진행되었습니다. 게다가 일본의 번역은 고전의 연관성을 무시하고 진행했으므로 오히려 매우 알기 쉬운 번역이 되었습니다.

앞서 나온 'gun'은 일본에서는 '총(銃)'으로 번역되었습니다. '총(銃)'은 원래 중국에 있던 한자로, 도끼에 나무 자루를 끼우려고 뚫은 구멍처럼 무언가를 꿰려고 금속에 뚫은 구멍을 의미하는 말이었습니다. 그 '금속의 구멍'이라는 뜻과 '충(充)' 한자가 가진 '채우다'는 의미를 연상해서[1] 일본인은 'gun'을 뜻하는 글자로 '총'이란 한자를 갖다 썼는데, '창'보다 훨씬 알기 쉽습니다.

중국이 일본 번역어에 주목한 계기는 메이지유신 이후 일본이 급속한 서양화에 성공한 때문입니다. 서양과의 접촉이 중국보다 훨씬 늦은 일본이 어떻게 이토록 재빨리 서양의 지식을 흡수했을까에 의문을 느낀 중국 지식인들 사이에서 일본을 배우려는 움직임이 생겼고, 그 과정에서 서양어를 번역한 한어가 일본에 많이 있다는 것을 발견하게 됩니다.

일본 번역어는 중국 지식인이 보기에는 고전과 어떤 관련도 없이 만든 어휘여서 파격적이었지만 서양의 사물을 잘 표현하고 있었습니다. 게다가 고리타분하지도 않고 의미의 혼란도 없었으므로 매우 이해하기 쉬워 소장 지식인의 지지를 얻었고, 대량으로 중국에 수입됩니다. 한어의 종주국인 중국이 일본인이 만든 일본제 숙어를 역수입한 것입니다.

물론 아무런 혼란이 없었던 것은 아닙니다.

예를 들어 일본인은 서양어의 'revolution'을 번역하면서 '혁명(革命)'이라는 숙어를 사용했는데, '혁명'은 중국에서 '역성혁명(易姓革命)'을 의미하기 때문에 오해를 낳았습니다.

그렇지만 수많은 일본제 번역 숙어가 중국에 수입된 것은 사실입니다. '종교'라는 말도 그 일종으로, 메이지시대에 만들어진 수많은 일본제 한자어 중 하나이며 원래는 기독교를 의미하는 번역이였습니다.

물론 '종교'라고 번역된 원래의 서양어 'religion'은 기독교 이외의 신에 대한 신앙도 의미하는 말지만 당시의 일본인에게는 'religion=기독교=종교'라는 느낌이었습니다. 당시 서양인들은 기독교 이외의 종교는 신앙의 가치가

---

[1] 총은 화약을 채워 탄알을 발사하는 원리임_역주

없는 '사교(邪敎)'로 차별적 취급을 했기 때문입니다.

　현재 '종교'라는 용어는 기독교에 한정되지 않고 사용되지만 오늘날의 종교학 그 자체가 기독교 신학에서 유래했으므로 아무래도 기독교에 기울 수밖에 없고, 일신교를 다신교보다 우월하게 보는 경향이 있습니다. 애당초 '세계종교'라는 개념도 서양에서 싹튼 것으로, 기독교와 비슷한 특성을 가진 종교를 세계종교라고 부르는 것에 지나지 않습니다.

　이러한 '종교학'의 사고방식을 전제로 '유교는 종교인가'라고 질문을 받는다면 유교에는 초월적 존재에 대한 신앙은 없으므로 종교가 아니라고 할 수 있습니다. 그러나 동시에 유교에는 확고한 생사관(生死觀)이 있다는 의미에서는 종교라고 말할 수도 있습니다. 유교가 다른 종교와 마찬가지로 도덕성[moral]을 유지·공급하여 체제를 뒷받침한 것도 사실입니다.

　이처럼 '유교는 종교인가'라는 물음에는 간단히 답할 수 없는 사정이 있으므로, 유교는 종교라기보다는 역시 '학술' 혹은 '교리'로 다루는 것이 낫다고 생각합니다.

중국에 '종교의 시대'를 가져온 한랭화

　유교가 '종교'가 아니라면, 중국에는 이른바 종교·신앙은 없는가라는 의문이 생길지도 모릅니다. 물론 그렇지 않습니다. 중국에는 옛날부터 다양한 민간신앙이 있었습니다. 대표적으로 꼽을 수 있는 것이 바로 '도교'입니다.

　유교라는 것은 엘리트가 익혀야 할 학술, 학문입니다. 유교를 익힌 사람들이 관료 등 사회 상층부를 형성하지만 한편으로 학문과는 인연 없는 일반 사람도 많습니다. 아니, 그런 일반 서민이 압도적 대다수를 차지합니다.

　서민들은 유교가 설파하는 어려운 이치는 잘 알지도 못하고, 애초 하루

하루 살기에도 벅찬 그들은 유교를 배우겠다는 마음조차 없습니다. 서민들이 유교에 매력을 느끼지 못한 것은 유교의 가르침이 '수신(修身)'처럼 도덕수업과 같은 것이어서 배운다 하여 '이익'이 생기지도 않고, '구원'을 얻을수도 없기 때문입니다.

그런 서민들이 의지처로 삼은 것이 '도교'와 같은 민간신앙이었습니다.

도교는 불로장수를 목표로 하는 신선 사상을 기초로 한 원시적인 민간신앙이지만 시대와 함께 노장사상이나 불교 등 다양한 사상이 가미되면서 형성되었습니다.

기본적으로는 서민의 신앙이지만 엘리트 중에도 도교의 종교적인 부분이나 인과응보와 같은 일부 사상을 믿는 사람이 있었던 것 같기는 하지만그 실태는 명확하지 않습니다. 민간신앙이란 평상시에는 정치에 영향을 주지 않기 때문에 역사 자료에는 거의 기록이 남지 않기 때문입니다.

민간신앙이 모습을 드러내는 것은 세상이 어지러워져 서민들이 정부에저항하면서 민중 반란을 지도한 조직으로 종교단체 이름이 기록될 때 정도입니다. 후한 말의 반란을 지도한 오두미도(五斗米道, 오두미교)나 태평도(太平道) 같은 민간신앙은 도교의 일파입니다.

도교 이외에 중국인들의 신앙은 바로 '불교'였습니다.

불교는 삼국시대부터 당나라 때 정도까지 신앙으로 성행했습니다. 일본에 불교가 전래된 것도 중국에서 융성했던 영향을 받아서입니다.

중국의 종교라고 하면 많은 사람이 제일 먼저 떠올리는 것이 당대(唐代)의융성일 것입니다. 당의 수도인 장안에는 불교와 도교 사원은 물론 경교(景敎, 네스토리우스파 기독교), 천교(祆敎, 조로아스터교) 등 다양한 종교를 신앙하는 사람들이 있었습니다.

구카이(空海)와 사이초(最澄)가 불교를 배우러 중국에 유학한 것도 당나라 때입니다. 그런데 이런 종교의 유행이 당대에 갑자기 시작된 것이 아닙니다.

멀게는 후한 말기 황건의 난을 이끈 도교 계통의 신흥종교 태평도에서 시작하여, 실크로드를 통해 들어온 불교와 기독교 등이 가세하면서 다양한 종교가 중국 국내에 널리 퍼졌던 것이 당의 시대에 와서 절정기를 맞았던 것입니다.

그럼 왜 후한 말부터 '종교의 시대'가 시작되었을까요?

분명한 이유가 있습니다. 지구 전체를 덮친 한랭화입니다.

북반구의 한랭화는 후한 말기인 3세기경부터 시작되어 당 말기인 10세기경까지 계속되었습니다. 정말로 중국의 '종교의 시대'와 한랭화의 시기는 딱 일치합니다.

원래 온난하고 식생이 풍부한 곳이라면 기온이 조금 낮아져도 그다지 큰 영향은 없겠지만 한랭한 곳에서는 단번에 식생이 악화됩니다. 즉 남부의 농경지대보다 북부 유목 지역의 피해가 더 컸다는 것입니다.

한랭화로 북방 초원에서는 풀이 자랄 수 없게 되었고, 유목민들은 생존을 위해 초원을 찾아 남하를 시작합니다. 중국의 도시는 앞서 말했듯이 성벽으로 둘러싸인 성곽도시입니다. 사람들은 성벽 안쪽에 거주하면서 성벽 바깥쪽에 펼쳐진 농지를 경작했습니다.

그러나 성벽 바깥의 토지가 모두 농지였던 것은 결코 아닙니다. 남쪽으로 내려온 유목민들은 이런 빈 땅에 터를 잡고 살았습니다.

한랭화가 바꾼 것은 유목민의 생활만이 아닙니다. 농작물 수확량이 줄어 도시 사람들의 생활을 위협하고 기아로 많은 사람들이 목숨을 잃었습니다. 그러한 사람들의 고통 앞에서 인간관계에 기초한 단순하고 토속적인 유교는 거의 무력했습니다. 그러던 차에 대두한 것이 불교였습니다.

불교는 중국 사람들에게는 외래 종교입니다. 군주·위정자에게는 호국 불교[鎭護國家진호국가]의 이념이 눈에 들어왔는데, 지금까지 중국에는 없던 사상이 엘리트들의 눈에 참신하고 매력적으로 비쳤을 것입니다. 당시 중국에서 유행하던 불교는 중생구제를 설파하는 '대승불교(大乘佛敎)'였습니다. 가난하고 힘든 생활을 견뎌야 했던 서민들에게도 매력적인 종교였습니다.

이리하여 불교는 정권의 상층부에서 민중까지 폭넓게 침투해서 6세기경에는 운강(雲崗)과 용문(龍門) 등의 거대한 석굴사원과 '남조 사백팔십사(南朝四百八十寺)'로 불릴 정도로 많은 사찰이 만들어졌습니다.

이런 불교의 영향력을 이용해 남북통일을 이룬 것이 수나라 초대 황제인 문제(文帝, 재위 581~604)였습니다. 문제는 거칠고 투박한 북주(北周) 계통의 인물들보다 불교 신앙이 두터운 북제(北齊)의 귀족들을 관료로 중용했습니다.

기록에 따르면 문제는 '전륜성왕(轉輪聖王)'이라고 불렸습니다. 전륜성왕이란 불교 사상에 기초한 이상적인 군주를 나타내는 칭호로, 불교에 깊이 귀의했다고 알려진 고대 인도의 아소카왕을 비유한 말이라고 합니다.

정말로 문제가 전륜성왕으로 불렸는지는 확실치 않지만, 그가 아소카왕을 의식하고 있었다는 것은 아소카왕의 고사처럼 전국 각지에 사리탑을 건설한 것으로도 알 수 있습니다.

여하튼 문제는 남북으로 나뉘어 있던 정권을 통합하는 데 불교를 이용함으로써 스스로를 그때까지의 천자·황제를 넘어서는 군주로 연출하려 했던 것으로 보입니다.

수의 뒤를 이은 당에서도 불교는 사람들의 지지를 받았습니다.

제2장에서 언급했듯이 수와 당은 호족(胡族) 왕조입니다. 게다가 수보다 판도를 확대한 당에게 긴급한 과제는 유목세계와의 융합이었습니다.

당의 판도를 확대한 2대 황제 태종 이세민(李世民)은 유목민들로부터 '천가한(天可汗)'이라는 칭호를 받았습니다. '가한'이란 몽골어 '칸'에 해당하는 칭

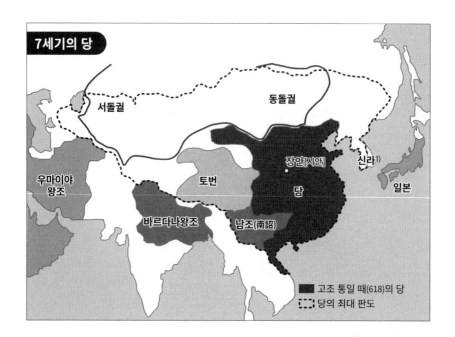

7세기의 당

서돌궐

동돌궐

우마이야
왕조

토번

바르다나왕조

남조(南詔)

장안(시안)

당

신라[1]

일본

■ 고조 통일 때(618)의 당
⌐¬ 당의 최대 판도

호의 한자 표기여서 '천가한'은 '탱그리 카간'으로 초원 유목세계에서 가장 높은 칸, 즉 '왕 중의 왕'을 뜻합니다. 즉 농경세계의 '당 황제=천자인 태종'은 유목세계의 '탱그리 카간'이기도 하여 양자 통합의 상징이었습니다.

태종의 뒤를 이은 3대 황제 고종(高宗, 재위 649~683) 시대에 당의 세력권은 최대로 커집니다. 고종의 부인이 유명한 측천무후(則天武后, 재위 690~705)입니다. 고종은 능력이 평범한 황제였고, 실질적으로 태종의 뒤를 이은 것은 측천무후였다고 해도 무방할 것입니다.

고종은 병약하여 야심에 찬 측천무후는 고종이 살아 있을 때부터 정치적 실권을 장악했습니다. 고종이 붕어하자 세자 이현(李顯)이 즉위했으나, 측천무후는 생모임에도 불구하고 불과 두 달도 못 되어 그를 폐위시키고 스스로 제위에 올랐습니다.

---

1) 이 지도는 원서 그대로이다. 당의 판도가 한반도 서남부까지로, 신라가 너무 축소되어 있다. _ 역주

측천무후는 중국 역사상 유일한 여자 황제[女帝여제]입니다. 이 유례없는 즉위를 정당화하려 이용한 것이 불교의 힘이었습니다.

여성이 군림하거나 중생을 구했다는 일화를 모아 새로운 '경전'을 만들어 내어 자신의 즉위를 정당화했는데, 그녀는 황제 지위에 그치지 않고 스스로 '금륜왕(金輪王)'을 칭했습니다.

수 문제가 사용한 '전륜성왕'은 불교사상에 기초한 이상적 군주라는 뜻인데, 이 칭호는 그래도 인간계에 군림한다는 정도의 칭호였습니다. 반면 측천무후가 자칭한 '금륜왕'은 종교세계까지 포함하여 온 천하의 정상에 서는 것을 의미하는 칭호입니다.

이리하여 측천무후는 스스로를 인간세계의 틀을 뛰어넘는 더 높은 차원의 군주로 규정했던 것입니다.

불교를 전제로 하여 일어난 유교 르네상스

정권과 불교의 군건한 연결은, 관점을 조금 바꿔본다면 그만큼 당의 위태로움을 보여준다고 할 수 있습니다. 즉 불교의 군주 칭호에 의지하지 않고서는 정권의 안정을 도모할 수 없었다는 이야기도 되기 때문입니다.

불교와 정권의 밀착은 측천무후 사후 그 잔당을 타도하고 즉위한 현종(玄宗, 재위 712~756) 황제 시대에 와서 단절되었습니다.

측천무후를 부정한 현종은 불교를 떠나 유교로 되돌아가려 꾀했습니다. 하지만 낡은 유교로는 다원화하고 국제화된 당의 정치를 수습하는 것이 불가능했습니다. 그나마 현종의 치세 전반부는 괜찮았지만 양귀비와 만나면서 정무를 소홀히 하고 양귀비의 친족인 양국충(楊國忠)이 대두하게 방임하여, 결국 당은 안사(安史)의 난(755~763)으로 멸망의 비탈길로 굴러떨어지게 됩니다.

당이 쇠퇴, 멸망하면서 중국은 다시 뿔뿔이 분열되고 '오대십국(五代十國)'으로 불리는 혼란의 시대에 돌입했습니다. 이 시대는 중국 전역이 분열되기는 했지만 실제 전투가 빈발해 혼란했던 곳은 주로 북방 초원 지역이었습니다. 남방의 강남 지역은 비교적 평온하고 안정되어 있었습니다.

그런 가운데 유교는 새롭게 탈피하는 데 성공합니다.

수당시대 불교의 융성으로 유교는 마치 모습을 감춘 것처럼 보이지만, 유교는 경전과 문장을 공급하는 데 없어서는 안 될 존재였기에 없어지지는 않았습니다. 아무리 불교가 융성해도 엘리트(士人) 교양의 기본이 유교임은 변함없었습니다. 관리 등용 제도인 '과거'가 도입된 것은 수 문제 때이고, 당의 시대에도 이어졌습니다.

하지만 수당시대 과거는 그 제도가 지닌 본래의 위력이 아직 발휘되지 못했습니다. 오랫동안 존속해 온 귀족들이 과거 합격생들을 벼락출세자로 싫어하면서 권력을 계속 쥐고 있었기 때문입니다.

그러나 이런 상황은 당이 무너지고 옛 귀족층이 몰락하면서 완전히 바뀝니다. 재차 중국을 통일한 북송(北宋)시대에 과거는 그 위력을 단숨에 폭발시키게 됩니다.

북송시대 중국은 마치 유럽의 르네상스와 같은 기운이 퍼졌습니다.

르네상스는 기독교 일변도였던 중세가 끝나가던 14세기 이탈리아에서 시작된 문화운동으로 기독교 이전의 세계, 구체적으로 말하면 인간이 더 생생히 살아 움직였던 그리스 로마 시대로 돌아가자는 운동입니다.

중국에서는 이것이 '불교 이전의 유교로 돌아가자'를 슬로건으로 한 '송학(宋學)'이라는 형태로 일어났습니다.

바로 이때에 유교에서 '주자학(朱子學)'이 탄생한 것입니다. 즉 주자학은 '유교 르네상스'라고 할 수 있습니다.

르네상스라는 부흥이 기독교의 보급이 없었다면 일어날 수 없었듯이 유교로의 회귀와 고문(古文)의 부흥을 소리 높여 주장한 송학 또한 불교의 보급 없이는 탄생하지 않았을 것입니다. 그런 의미에서 송학은 불교를 전제로 생겨났다고 할 수 있습니다.

외래문화의 보급을 전제로 고대의 문화가 부흥한다고 하면 일본인은 보통 신도(神道)와 불교의 융합을 떠올립니다.

일본에서는 처음 불교가 전래되었을 때 고대 신도와 충돌하여 전쟁까지 일어났습니다. 하지만 그 후 불교가 확산되면서 '본지수적설(本地垂迹說)'이라는 신불습합(神佛習合)이 이루어졌습니다. 극히 간단히 말하면, 서로 다른 것처럼 보이는 부처와 신은 본질적으로 같은 것이라는 사상입니다.

일본인은 무엇이든 받아들여 자신들이 원래 갖고 있던 것과 혼합해 혼연일체 되도록 만드는 게 장기인데, 중국은 그런 면에서는 일본보다 엄격해 적어도 표면적으로는 이질적인 것을 혼합해 공존시키는 건 할 수 없었습니다.

중국에서 사상이란 어디까지나 이데올로기로서 국가 권력과 결부되기 때문에 수당시대는 불교, 송 이후는 유교 이런 식으로 정권 교체를 각인시키기 위해서라도 차이를 뚜렷하게 부각시키기 마련입니다.

주자학은 '엘리트의, 엘리트에 의한, 엘리트를 위한 학술'

송학(宋學)을 논할 때 빼놓을 수 없는 사람이 당의 한유(韓愈, 768~824)입니다. 한유는 당나라 때 사람인데, 송학을 최초로 형성한 사람으로 알려져 있으며 주자학이나 송학을 논한다면 한유부터 시작하는 것이 정석으로 되어 있습니다.

한유는 불교를 대놓고 싫어하기로 유명한 사람이었습니다.

818년 당나라 14대 황제 헌종(憲宗, 재위 805~820)이 30년에 한 번씩만 대중에게 공개하는 영험한, 법문사(法門寺) 부처 사리를 장안의 궁중에 모셔와 공양할 때의 일입니다. 한유는 이 열성적인 숭불신자 황제에게 〈논불골표(論佛骨表)〉라는 문서를 지어 바치면서 간언했습니다.

이 문서에서 한유는 '불교는 이적(夷狄)의 종교에 불과하다', '중화의 천자인 황제가 왜 그런 불교를 번성시키려 하는지 이해할 수 없다', '말라 비틀린 뼈에 불과한 부처 사리를 왜 궁중에 들여오느냐', '부끄러워서 견딜 수 없다', '부처 사리 따위는 불이나 물에 던져 넣어 영원히 없애버리고 싶다', '천자이니 사람들에게 바른 길을 보여주세요' 등 격렬한 언사로 자신의 소회를 적고 있습니다.

이런 한유에서 시작된 유교 르네상스라고 할 만한 '송학'은 300여 년의 세월이 걸려서 주희(朱熹, 1130~1200)의 주자학으로 완성됩니다.

한유는 이 〈논불골표〉가 헌종의 역린을 건드려 좌천되었습니다. 때문에 송학이라고 부르지만 사실은 당나라의 한유가 가장 먼저 출발점을 만들었다고 볼 수 있습니다.

물론 주희가 등장하기까지 중간에 몇 번이나 상황이 뒤집히거나 하여 모든 것이 순탄하게 돌아가지는 않았습니다. 그래도 도중에 정이(程頤, 1033~1107)가 흐름을 잘 이어갔고, 또 북송시대가 대체로 평화롭고 경제적으로나 문화적으로 발전하던 시기여서 주자학은 엘리트 계층 사이에 비교적 원만하게 정착이 진행됩니다. 이리하여 송학은 마침내 주희의 등장으로 집대성되었습니다.

당대까지 '귀족'의 형태로 힘을 가졌던 구(舊)엘리트층은 이후 오대십국이라는 중국 역사상 손꼽을 정도의 혼란기를 거치며 해체되어 버렸고, 송대에 새로운 엘리트층인 '사대부(士大夫)'가 형성됩니다.

'사대부'란 원래 고대부터 있었던 계급인 '대부(大夫)'와 '사(士)'를 합친 호칭인데, 송대의 사대부는 처음엔 과거 합격자의 호칭으로 사용되었습니다. 그러다가 지식인과 지식 계급, 즉 '엘리트'의 명칭으로 정착하게 되었습니다.

왜 엘리트층의 정착과 관련이 있는가 하면, 주자학이란 '엘리트의, 엘리트에 의한, 엘리트를 위한 학술'이기 때문입니다.

원래 유교가 가지고 있던 '중화와 외이', '사(士)와 서(庶)'라는 개념을 엘리트들이 자신들의 지위를 공고히 하고 드높이려고 더욱 첨예하게 양극화시킨 것이 바로 주자학입니다.

물론 '주자학의 특징이 무엇이냐?'라는 물음에 학술적으로 답하자면 여러 가지 지적 고찰이 필요할 것입니다. 하지만 이 책은 난해한 중국 역사에서 핵심만 파악하는 것이 목적이므로 굳이 이 질문에 한마디로 답한다면, '나누다' 혹은 '이분화'라는 말로 집약할 수 있다고 생각합니다.

예를 들어, 중화사상은 주자학이 더욱 과격하게 만들었다고 흔히 말하는데, 그것은 '중화'와 '외이'를 명확하게 나누었기 때문입니다. 제1장에서 중화와 외이의 경계가 실제로는 그러데이션(gradation)이라고 했지만, 주자학은 이 그러데이션 부분에 확연하게 선을 하나 그었다고 할 수 있습니다.

마찬가지로 '사(사대부/엘리트)'와 '서(서민/비엘리트)'의 구별도 명확히 했습니다. 그 결과 송과 명에서는 사대부와 서민의 차별이 조장되는 결과를 초래합니다.

또 주자학이라고 하면 '이기설(理氣說)'의 어려운 해설 때문에 싫증이 난다는 사람도 많고 이렇게 말하는 필자도 그중의 한 명이지만, 이기설 역시 '이=도리, 법칙'과 '기=현상, 에너지'로 나누어 사고한다고 해석할 수 있습니다.

이를테면 주자학에서는 인간에게는 '본성(理이)'과 '기질(氣기)'이 있다고 보고, '이'는 반드시 올바르고 좋은 것이기 때문에 악인이란 '기'의 움직임이 강해서 본래의 '이'가 나타나지 못하는 상태라고 생각합니다. 그리고 본성은 변하지 않지만 기질은 노력으로 변할 수 있기 때문에 기질을 바로 가다듬어 감으로써 군자나 성인이라고 불리는 완전한 상태에 접근할 수 있다는 것입니다.

물론 현실 세계는 이렇게 분명하게 잘라서 양극화될 수 없습니다. 그럼에도 굳이 '나눠서' 분석적으로 생각하는 것이 바로 주자학입니다.

모든 것을 나누어 생각하는 주자학에서는 '이기' 외에도, '도기(道器)' '체용(體用)' '지행(知行)'처럼 서로 대립되는 의미로 쌍[對대]을 이루는 어휘가 아주 많이 사용됩니다.

'도기(道器)'란 이념이나 교의를 뜻하는 '도(道)'와 기술이나 수단을 뜻하는 '기(器)'의 조합이고, '지행(知行)'은 지식과 행동을 뜻합니다. '체용'의 '체'는 신체가 아니라 본체 내지 근간을 의미하고, '용'은 '기'나 '행'과 비슷하게 구체적인 수단이나 행동, 표현 등을 의미합니다.

참고로 이 '체용'이라는 개념은 원래 불교에서 온 것이라고 알려져 있어 주자학의 바탕에 불교철학이 자리잡고 있음을 시사하는 바입니다. 중국 사상사 연구의 권위자인 시마다 겐지(島田虔次) 선생은 불교라기보다는 오히려 유교의 자발적·자생적 발전 측면이 더 강했다고 하지만, 그렇다고 불교의 영향이 전혀 없었다고 한 것은 아닙니다.

의견이 나뉘는 부분일 수도 있으나, '수신·제가'의 학문으로 부를 수 있는 유교를 주자학이 철학적 사변적인 학술 수준까지 완성해 낸 것은 불교의 영향 없이는 불가능했다고 할 수 있습니다. 그런 의미에서 주자학은 불교 없이는 탄생할 수 없었다고 봅니다.

'근대 사유'로서 양명학의 탄생과 좌절

송학의 집대성이라고도 할 주자학의 흐름 속에서 명대에 나타난 것이 왕양명(王陽明, 1472~1529)이 설파한 양명학(陽明學)입니다.

주자학의 특징이 '나누기'라면, 양명학의 특징은 '일치'라고 할 수 있습니다.

일본인에게 양명학이라고 하면 '행동학'이라는 인상이 강하지만, '일치'를 목표로 하기 때문에 행동이 필요하게 되는 것입니다.

주자학은 '이기' '도기' '체용' '지행' 이런 식으로 모든 것을 철저하게 나누어 사고하지만, 양명학은 '지행합일(知行合一)'이라는 유명한 말에서 알 수 있듯이 주자학이 나눈 것을 일치시키는 것을 목표로 합니다.

그래서 엘리트도 서민도 한몸[一體일체]이고, 체(體, 본질)와 용(用, 표현)도 한몸으로 보기 때문에 사색한 것은 행동으로 옮기지 않으면 안 됩니다. 이것이 '지행합일'입니다.

왕양명이 그런 생각을 하게 된 것은 주자학의 무리들이 고매한 이론은 입에 올리면서 말만 하지 아무 것도 하지 않는 인간들뿐이었기 때문입니다.

물론 그뿐만 아니라 왕양명이 일치를 지향한 배경에는 그가 살았던 시대도 영향을 미쳤습니다.

주희가 살던 시대(12세기)는 엘리트와 서민의 분화가 한창이던 시기였습니다. 동시에 국제관계에서도 중국과 이민족의 대립이 진행되던 시기여서 '분리'의 방향으로 나아가는 것은 자연스러운 흐름이기도 했습니다.

이에 비해 왕양명이 살았던 명나라 때는 민간의 성장이 눈부시고, 반면 엘리트가 엘리트답지 않게 되던 시대였습니다. 그 때문에 유교 역시 서민이라도 알 만한 내용이 요청되었고, 나누거나 격리하지 않고 일치를 지향하는 양명학이 발전하는 토양이 되었습니다.

　그렇다고 유교가 서민들에게까지 침투한 것은 아닙니다. 주류는 내내 엘리트 중심의 주자학이었고, 양명학 자체도 엘리트 의식이 강한 우파와 혁신적인 좌파로 분열되어 있었습니다.

　주자학이 침투한 한반도에서는 양명학이라면 우파조차 '오염되었다'면서 수용하지 않았습니다.

　주자학의 입장에서 보면 행동은 비천한 것이고 군자는 고매한 이론과만 대면하는 것이 올바른 자세라고 생각했기 때문입니다.

　이런 흐름에서, 시마다 겐지 선생은 양명학의 발전을 '근대 사유'라는 말로 표현해 왕양명의 사상을 루소에 견주어 설명했습니다.

　《사회계약론》과 《에밀》로 유명한 철학자 장 자크 루소(1712~1778)의 사상은 국민주권 개념의 발전에 큰 영향을 미쳤고, 훗날 프랑스혁명을 유발해 좋든 나쁘든 유럽의 근대화에 공헌했습니다.

　그 루소에 비유된 왕양명 사상이지만, 안타깝게도 양명학은 중국의 근대화로 이어지지 못한 채 청대에는 맥이 끊겨 버립니다.

　즉 왕양명에 의해 '근대 사유'가 태어났음에도 불구하고 곧 좌절되고 말았던 것입니다.

　그렇다면 왜 모처럼 생겨난 근대화의 싹은 꽃을 피우지 못하고 시들어 버렸을까요?

　하나는 주자학의 시대가 길어 그 가치관이 깊이 파고들었다는 점을 들 수 있지만, 가장 큰 요인은 유교 자체가 행동을 별로 좋아하지 않는다는 특성을 갖고 있기 때문인 것 같습니다.

　주자학은 모든 것을 양분(兩分)했는데, 이 분화는 대등한 것이 아니라 상위와 하위의 차이를 두었습니다. 즉 주자학에서는 '지행(知行)'은 대등한 관계에서 일치시킬 수 있는 것이 아닙니다.

원래의 유교는 주자학만큼 심하지는 않지만 사물을 모두 상하 관계로 배치하는 특성을 가지고 있습니다.

예를 들면, '문'과 '무'에서는 '문'이 압도적으로 높습니다.

그래서 우리는 거의 신경쓰지 않지만 황제의 이름도 '문제'와 '무제' 중에서는 확실히 '문제'가 더 훌륭한 황제의 위치에 있습니다.

주자학 일변도의 조선에서는 귀족인 양반은 기본적으로 문관이지 무관은 양반에 해당하지 않습니다.[1] 양반 자제는 평소부터 자기 몸을 움직이지 말고 아랫사람을 쓰라고 교육받으며 자랍니다.

중국에서도 특히 주자학 전성기인 명대에는 무관이 되는 자들은 밥줄이 끊어진 사람이나 인간 말종이라는 것이 상식이었습니다. 물론 사대부라도 군대를 이끌어야 할 때도 있지만 그들이 전쟁터에서 무기를 드는 일은 없습니다. 어디까지나 도면으로 작전을 지시할 뿐입니다.

기본적으로 노동하는 것 자체가 지위가 아래라는 것을 의미하므로 중국의 사대부도 그렇고 엘리트가 될수록 노동은 물론, 몸을 움직이지도 않게 되는 것입니다.

이런 유교적 가치관이 오랜 세월 생활습관에까지 배어 있어서 아무리 양명학이 번성해도 엘리트층은 행동하는 것이 내심으로는 싫었던 것입니다.

그렇게 움직이고 싶지 않은 엘리트층이 고안해 낸 논리가 '학문하는 것도 행동'이라는 억지에 가까운 논리였습니다. 게다가 양명학이 서민에게 퍼지면서 학문의 형태도 지금까지처럼 '책을 읽고 배우는 것'에서 글을 읽지 못하는 서민도 알 수 있도록 세미나 형식의 '모두 같이 떠드는' 식으로 바뀌어

---

1) 한국사에서는 문반과 무반을 포괄한 용어로 양반을 규정하여 저자의 이 해석과 다르다._역주

갔습니다. 즉, 이 '말로 떠드는' 것을 '행동'이라며 만족하고 만 것입니다.

이렇게 되자 양명학은 공리공론이 되어 갔고, 이런 학문은 가치가 없다고 여겨지면서 청대에 들어서자 시들고 말았습니다.

단 양명학이 가지고 있던 '근대 사유'는 아무 것도 이루지 못했는가 하면 그건 또 백퍼센트 그렇지는 않았습니다. 왜냐하면 에도막부 말기의 일본을 움직여 메이지유신을 이룬 지사들을 사상적으로 뒷받침한 것이 양명학이기 때문입니다.

오사카에서 민중과 함께 봉기한 오시오 헤이하치로(大鹽平八郎)[1]는 양명학자이며, 조슈(長州)의 쇼카손주쿠(松下村塾)에서 지사들을 훈도한 요시다 쇼인(吉田松陰)[2]도 양명학을 배우고 있었습니다. 과격파의 움직임을 유발하는 작용이 양명학에는 있는 것 같습니다. 그런 일본의 실적이 이번에는 19세기 말의 중국에 영향을 주어 변법(變法)·혁명으로 이어집니다.

한편, 마찬가지로 막부에 비판적이던 미토(水戶) 파벌은 미토학(水戶學)[3]에서 나왔으므로 순수하게 주자학입니다. 미토파도 '안세이의 대옥'[4]에 피해를 입기도 했으니 전혀 행동하지 않았다고는 할 수 없지만 현존의 막번(幕藩) 체제를 유지하려 한 '보수'였음은 확실합니다.

중국 대륙에서도 한반도에서도 꽃피지 못한 양명학의 씨앗이 일본에서 꽃을 피울 수 있었던 원인 하나는 주자학이 그다지 침투하지 않았다는 점, 다른 하나는 일본인이 좋은 의미이건 나쁜 의미이건 감정대로 행동하고, 경박하고 단순해서 바로 행동할 수 있었기 때문이라고 생각합니다.

덧붙이자면 일본인의 단순함은 민주주의가 일본에 뿌리내린 데도 공헌

---

1) 생몰 1793~1837, 에도시대의 유학자로 막부에 대항해 서민 편에서 1837년에 반란을 일으킴_역주
2) 생몰 1830~1859, 에도시대 말의 사상가, 메이지유신의 정신적 지도자임_역주
3) 에도 후기 미토에서 성립한 천황 존숭의 유학 학파_역주
4) 安政의大獄, 1858~1859년 에도막부가 존왕양이파를 대거 체포한 정치 탄압_역주

했다고 할 수 있습니다.

일본에서는 순식간에 민주주의가 뿌리내리고 국민들도 순식간에 그게 괜찮다고 생각했기에 자각하지 못하고 있지만, 민주주의라는 것은 세계적으로 볼 때 특수한 환경에서 탄생한 특수한 사상입니다.

그 특수한 사상을, 서양인들이 '이것은 보편적인 것입니다'라고 하니 그냥 곧이곧대로 받아들인 일본인은 지나치게 순진하다고 할까, 너무 맥락 없이 단순하다는 인상을 지울 수 없습니다.

유교는 중국 역사와 떼려야 뗄 수 없는 관계이다

유교는 중국의 역사를 배우는 데 없어서는 안 될 요소 중 하나입니다.

'한어(漢語)'는 유교 경전과 떼려야 뗄 수 없는 관계입니다.

비단 중국만 그런 것이 아닙니다. 일본어를 사용하는 사람은 무의식적으로 일본적 사상에 묶여 있고, 영어권 사람 역시 영어 문화권의 사상이 언행의 바탕에 존재하듯이 언어와 사상은 분리할 수 없습니다.

그런 의미에서 언어문화의 뼈대가 되는 사상의 힘은 어디에서나 존재하지만 한어의 경우는 특히 강하다는 점이 큰 특색입니다.

그렇다면 왜 그렇게 강할까요?

이는 주자학의 영향이라고 생각합니다. 주자학에서는 모든 것을 나누는데, 말도 예외가 아니어서 일상에서 실제 사용하는 말과 사상이나 이데올로기를 논할 때 사용하는 말 사이에 차이가 있고, 게다가 그 차이가 굉장히 큽니다.

사대부라는 엘리트와 서민은 사용하는 언어 자체가 원래부터 다릅니다.

'경(經)'과 '사(史)'를 필수적으로 배우고 늘 서면 언어로 한문을 쓰는 엘리트들은 문장을 쓸 때의 규칙이 몸에 배어 있어 한어에 대해 매우 엄격한 잣대를 갖게 됩니다.

예를 들어 제1장에서도 썼지만, '대국과 소국'이라고 했을 때 일본에서는 단순히 국토의 넓이나 인구의 많고 적음을 의미하는 데 지나지 않지만, 중국에서는 '대국'이란 곧 중국을 말하고 '소국'이란 보잘것없는 '하찮은 나라'를 의미합니다.

그럼 단순히 국토가 작은 나라를 지칭하고 싶을 때는 어떻게 하느냐 하면 그것도 '소국'이라고밖에 표현할 방법이 없기 때문에 그냥 쓰지만, 중국인의 감각으로는 작은 것은 그 자체로 무조건 보잘것없는 것입니다.

중국어에서 크고 작음(大小대소)은 단순한 크기를 나타내는 것이 아니라, 동시에 상하 관계를 포함합니다.

이렇게 말하면 중국 사람들도 귀여운 아이들에게 '샤오(小)○○' 같은 표현을 하지 않느냐는 반문을 듣기도 합니다.

'귀여운 꼬맹이' 정도의 뉘앙스로 '샤오바오바오(小寶寶)'라는 표현을 쓰지만 이런 말은 결코 윗사람에게는 쓰지 않습니다. 즉 '소(小)'에는 적어도 존중(respect)의 의미는 없기 때문입니다.

동일한 이치로 '대(大)'에는 그만큼 좋다는 의미가 포함되어 있습니다.

예를 들어 '미(美)'는 중국어에서도 '아름답다'라는 뜻을 가진 글자인데, 이 글자는 분해하면 '양(羊)'이 '크다(大)'라고 쓴 것임을 알 수 있습니다.

중국 역대 지도자의 체격이 모두 좋은 것, 북한의 김씨 왕조 3대가 다 뚱뚱한 것도 '양'과 마찬가지로 이른바 '큰 것이 좋은 것'이기 때문일 겁니다.

'유교의 영향'이다,라고 목소리 높여 말할 정도는 아니지만 유교에서 유래한 가치관이 무의식중에 배어 있음은 중국 문화의 구석구석에서 볼 수 있습니다.

중국에서는 사람을 접대할 때 다 먹을 수 없을 정도로 많은 양의 식사를 준비하는 것이 옳은 매너입니다. 거기에는 과다한 것이 좋은 것이라는 의미와 함께, 자신을 크게 즉 잘 과시하는 의미가 담겨 있습니다.

그리고 자신이 위에 있다는 것은 동시에 아래에 타인이 있다는 말이 되므로 남긴 것을 아랫사람에게 베푼다는 의미도 내포하고 있습니다. 즉, '과다'는 여분인 동시에 아랫사람을 키우기 위해 필요한 것이기도 합니다.

중국에는 인도의 '카스트' 같은 세습으로 고정된 신분 차별은 없지만, '사(士)와 서(庶)'라는 또렷한 구별이 존재합니다.

현재의 중국은 공산주의를 내걸고 있지만 주자학이 만들어낸 이런 양극화는 완전히 사라지지 않았습니다.

예를 들어, 중국의 호적은 도시와 농촌 둘로 나뉘어 있어 권리에 각종 차이가 있을 뿐만 아니라 그것이 제도화되어 있습니다. 우리는 도저히 용납할 수 없을 이런 불평등을 왜 중국인은 그냥 받아들이고 있을까요.

불만이 있어도 매일 생활하는 것도 벅찬데 국가의 제도에 불만을 말할 여유 따위 없다는 사정도 있을 것입니다. 어쨌든 예나 지금이나 우리와는 비교가 되지 않을 정도로 가혹한 생존경쟁을 강요당하고 있기 때문입니다.

그러나 원래 역사적으로 '사와 서'로 구별되는 것이 당연했던 것이 중국 사람들이 불평등한 호구제도(戶口制度)를 그냥 받아들이는 현상에 영향을 주고 있는지도 모릅니다.

제2부

교차하는 '호(胡)'와 '한(漢)', 바뀌는 왕조, 변화하는 사회

: 유목민의 대두에서 황제 독재로

제 4 장

중국사를 크게 움직인 유목민

이질적 세계가 이웃하는 땅에서 문명은 태어났다

중국의 역사에는 항상 유목민이 얽혀 있습니다.

유목민을 모르면 중국의 역사를 이해할 수 없습니다.

그런데 최근에서야 조금 달라지기는 했지만, 일본의 역사 수업에서 유목민을 다루는 경우는 별로 없었습니다. 어떤 의미에선 어쩔 수 없는 측면도 있습니다. 유목민과 일본은 역사상 접점이 거의 없었고, 또 유목민은 원래 문자로 기록을 남기는 습관이 없어 자료가 별로 남아 있지 않기 때문이지요.

유목민이란 목축으로 생활하는 사람들을 말합니다. 그들은 기본적으로 정착하지 않고 가축들을 먹일 수 있는 초원을 찾아 계절마다 이동하는 생활을 합니다.

이동하면서 생활하기 때문에 취락이나 도시를 형성하지 않으며, 무언가를 여분으로 축적하거나 자신들의 역사를 기록해 남긴다는 발상도 하지 않았습니다. 구전으로 전해지는 것이 아예 없지는 않았고, 문자를 갖게 되면서는 석각 비문도 남겼는데, 대부분이 단편적 기록이라 안타깝게도 그것만으로는 계통적인 역사 자료로 활용할 수 없습니다. 최근에 새로운 연구로 이제 막 이들 자료의 분석이 시작된 상황입니다.

그러다 보니 유목민에 관한 자료는 유목민과 교섭했던 사람들이 남긴 것들이 일단 기초 자료가 되었습니다.

예를 들어 기원전 6세기에서 기원전 3세기에 걸쳐 흑해 북안에서 서남아시아에 걸친 넓은 지역에서 세력을 과시한 유목 기마민족 '스키타이'의 자료는 고대 그리스 역사가 헤로도토스가 쓴 《역사》가 주요 자료입니다.

마찬가지로 중국 북쪽에 위치하여 중국과 깊은 관계를 맺었던 유목민들의 자료는 한인(漢人)들이 기록하여 남긴 문헌들이 주요 자료가 됩니다.

일례로 사마천은 《사기》 '흉노열전'에 다음과 같은 발언을 남겼습니다. 흉노는 당시 최대의 유목국가로 한나라의 변경을 수시로 위협하고 있었습니다. 그들의 생활습관을 설명한 부분입니다.

'흉노에서는 가축의 살을 먹고 젖을 마시며 가죽을 입는다. 가축은 풀을 뜯고 물을 마시며 때에 맞춰 이동한다. 그래서 모두 기마에 익숙하여 유사시(有事時, 전쟁이 있을 때)에 대응하고, 일이 없을 때에는 (無事時, 전투가 없는 평상시)에는 모두 편히 쉰다. 규칙도 까다롭지 않아서 실행하기 쉽다.'

여기서 알 수 있는 것은 농경 정주민인 한인과 유목민은 풍습, 습속, 문화, 가치관, 생활습관, 그리고 입는 것까지 모두 크게 다르다는 겁니다.

인간 생활의 기본인 의식주가 다르다는 것은 의식주를 성립시키는 생활환경이 다르다는 것을 의미합니다.

제1장에서 언급한 대로, 중국 문명은 황허강(황하)과 창장강(장강, 양쯔강)이라는 대하의 근방에서 탄생했습니다. 온도가 일정하고 물이 풍부한 곳에서는 식

물을 재배하기가 용이합니다. 따라서 농경이 발명되어 정착 생활이 가능해졌고, 취락과 도시가 생겨났습니다.

이렇게 중국 문명의 중심지가 된 '중원'이지만, 애초 건조 기후지대인 데다 그 주위는 더 건조해서 농경에 적합하지 않은 땅들이 펼쳐져 있었습니다. 하지만 그런 가혹한 환경에서도 환경에 순응하며 살아가는 사람들이 있었습니다.

한마디로 건조지대라고 하지만, 크게 두 부류로 나눌 수 있습니다. 가장 건조한 지역은 '사막'입니다. 현재의 중화인민공화국에도 고비사막(내몽골 자치구)이나 타클라마칸사막(신장 위구르 자치구) 등 사막지대가 있습니다. 그곳에서는 물이 거의 없어서 도저히 사람이 살 수가 없습니다.

또 하나는 '초원지대(스텝)'로 불리는 지역입니다. 이곳은 사막과 농경에 적합한 토지 사이에 위치해 사막만큼 불모는 아니지만 농경에는 적합하지 않은 땅입니다. 그래도 식물은 자라서 말이나 양 같은 초식동물이라면 살아갈 수 있었습니다.

이 스텝지대에 사는 초식동물을 포획하여 가축으로 만들어 목축을 해서 생활을 영위하는 사람들이 '유목민'입니다.

초원지대는 식물이 자란다 해도 결코 풍부하지 않으므로 한곳에 머무르며 가축을 '방목'하기는 불가능합니다. 가축을 기르려면 초원에서 초원으로 계절마다 이동을 반복해야만 했습니다. 이동을 전제로 한 목축을 '유목'이라고 합니다.

즉, 가축과 함께 이동하는 유목생활을 하는 유목민과 농경 정주민은 서로 가까이 이웃해 있으면서도 완전히 다른 세계에 살고 있었습니다.

중국과 유목민의 관계는 문명의 발상 시기까지 거슬러 올라갑니다.

중국 문명이 태어난 황허강 유역은 물은 풍부하지만 기후는 기본적으로

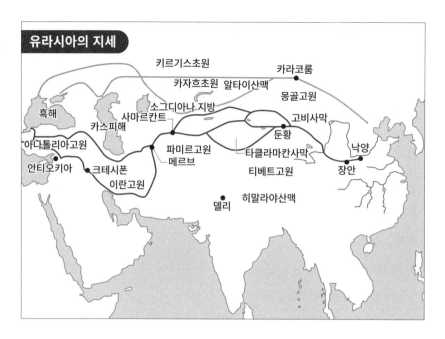

유라시아의 지세

키르기스초원　카라코룸
카자흐초원　알타이산맥
　　　　　　　　　몽골고원
흑해　　소그디아나 지방
　카스피해　사마르칸트　　고비사막
　　　　　　　　　둔황
아나톨리아고원　파미르고원　　타클라마칸사막　낙양
안티오키아　크테시폰　메르브　　　　　장안
　이란고원　티베트고원
　　　델리　히말라야산맥

'건조'한 장소입니다. 즉 건조한 스텝지대와 농경지대 사이의 딱 경계에 해당하는 곳입니다.

　풍요로운 농경지대 한가운데가 아니라 다른 세계와의 경계지대에서 문명이 탄생한 데는 이유가 있습니다.

　그것은 이질적인 세계가 인접해 있어 발생하는 일, 즉 '교류'입니다.

　유목민들은 가축의 고기나 유제품, 모피 등은 풍부하지만 곡물과 식물은 갖고 있지 않습니다. 반대로 농경민들은 곡식과 식물은 풍부하게 갖고 있지만 동물성 단백질과 모피는 귀중품입니다.

　상대방이 자신이 원하는 것을 서로 가지고 있기 때문에 자연스럽게 교환하게 됩니다. 그리고 교역이 활발해지면 시상이 생겨납니다. 교류·거래가 활발해지면 분쟁이 생길 때를 대비해 기록이 필요하므로 문자가 생겨납니다.

　같은 농경민끼리, 혹은 유목민끼리만 거래한다면 구전으로도 충분하고,

대충 남이 하는 걸 보고 배우는 식으로도 필요한 것은 전달되기 때문에 굳이 문자로 남겨둘 필요는 없습니다.

예를 들어 일본은 물과 해산물이 풍부한 지역입니다. 야요이시대에 본격적으로 농경이 전해져 벼농사가 이루어지자 더욱 풍요로워졌습니다. 그런데도 일본은 대륙에서 한자가 전해질 때까지 문자라는 것이 없었습니다.

문자의 발명과 발달에는 이질적인 상대와 교류하는 것이 큰 계기가 됩니다. 가치관과 습관이 다른 상대와 교섭하고 거래하면, 생각지도 못한 곳에서 옥신각신할 위험성이 있기 때문에 기록을 하는 것이 반드시 필요하기 때문입니다.

이렇게 교류에서 문자가 탄생하고, 문자 기록이 다양한 분야에서 이뤄지게 되면서 문명이 발달하게 되었다고 생각합니다.

'다른 세계와의 교류'가 문명의 탄생과 깊이 관련되어 있다는 점은 많은 고대 문명이 지리적·문화적 경계 지역에서 발전했다는 사실에서도 추론할 수 있습니다. 메소포타미아문명, 고대이집트 문명, 인더스문명은 모두 생태환경적으로 볼 때 건조지대와 습윤지대의 경계 지역에서 탄생했습니다.

지금까지 고대 문명은 메소포타미아문명을 '비옥한 초승달 지대', 고대이집트 문명을 '나일강의 산물'이라 하듯이 물이 풍부하고 비옥한 곳이어서 문명이 탄생했다고 여겨왔습니다. 그러나 풍요만이 이유라면 더 온난하고 비옥한 곳이 얼마든지 있습니다.

이 '풍요로운 땅이기 때문에'라는 발상 자체가 농경민이어서 하는 생각이 아닐까 하고 저는 보고 있습니다.

물론 어느 정도의 풍부함은 필요하지만 그것만으로는 불충분합니다. 문명의 발상에는 이질적 세계와의 교류, 그리고 거기에서 생겨난 마켓(시장)의 존재를 빠뜨릴 수 없습니다. 최초로 도시국가가 운영된 곳은 이질적 세계와 자신들을 잇는 교통의 요충지였습니다.

유목민에 대해서는 아직 해명되지 않은 부분이 많지만, 최근 스텝지대의 발굴조사가 진척되면서 출토 자료를 통해 상당한 정보를 얻을 수 있게 되었습니다. 머지않은 장래에 유목민의 실상, 그리고 문명 발상의 수수께끼가 밝혀질 것입니다.

유목민이 강했던 비결

중원은 농경지대지만 기후는 건조합니다. 지형 역시 평원이 대부분이어서 유목민들에게는 쉽게 접근할 만한 장소였습니다. 중원은 농경과 유목의 경계를 이루고 교류가 활발한 땅이기 때문에 문명이 고도로 발달했다고 할 수 있습니다.

그만큼 중원은 고대부터 유목민들의 잦은 침공에 시달려 왔습니다.

춘추전국시대, 많은 나라가 방어를 위해 경계에 '벽'을 쌓았습니다.

각국을 병합한 진시황은 유목민의 침공에 대비해 기존의 방벽을 연결시키고 보강하여 거대한 방벽을 쌓았습니다. 이렇게 탄생한 것이 '만리장성'입니다.

하지만 당시의 장성은 세계유산으로 많은 관광객이 찾는 현재의 장성과는 다른 모습이었습니다. 점토질의 흙을 쌓아올려 굳힌 '토루(土壘)'와 같은 건축물이었습니다. 유목민들은 말을 타고 쳐들어오기 때문에 말이 뛰어넘지 못하게 하는 것으로 충분했기 때문입니다.

만리장성은 그 후 여러 차례 중건과 연장을 반복했습니다. 지금처럼 멋진 돌로 쌓은 만리장성이 된 것은 명나라 때입니다.

진이 시황제의 죽음으로 멸망의 길을 걷자 북방의 유목민 '흉노'는 기세

현재의 만리장성

를 올려 만리장성을 넘어 중원으로 침공해 들어왔습니다.

진의 뒤를 이은 전한은 고조 유방이 흉노와 맞서 싸우다가 패배한 데다 국내가 아직 불안정했기 때문에 흉노에 빼앗긴 땅을 포기하고 면과 비단, 음식물 등을 보낸다는 조건으로 흉노와 화친조약을 체결했습니다.

인구와 물량만 따지면 한이 훨씬 유리한데도 흉노가 더 우위에 있는 입장이었습니다. 이렇게 유목민이 강했던 비결은 바로 '기병'입니다.

중앙아시아에서 기마가 보급된 것은 기원전 10세기경의 일입니다. 말을 조련하여 이동 수단으로 활용하는 '기마'는 획기적 발명이었습니다.

차원이 아예 다른 이동 속도는 전쟁에 활용하면 절대적인 기동력을 발휘할 수 있습니다. 기마 기술의 발명은 교통혁명이면서 동시에 군사혁명이기도 했습니다.

광대한 스텝지대를 가축과 함께 이동하는 유목민에게 기마는 생활에 필수불가결한 기술이었고, 또한 일상생활이 곧 군사·원정에 활용할 수 있는 기술 단련의 장이기도 했습니다.

한에도 기병들이 있었지만 그 수는 차치하고 질적으로 유목민에 상대가 되지 않았습니다. 농경민은 생업 때문에 경지에서 멀리 벗어나지 못하는데다 평시와 전시의 생활이 완전히 다릅니다. 매일 말 위에서 보내는 유목민과는 전쟁터에서 가장 중요한 기동성에 큰 격차가 있었습니다.

그러므로 아무리 물량에서 앞서 있어도 전쟁터에서는 유목 기마군을 당해낼 수 없었습니다. 아마 당시 유목민의 기마군보다 더 뛰어난 군사력은 지구상에 존재할 수 없었을 겁니다. 당시는 고사하고, 그 후로도 중국 왕조들은 유목민 기병에게 오랫동안 대적할 수 없었습니다.

이후 전한 7대 황제 무제는 굴욕적인 정세를 뒤집고자 흉노에 대해 적극적 공세로 나가는 정책을 취합니다. 이 정책이 효과를 보면서 무제는 크게 세력을 확장하는 데 성공했습니다.

그런 무제라도 변경을 지키려고 가장 먼저 한 것은 만리장성을 보수하고 연장하는 일이었습니다. 무제의 시대에 만리장성은 황허강 상류에서 멀리 서쪽으로 연장되어 서쪽 끝의 관문인 '옥문관(玉門關, 현재의 간쑤성 둔황시)까지 늘어났습니다.

엄청난 노력과 자금을 쏟아부어 만리장성을 연장한 것은 무제가 유목민의 기병을 두려워했기 때문입니다.

그 후로도 유목민과의 공방은 오래 지속되었고, 그때그때 왕조의 정책으로 장성 방위에 적극책이 취해지기도 하고 그렇지 않기도 했습니다. 만리장성이라고 하면 중간에 끊어지지 않고 하나의 선과 같은 구조라고 생각하는 사람이 적지 않지만, 실제로는 시대에 따라 남북으로 이동하기도 하고, 가치가 쳐서 갈라지기도 합니다.

'장성에 의지하는' 방위 상태에 전환기가 찾아온 것은, 16세기에 이르러

화기와 동력이 발명되고 나서의 일입니다.

유목민에게 국가의식은 있었는가

중국 주변의 유목민은 몽골계, 티베트계, 튀르크계, 퉁구스계 등 다양한 계통이 있으며, 시대에 따라 그 판도는 크게 달라집니다.

기원전 3세기부터 기원후 3세기까지 세력을 떨친 것은 '흉노'라 불린 몽골계 유목민입니다.

이후 4세기가 되면, 흉노(匈奴)·갈(羯)·선비(鮮卑)·저(氐)·강(羌)의 다섯 유목민이 세력을 확대했습니다.

제2장에서 말했듯이 이들을 총칭하여 '오호(五胡)'라고 하는데, '오호십육국 시대'의 오호입니다.

5세기가 되면 선비는 북위를 건국하며 화북(화베이) 땅에 군림하지만, 이른바 한화정책(漢化政策)을 취하면서 유목국가의 성격은 사라지게 됩니다.

대신 6세기에 대두한 것이 튀르크계의 '돌궐(突厥)'입니다. 이들은 몽골고원에 제국을 구축하여 세력을 떨쳤지만, 선비의 흐름을 이은 '수'의 압박을 받아 동서로 분열되다 결국 수의 뒤를 이은 당에 흡수됩니다.

당과 우호적 관계를 맺고 있던 동돌궐을 멸망시키면서 8세기에 대두한 것이 튀르크계의 '위구르'이고, 그 위구르를 멸망시킨 것이 역시 튀르크계의 '키르기스'입니다.

10세기가 되면 위구르의 쇠퇴를 틈타 동방에서 몽골계의 '거란'이 세력을 확대해 주변의 부족을 통일하고 몽골고원은 물론 화북까지 정복하는데, 이때 거란은 '요(遼)'라고 자칭하고 있었습니다. 요는 12세기 송과 동맹한 퉁구스계 여진족(女眞族)의 나라 금(金)에 멸망되었고, 세력을 확대한 금은 송을

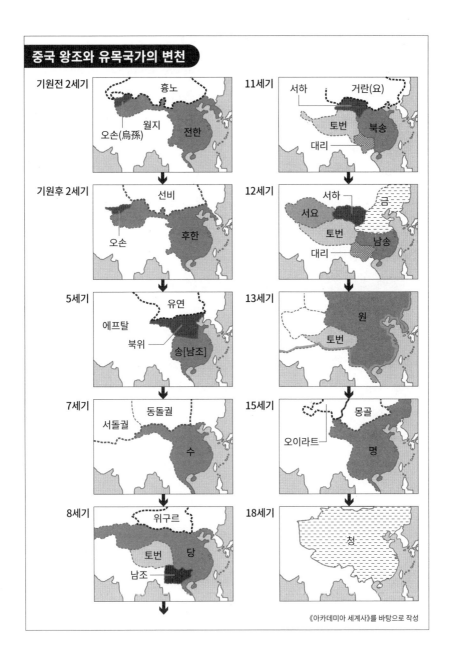

중국 왕조와 유목국가의 변천

기원전 2세기
오손(烏孫) / 월지 / 흉노 / 전한

기원후 2세기
오손 / 선비 / 후한

5세기
에프탈 / 유연 / 북위 / 송[남조]

7세기
서돌궐 / 동돌궐 / 수

8세기
위구르 / 토번 / 당 / 남조

11세기
서하 / 거란(요) / 토번 / 북송 / 대리

12세기
서하 / 서요 / 금 / 토번 / 남송 / 대리

13세기
원 / 토번

15세기
오이라트 / 몽골 / 명

18세기
청

《아카데미아 세계사》를 바탕으로 작성

침공해 한인(漢人) 정권을 남송(南宋)으로 몰아넣었습니다.

그리고 13세기에 드디어 중국 전역을 지배하는 유목민 왕조가 탄생합니다. 동아시아에서 '원(元)'이라는 국호를 칭했던 몽골제국입니다.

14세기 후반에 몽골제국을 몰아낸 '명(明)'을 위협한 것도 몽골입니다. 비록 몽골제국의 부활은 없었지만 15세기에 몽골고원을 지배한 서쪽 오이라트부(部)의 에센은 명 제6대 황제 영종(英宗, 재위 1435~1449/1457~1464)을 '토목의 변(土木의 變, 토목보의 변)'으로 포로로 잡기도 했습니다. 이를 계기로 명은 만리장성을 현재의 모습인 견고한 형태로 다시 만들었던 것입니다.

심지어 16세기에는 동쪽의 투메드부(土默特部, 몽골 부족 중 하나)의 알탄 칸이 세력을 확장해 명과 첨예하게 대립하고 공격을 거듭한 끝에 수도인 베이징(北京)을 포위 공격한 적도 있습니다.

이렇게 오랫동안 명을 괴롭힌 몽골이지만, 명을 멸망시키지는 못했습니다. 17세기에 내란으로 스스로 붕괴한 명을 계승해 중국을 통치한 것은 여진족이 장성 이북의 랴오둥(遼東, 요동) 지방에 건국한, '후금(後金)'을 전신으로 한 '청(淸)'이었습니다.

중국에게 만리장성은 이처럼 시대마다의 '국경선'을 의미했다고 할 수 있지만, 유목민에게는 어떠했을까요. 원래 정착하지 않는 그들에게 '나라'나 '국경'이라는 의식은 있었을까요.

결론부터 말하자면 '없습니다'.

'유목국가'는 만들어지는 방식이 농경민 국가와는 전혀 다르기 때문에 우리가 생각하는 '국가의식'이 언제쯤 생겼는가 하는 것은 답하기 어려운 질문입니다.

유목민들에게도 '나라'라는 개념은 있었습니다.

그러나 그 '나라'는 국토의 범위가 아니라 어디까지나 부족이나 부족연합과 같은 '사람의 집단'을 의미했습니다. 원래 그들은 이동하는 생활을 하기 때문에 토지 소유라는 의식도 없을 뿐더러 토지와 부족은 서로 연관되어 있지 않습니다.

앞에서 시대별로 유목민을 열거했는데 거기에 나오는 '나라'는 모두 부족연합을 의미합니다.

부족연합은 강하기만 하면 위로 올라갈 수 있는 실력 사회입니다. 그래서 '연합'이라는 통합된 틀은 있지만 항상 그 안에서 가족·부족 등 더 소규모의 집단들끼리 서로 대항하여 싸웠습니다.

이러한 내부 대항을 억제하고 연합을 안정화하려면 그에 상응하는 조직을 구축하는 것이 필요한데, 유목민의 경우 조직을 복잡하게 만들기가 농경민에 비해 훨씬 어려웠습니다. 만약 조직 구조가 너무 복잡해져 기능하지 않게 되면 다시 고쳐서 회복하기 어렵기에 자칫 잘못하면 혼란이 수습되지 못한 채 모든 사람이 죽을 수도 있는 엄혹한 환경이었기 때문입니다.

유목국가에서 조직의 노하우가 확립된 것은 10세기 이후 거란이 건국된 이후의 일입니다.

거란이 이뤄낸 것

실제로 전환점[turning point]이 된 것은 거란에 앞서 득세한 위구르 시대일 것입니다. 유목민은 오랫동안 정주 농경민과 접촉을 계속하면서 조금씩 영향을 받게 되는데, 그 정도는 흉노보다는 돌궐이, 돌궐보다는 위구르가 커집니다. 그 결과 원래 몽골고원에서 유목 생활을 하던 위구르는 현재의 신장 위구르 자치구 근처로 이동해서 최종적으로 아예 정착하게 됩니다.

이런 사정과 관련된 동향을 알 수 있는 일화가 극히 일부이지만 한어 사료에 남아 있습니다.

다음은 수당과 대치한 돌궐의 역사에서 손꼽히는 명군이라 일컬어지는 빌게 카간(Bilge Kağan, 한자로는 毗伽可汗비가가한)과 명재상인 톤유쿠크(Tonyukuk, 한자로는 暾欲谷돈욕곡)가 주고받은 대화입니다.

'성벽을 쌓아 정주하고 불교·도교의 사원을 세우고 싶다.'

'안 됩니다. 돌궐은 인구가 적어 당의 백분의 일밖에 안 됩니다. 그런데도 호각지세로 대항할 수 있는 것은 우리가 물과 풀을 찾아 이동 생활을 하고 사냥을 생업으로 삼고 있어 모두 무예에 익숙해서입니다. 우리 중에 강건한 자는 군사를 일으켜 약탈하고, 허약한 자는 숲으로 도망하여 숨어 버린다면, 당은 군사가 아무리 많아도 어찌할 도리가 없습니다. 우리가 성곽도시에 정착해 옛 습속을 바꾼다면 이런 이점은 하루아침에 없어지고 당에 멸망당하고 말 것입니다. 불교와 도교는 사람을 어질고 약하게 만드는 가르침이므로 무력을 써서 승리하는 데에는 도움이 안 됩니다.'

'과연 그렇군. 그러면 그만 두지.'

빌게 카간은 그와 관련된 돌궐 비문이 남아 있는 것으로도 유명한 명군인데, 그런 사람이 이처럼 간언을 받아들인 점이 재미있습니다. 물론 이 기록이 군주와 신하 둘만의 생각과 대화로 볼 수는 없습니다. 오히려 당시 돌궐 사회 전체가 크게 두 가지 의견으로 나뉘어 있었다는 점, 그리고 정주(定住) 문명으로 기울어지는 경향이 커지고 있었음을 읽어내야 할 것입니다.

게다가 앞에서 인용했던 사마천의 《사기》 '흉노열전'에도 비슷한 문구가 있습니다.

'흉노의 인구는 한(漢)의 일개 군도 안 되는데, 그럼에도 막강한 것은 입고 먹는 것이 전혀 달라 한의 산물에 의존하지 않아도 되기 때문이다. 지금 습속을 바꿔 한의 산물을 선호하게 되면, 한나라는 자신의 2할만 쓰더라도 흉노는 모두 몰살되게 되어 있다.'

두 문구를 읽고 비교해 보면, 800년이라는 시간 격차가 있음에도 습속·인구 상황 등, 초원 유목과 농경 정주의 특징 및 장단점이 거의 변하지 않음을 알 수 있지만 더 중요한 것은 유목민 쪽에서 '입고 먹는 것' 이외에 한인과 같은 신앙과 거주의 욕구가 생겼다는 것입니다. 유목민의 '성벽' 내 거주나 '사원'에 대한 신앙은 《사기》의 시대에는 없었던 정책 방향입니다. 여기에 유목과 농경의 관계가 한층 심화되고, 양자를 통합하여 시스템화하려는 취지가 엿보입니다.

돌궐의 뒤를 이어 강대한 유목국가를 세운 위구르는 파미르고원 서쪽에 위치한 소그디아나(Sogdiana) 지방의, 오아시스 국가를 거점으로 활약한 이란계 '소그드 상인'의 활동을 보호하고 중앙아시아 교역로를 장악하여 경제적으로도 힘이 있었습니다. 당시 중국을 다스리고 있던 '당'과의 관계 역시 긴밀해서 '안사의 난' 때는 당에 원군을 보냈습니다.

게다가 위구르는 서쪽으로 옮겨가기 이전부터 도성을 건설해 정주 거점을 두었고 마니교를 믿었기 때문에 빌게 카간이 말한 정책 방향을 실현하고 있었던 것입니다. 마침내 위구르 전체가 정주 국가가 된 것도 이즈음에서 연원을 찾을 수 있을지 모릅니다.

그러한 위구르의 후임자 자리에 앉은 것이 거란인데, 위구르의 많은 부분을 흡수하면서 위구르가 만들어낸 시스템을 더욱 개량했고, 장성 이남의 베이징 주변 일대를 손에 넣어 시행착오를 거듭하면서 송과도 조약(1004년의

澶淵之盟, 전연의 맹)을 잘 맺어 경제적 원조까지 얻어내 백년 이상이나 국가를 존속시켰습니다.

유목국가라는 범주로만 보면 기원전의 '흉노' 이전부터 유목국가는 계속 있었습니다. 다만 국가·체제가 고도의 조직을 갖추게 된 것은 역시 '위구르' 즈음부터라고 보아야 할 거 같습니다. 위구르는 유목국가로 강성함을 자랑하며 당을 괴롭혔을 뿐만 아니라 나중에는 서쪽으로 이동해 정주화하면서 새로운 체제로도 오래 존속하여, 훗날의 초원 유목국가들에 시범을 보여주었다고 할 수 있기 때문입니다.

그렇다면 왜 이 시기에 그런 변화가 생겼을까요.

유목 사회에 일어난 변화는 농경 사회인 중국 사회의 극적인 발전과 시기적으로 나란히 진행되었습니다. 중국 다섯 왕조[1] 중에 당에서 송으로 변환되는 시기의 일대 변혁, 이것을 동양사학에서는 '당송변혁(唐宋變革)'이라고 합니다. 이 문제는 다음 장에서 자세히 살펴보도록 하겠습니다.

농경 사회가 바뀜과 동시에 유목 사회 역시 시스템화로 접어들었습니다.

실로 흥미로운 이 병행 현상은, 아마 내면적으로는 깊숙한 부문에서 서로 연결되어 있다고 생각하지만 현시점에서는 어떤 상호연관성이 있는지 아직 확실하게 답하기 어렵습니다.

이 문제 역시 앞으로 유목민의 역사 연구에서 흥미로운 주제 중 하나일 것입니다.

---

1) 원문은 '中國五朝'이다. 중국사에서 장기 존속했던 주요 왕조인 한, 당, 송, 명, 청의 다섯 왕조를 가리키는 말이다. _ 역주

한랭화가 유목민을 움직였고, 유목민이 중국 사회를 바꾸었다

유목민의 이동에는 기후변화가 크게 작용하고 있습니다.

현재는 인간의 활동 때문에 생겨난 온난화가 문제가 되고 있지만 원래 지구는 인간의 활동과 관계없이 큰 주기로 온난화와 한랭화를 반복해 왔습니다. 진폭이 큰 것으로는 '빙하기' '간빙기'라고 하는 약 10만 년 주기로 반복되는 리듬이 있습니다. 지금은 약 11,700년 전에 시작된 간빙기에 속한다고 하는데, 이 간빙기 중에서도 다양한 요인으로 한랭화와 온난화가 몇 번이나 일어나고 있습니다.

134쪽의 그림은 서기 0년부터 2000년까지 북반구의 기온 변동을 나타낸 그래프입니다. 이를 보면 3세기경부터 8세기경까지 한랭화가 진행되다가, 9세기경부터 이번에는 온난화로 바뀌었음을 알 수 있습니다.

한랭화가 진행되면 식물의 생육이 나빠집니다. 유목민이 사는 스텝지대는 원래 건조해서 식물이 자라기에 혹독한 환경입니다. 거기에다 기온이 낮아지면 당연히 풀은 시들어버립니다.

초원이 줄어들면 가축은 살 수 없습니다. 가축이 죽으면 거기에 의존하는 유목민도 목숨을 잃게 됩니다.

살기 위해서는 식생이 풍부한 남쪽으로 이동하는 수밖에 없습니다. 이렇게 해서 일어난 것이 4~5세기 유럽을 혼란에 빠뜨린 '민족대이동'입니다.

흔히들 '게르만인의 대이동'이라고 지칭하지만, 가장 먼저 움직인 것은 카스피해 북쪽의 대초원에 살던 유목민 '훈족'이라는 설이 있습니다. 이들이 서쪽 및 남쪽으로 이동하면서, 그곳에 먼저 살고 있던 '게르만인'이 밀려나는 형태로 로마제국의 경계선이었던 도나우강, 라인강을 넘어 유입되었던 것입니다.

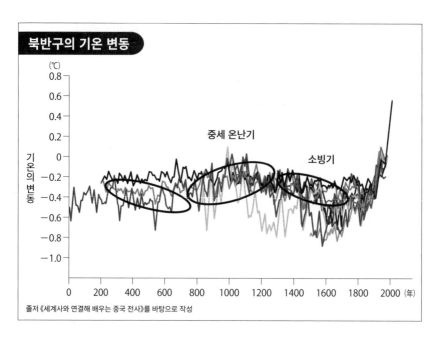

북반구의 기온 변동

(℃)

중세 온난기

소빙기

기온의 변동

졸저《세계사와 연결해 배우는 중국 전사》를 바탕으로 작성

한랭화가 시작되기 이전부터 게르만인들은 로마제국의 국경지대에서 로마인들과 평화롭게 교류하고 있었습니다. 그러던 것이 훈족 사람들에게 밀려나 대거 로마제국에 유입되게 된 것입니다.

밀려났으니 고국에서 쫓겨난 집단 난민 같은 겁니다. 오늘날이라면 난민은 도착한 나라에서 어느 정도 보호받을 수 있지만 당시에는 그런 것이 없습니다. 자기 힘으로 살아가야 했던 게르만인들은 이미 로마 사회에 융화되어 있던 친척·지인들에게 의지하여, 군단을 형성하고 정권을 수립했고, 유럽 및 거기서 더 이동한 북아프리카 등지에서 자신들의 나라를 건설합니다.

이런 혼란의 와중에 로마제국은 멸망하게 됩니다.

훈족이 움직이던 3세기 무렵 동아시아에서도 한랭화 때문에 유목민들이 남하했습니다. 한말에 시작된 그 움직임은 점점 커져서 4세기에는 '오호(五胡)'가 화북에 침입하여, 오호십육국 시대로 넘어가게 됩니다.

로마제국과 게르만인이 그러했듯이 동아시아에서도 대이동 이전부터 유목민은 후한에 들어가 있었습니다.

이들은 성벽으로 둘러싸인 도시 외곽에, 하지만 농경지가 아닌 곳에다가 텐트를 치고 유목지대와 장사를 하여 생계를 꾸리고 있었습니다. 이런 상태를 '화이잡거(華夷雜居)' 또는 '호한잡거(胡漢雜居)'라고 합니다.

후한 말에 이르면 이런 상황은 더욱 가속화됩니다.

그중에는 자진해서 들어온 사람도 있었지만 강제로 끌려온 사람도 많았습니다. 한랭화로 농업 수확량이 극단적으로 저하되어 인구 감소를 겪고 있었던 것입니다.

얼마나 인구가 감소했는가 하면 당시의 기록들 중에는 놀랍게도 이전의 10분의 1로 격감했다고 기록한 것조차 있습니다. 10분의 1이라는 것은 너무 극단적인 숫자이므로 신빙성이 부족한 부분이 있지만 어쨌든 대폭적인 인구 감소가 일어난 것만은 의심할 여지가 없는 사실입니다.

위기상황 속에서 유력자들은 노동력으로서 혹은 군사를 확충하기 위해서 유입되던 유목민을 적극 받아들이고 때로는 강제 노역을 시켰습니다.

중국 사회는 이렇게 크게 변화했습니다.

그때까지는 읍제도시(邑制都市)가 정치의 중심이었습니다. 경제, 군사력, 정치 등 모든 기능이 성내에 갖춰져 있어, 규모는 작아도 일원적인 도시국가로서 완결되어 있었습니다.

그런데 한랭화와 호족의 유입으로 성 밖 곳곳에는 '촌(邨=村)'이라고 불리는 작은 취락들이 점처럼 생겨나기 시작했습니다.

읍제도시는 밥줄이 끊긴 무장 난민들에는 부가 집중된 '보물창고'였습니다. 당연히 약탈이 자행될 때는 절호의 표적이 됩니다. 도시를 에워싼 성벽은 이런 약탈 행위로부터 인명과 재산을 보호하고자 만든 것이지만, 일단 적이 성벽을 돌파하면 성벽이 도망갈 길을 막아버리게 되므로 오히려 위험했습니다.

이런 위험을 피하기 위해 도시를 떠나 아예 성 밖에서 사는 사람들이 늘어나면서 '촌'이 생겨난 것입니다. '촌'에 살던 사람들은 새로 농지를 개발하고, 개발한 농지가 중심이 되어 머지않아 '장원(莊園)'으로 성장합니다.

이 변화는 중국 사회에 있어 대단히 큰 의미를 지니지만, 성곽도시가 없는 일본인에게는 유감스럽게도 실감하기 어려울 것입니다.

일본의 '마치'(町)[1]와 도시는 중국식으로 정의하면 모두 '촌'입니다. 아무리 대도시라 해도 그것은 촌이 엄청 커진 것에 지나지 않습니다. 일본에서 처음으로 '마치(町)'라고 할 만한 것이 생긴 것은 에도(江戶)의 조카마치(城下町)[2]라고 알려져 있습니다.

오늘날도 역시 마찬가지입니다. 다른 나라들이 '도시 지역'과 '농촌'이 명확히 나뉘어 있는 데 비해 일본은 사람들의 거주 지역과 농경지가 혼재되어 명확한 구분 없이 비대해진 촌이 산간의 평지에 펼쳐져 있습니다. 이런 모습을 당연하게 생각하지만 이런 형태는 세계사적으로는 소수파입니다. 도저히 표준이라고는 말할 수 없다는 점을 알아두셔야 합니다.

어쨌든, 후한 말의 혼란 속에서 정부 사업으로 장원 개발을 대대적으로 추진해서 힘을 기른 사람이 '삼국지'의 영웅 중 한 명인 조조(曹操)입니다.

조조는 후한 멸망 후 성립한 위(魏) 왕조의 기초를 닦은 인물인데 그 세력 기반은 바로 이 장원 개발과 일찍이 도입한 '둔전제(屯田制)'에 있습니다.

둔전제는 쉽게 말해서 병사들에게 논밭을 개간하게 하는 제도입니다. 군사들의 개간은 전한 무제 때부터 변경 지대를 방어하는 병사들에게 식량

---

1) 일본식 동네, 마을_역주
2) 일본 영주가 사는 성을 중심으로 형성된 도시_역주

을 현지에서 안정적으로 공급하려는 제도로 실시되었습니다.

조조는 이를 내지(內地)에서 제도화한 것입니다. 당시 군인은 먹고살 길이 막막한 자들이 마지막에 하게 되는 밑바닥 직업이었습니다. 그 병사들이 평시에는 농업에 종사하여 스스로를 부양하고 전시가 되면 종군한다는 병농일치(兵農一致)가 확산됨으로써 위나라는 결과적으로 안정적인 식량 공급을 실현할 수 있었던 것입니다.

둔전제는 이후 위의 라이벌이었던 오(吳)와 촉(蜀)에도 퍼져나가 당나라 때의 '균전제(均田制, 백성들에게 토지를 빌려주고 수확의 일부를 세금으로 징수하는 제도)로 이어졌습니다.

조조의 이야기가 나왔으니 말씀드리지만 '천하삼분' '삼국정립'이 그럭저럭 모양이 갖춰진 것은 한랭화의 영향 덕분입니다.

그때까지는 '중국=화북'이었고, 오와 촉이 위치한 지역은 변경 지역[frontier] 이었던 것입니다. 더 확실히 말하면, 북방의 사람들에게 그곳은 중화에서 벗어난 '외이(外夷)의 땅'이었습니다.

남방은 아직 개간이 안 된 비옥한 땅으로 약간씩 개발이 이뤄지고는 있었으나, 본격적으로 개발이 진행된 것은 오의 거점이 된 이후의 일입니다.

삼국시대라고 하면 많은 사람들이 《삼국지연의(三國志演義)》의 이미지 때문에 위·오·촉 삼국이 대등하게 호각지세로 패권을 다퉜다는 이미지를 갖고 있지만, 역사적 사실은 다릅니다. 오와 촉은, 위나라 사람들이 보기에는 어떻게 되든 상관없는 중요하지 않은 곳에 모여서 떠들고 있는 것에 지나지 않았습니다. 조조가 중원=화북을 평정함으로써 사실상 패권 다툼은 이미 끝난 셈입니다.

온난화로 다시 나누어진 중국

한랭화로 많은 유목민들이 만리장성을 넘어서 화북 땅으로 유입되었지만 9세기에 들어서면서 기후가 따뜻해지고 초원이 회복됩니다.

유목민에 대한 기록은 대부분 한인들이 쓴 기록입니다. 온난하고 식생이 풍부한 시대라면 양자는 각각의 영역 안에서 생활할 수 있어서 평화롭게 공존할 수 있습니다. 그러나 그런 평화로운 상태는 사료에 남아 있지 않습니다. 왜냐하면 이상이 생긴 것을 써서 남기는 것이 '기록'이기 때문입니다.

그 결과 유목민은 '침략자'로 기록되게 됩니다.

일본의 경우는 국토가 좁고, 게다가 모두가 농경민이므로 기근이 오면 굶어 죽을 수밖에 없었습니다.

중국은 광대한 대륙에 위치하고 있어서, 그 자리에서 움직이지 않으면 굶어 죽겠지만 가축을 데리고 이동하면 어떻게든 될 터이고, 그러니 이동하겠지요.

유목민들이 부족하면 빼앗으면 된다는 식의 오만과 강요를 느닷없이 상대에게 들이댔던 것이 아닙니다. 평화로운 시대에는 제대로 교역을 해서 필요한 것을 손에 넣었습니다. 그런 의미에서 유목민에게 '상업'은 살아가는 데 매우 중요한 일 중 하나였습니다.

어디까지나 약탈은 장사가 잘 안될 때 살기 위해 방도가 없어서 했던, 즉 어쩔 수 없는 행위였습니다.

그렇다고 해도, 상대에게 어떤 사정이 있든지 약탈당하는 농경민 입장에서는 힘으로 빼앗는 행위는 '약탈' 이외의 아무것도 아닙니다. 유목민들이 야만적이고 난폭하다고 기록되는 것은 도리가 없다고 봅니다.

유목민들이 종종 만리장성을 넘어 농경민들을 약탈한 것도 사실입니다.

그러나 비상시의 일만 가지고 유목민이 '야만적이고 난폭'하다고 단정하는 것은 역사를 보는 올바른 태도가 아니라고 생각합니다.

중원에 흘러들어온 유목민에 대한 취급만 해도 역시 일본과 중국은 감각이 다릅니다. 일본인이라면 이른바 외국인, 즉 호족(胡族)에게 무기를 쥐어 주고 무장 인력으로 고용한다는 것에 조금 두려움을 느낄 것입니다.

하지만 앞에서도 잠깐 언급했지만, 유교사상을 가진 한인(漢人)들은 군인을 하층 중의 하층의 직업으로 보았습니다.

중국에도 유교가 침투하기 이전에는 무기를 가지고 싸우는 것에 자부심을 가진 사람들이 많았기 때문에 이 시대 사람들이 유목민을 군인으로 고용하는 것을 어떻게 생각했는지는 정확히 대답하기 어려운 문제입니다.

다만 유교적 가치관에 한 가지 덧붙여 말할 수 있는 것은 유목민의 군사력이 한인의 능력을 능가했다는 점일 것입니다. 한인들은 그동안 호되게 유목민의 기병에 시달렸기에 그들을 적으로 돌리느니 차라리 고용해서 군사력으로 활용하는 편이 낫다는 생각은 했을 겁니다.

로마제국과 게르만인 사이에서도 유사한 일이 일어났습니다. 그리고 외국인, 야만족을 용병으로 고용하는 사례는 그 후의 서방·유럽에서도 극히 당연한 일로 정착하게 됩니다.

중국에서도 당나라 때부터는 호족에게 군사를 맡기는 것이 일상적이고 당연한 일이었습니다.

이런 실상을 재정적, 경제적으로 시스템화한 것이 바로 당부터 송까지 나타난 '모병제'라고 하는 병사를 돈으로 고용하는 제도입니다.

그런 의미에서 3세기 후한 말에 시작된 한랭기로 생겨난 '호한잡거(胡漢雜居)'는 온난화가 시작되는 10세기까지 '호한일체(胡漢一體)'라고 해도 과언이 아닌 상태를 만들어 냈습니다.

중국사 속에서는 호족이 나라 안에 있는 것은 당연하고, 차이점은 시대에 따라 유목민의 수가 많거나 적거나 하는 것뿐입니다.

하지만 일체화가 아무리 진행되어도 유목민들은 부족이라는 끈끈한 유대 관계가 있는 등 한인들과 많은 점에서 달랐습니다. 그런 호한이 평화롭게 공존하기 위한 질서를 형성하는 것은 쉬운 일이 아닙니다.

온난화가 시작되고 호족들의 움직임이 활발해지자 군사력을 갖고 있던 유목민들 사이에서 '군벌'이 대두합니다. 당의 멸망 후 화북에서는 후량(後梁), 후당(後唐), 후진(後晉), 후한(後漢), 후주(後周)의 다섯 왕조가 공방을 거듭했고, 남쪽에서는 전촉(前蜀), 후촉(後蜀), 오(吳), 남당(南唐), 오월(吳越), 민(閩), 형남(荊南), 초(楚), 남한(南漢), 북한(北漢)의 열 나라가 패권을 다투는 난세 '오대십국(五代十國)' 시대로 접어들었습니다.

유럽과 중국은 서로 멀리 떨어져 있어 지금까지 개별 역사로 보고 따로 논했습니다. 그런데 최근 이 유라시아 대륙의 양 끝 지역에서 일어난 역사적 사실의 경과가 내용상 흡사하다는 것을 알게 되었습니다.

3세기에 시작된 지구 전체를 덮친 한랭화로 인해 유목민이 남하하여, 동아시아에서는 한 제국이 멸망하고 서쪽 유럽에서는 로마제국이 멸망으로 나아갔습니다.

그리고 유럽에서는 게르만인이, 중국에서는 유입된 유목민들이 둘 다 정주화하면서 군벌로 성장해 최종적으로는 자신들의 나라를 세운 것입니다.

두 지역 모두 한랭화로 인구가 크게 감소하지만, 유럽에서는 온난화와 철제 농기구 개발로 생산성이 향상함에 따라 9세기에서 13세기까지 인구가 3배로 늘었습니다. 거의 같은 시기에 중국에서도 온난화와 기술혁신·강남 개발이 진전되어 폭발적인 인구 증가가 일어났습니다.

흥미롭게도 유라시아 대륙의 동쪽 끝과 서쪽 끝에서 역사는 나란히 병행하여 진행되고 있었던 것입니다.

'호한일체(胡漢一體)'라는 새로운 세계질서 구축

군벌화한 호족이 군웅할거(群雄割據)한 오호십육국 시대는 마침내 화북(화베이)을 통일한 '북위(北朝)'와 강남을 지배한 '송→제→양→진'으로 이어지는 '남조'로 집약되었습니다.

남북조시대는 수에 의해 통일되는데, 수 왕조는 어디에서 탄생되었는가 하면 '무천진(武川鎭) 군벌'이라는 집단이었습니다.

'무천진 군벌'이란 '무천진'이라는 국방군의 주둔소에서 세력을 확대한 군벌을 말합니다.

수 왕조를 세운 양견(楊堅, 文帝, 재위 581~604)의 뿌리는 북위시대에 무천진으로 이주한 선비족입니다. 그의 아버지 양충(楊忠)은 무천진 군벌의 명가인 독고신(獨孤信, 흉노계) 밑에서 일하면서 내란(6진의 난)을 평정했습니다. 이 공을 인정받아 서위(西魏)의 실권을 빼앗은 우문태(宇文泰)의 자손이 건국한 북주(北周) 치하에서 수의 전신인 수국(隋國)의 왕에 임명되었습니다.

양견은 이후 독고신의 사위가 되어 무천진 군벌을 등에 업고 중국 전체를 통일합니다.

수 건국에 공헌한 무천진 군벌은 수 왕조는 물론이고 그 뒤를 이은 당 왕조의 이씨들과도 깊은 유대가 있었기 때문에 계속 강력한 힘을 갖습니다.

수를 건국한 양견과 당을 건국한 이연 모두 그 뿌리는 유목민의 선비족입니다. 그리고 두 왕조를 뒷받침한 군벌 집단도 유목민들을 뿌리로 하는 사람들이었습니다.

수 문제는 황제가 된 뒤 스스로 '한인'이라고 주장하며 뿌리를 바꿔버렸기 때문에 수를 한인 왕조로 간주하는 사람도 있지만, 수나 당이나 명백히 호족 왕조입니다.

수당의 정치에서 한인 왕조의 특징은 시종일관 찾아볼 수 없고, 오히려 한인이라면 소극적이어야 할 '호한일체 체제'를 밀어붙였습니다.

호한일체 체제는 요컨대 호족이자 한인이기도 한 집단이 정권을 장악하여 군림함으로써 호한이 뒤섞인 다원적인 중국을 다스리는 체제를 말합니다. 이 체제는 원래 무천진 군벌 내에서 형성된 것인데, 수와 당이 이를 이어받아 이른바 국가 체제로 완성시켜 나갔던 것입니다.

이와 같은 체제가 생겨난 것은 무천진 군벌이 '호한'이 뒤섞인 용광로가 된 북방 지역에서 탄생했던 것과 관련이 있습니다.

북조에서는 '호(胡)'와 '한(漢)'이 섞여 사는 상태에서 피차 자기 자신을 직면할 필요가 있었습니다. 양쪽 다 자신의 장점과 단점을 제대로 파악하고, 평화롭게 공존하기 위한 각자 역할을 분담하는 방법이 모색되었습니다.

그러한 시행착오를 겪으면서 무위(武威) 및 전략이 뛰어난 '호(胡)'와 문화가 뛰어난 '한(漢)'이 공존할 수 있는 정치체제로 만들어낸 것이 '호한일체(胡漢一體) 체제'입니다.

어느 한쪽이 다른 한쪽을 지배하는 것이 아니라 양자가 하나가 되어 각각의 장점을 살리는 형태로 천하에 군림합니다.

기존에 종족적 차별을 바탕으로 성립되었던 고대 제국과는 전혀 다른 세계질서라고 할 수 있습니다.

'호한일체 체제'를 구축했기 때문에 당은 기존의 남북조 영역뿐만 아니라 이를 넘어서서 북쪽의 돌궐이나 서쪽의 소그드인까지 모두 포괄하는 대제국으로 발전했습니다.

여기서 주목해야 할 것은 유목민 특유의 '정치력'입니다.

유목민들이 군사력에 뛰어났던 것은 주지의 사실이지만 그들의 가장 뛰어난 능력은 정치력이었습니다.

우선 유목민들이 상업에 능숙했다는 점을 꼽을 수 있습니다. 위구르가 소그드 상인과 결합하여 중앙아시아의 교역로를 장악하고 경제적으로 큰 힘을 가졌다는 것은 이미 서술한 바와 같습니다.

이런 비즈니스에서 길러진 상담 기술[skill]이 외교 전략에 크게 기여했으리라 쉽게 상상할 수 있습니다.

다른 하나는, 각 부족이 광대한 초원에서 이동 생활을 하면서도 부족 내부의 강한 유대를 유지하게 한 유목민만이 가능한 역사를 들 수 있습니다.

유목 생활은 기후변화의 영향을 받기 쉽고 또 가축에 의존하기 때문에 농경민과 비교해도 생활이 가혹합니다. 그러나 가난하고 가혹한 생활을 했기에 그들의 결속은 단단하고 상호부조의 전통이 뿌리내리고 있었습니다.

한인이 '인륜에 어긋난다'고 비난한, 돌아가신 아비와 형의 아내를 아들이나 동생이 처로 맞는 풍습도 과부를 버리지 않고 인재로서 능력을 최대한 살리면서 부족 내의 결속을 도모하기 위한 합리적인 시스템이라고 할 수 있습니다.

당 멸망의 계기가 되었다는 경국지색의 미녀 '양귀비(楊貴妃, 719~756)'가 현종 황제의 아내가 될 수 있었던 것은 당나라 때여서 가능합니다. 왜냐하면 원래 양귀비는 현종 아들의 비로 후궁에 들어간 여인이기 때문입니다. 아무리 황제가 첫눈에 반했다 해도 한인 왕조였다면 아들의 처를 아버지가 빼앗는 것은 그야말로 '인륜에 어긋나는' 행위로 결단코 인정받지 못했을 것입니다.

현종과 양귀비의 '연리(連理)의 사랑'[連理枝愛연리지애][1]은 유목민의 전통을 이어

---

1) 두 나무의 가지가 서로 맞닿아 연결되어 생사를 같이 하는 일, 백거이의 시에서 나온 숙어로 부부 혹은 죽음도 갈라놓지 못하는 사랑의 비유_역주

받은 당 왕조여서 이뤄질 수 있었습니다.

유목민 특유의 넓은 시야와 합리적인 시스템 구축 능력은 거대한 세력권을 통치하는 데 큰 도움이 되었습니다.

그리고 또 하나 유목민은 유교 신자가 아니라는 사실입니다.

남북조시대에 호한이 혼재한 주민들을 지배·통합하는 상징으로 불교가 도입되었는데, 수당에서도 불교 보호 정책이 취해지면서 불교는 사람들 사이에 침투했습니다. 이런 사정은 앞서 서술한 돌궐의 빌게 카간의 에피소드와도 맞아떨어집니다.

유교는 조상을 존중하고 좋은 것은 모두 과거에 있었다고 생각하기 때문에 사물을 개량해 나가려는 발상이 없습니다.

유교를 배제하지 않고 유교의 좋은 점은 시스템으로 그대로 채택하면서도 더 나아지도록 스스로 개량한 것은 바로 합리성을 중시한 유목민이기 때문에 가능했습니다. 실제 관리 등용 제도로서 '과거'가 처음 만들어진 것은 수의 시대입니다.

유목민에게서 유래한 높은 정치력이야말로 당이라는 대제국을 약 300년이라는 긴 세월 동안 번성하게 만든 요인이었던 것입니다.

당의 번영과 멸망

7세기 초 수나라의 혼란을 수습하며 대두한 당은 907년까지 약 300년간 존속했습니다. 하지만 그 300년 동안 결코 똑같지 않았습니다.

당을 건국한 사람은 고조 이연이지만 그는 능력이 평범한 황제였고, 수 말기의 혼란을 실제로 평정하고 당 제국 번영의 초석을 다진 사람은 제2대 태종 이세민이었습니다.

이세민 치하에서 당은 수의 실패에서 교훈을 얻어 남부의 경제력에 의존하는 게 아니라 내정에서는 율령제를 정비하고 재정에서는 균전제를 도입하여 국가 안정을 꾀했습니다. 국내를 안정시키자 태종은 스스로 군사를 이끌고 판도를 확장시켰습니다.

그의 치세를 연호를 따서 '정관지치(貞觀之治)'라고 부릅니다.

이세민은 중국 역사상 손꼽히는 명군 중 한 명인데, 특기할 업적으로 북쪽에 있는 튀르크계 유목민 '돌궐'을 복속시킨 것이 있습니다. 당시 돌궐은 '동돌궐'과 '서돌궐'로 분열되어 있었는데, 630년 동돌궐을 깨뜨리면서 당의 세력은 한꺼번에 확대되었고, 앞에서 썼듯이 이세민은 유목민들에게 '천가한(탱그리 카칸)'이라는 칭호를 받았습니다.

이세민의 뒤를 이은 제3대 황제 고종은 적극적으로 군사행동을 밀어붙였습니다. 그 결과 657년에는 서돌궐을 멸망시켰고, 660년에는 백제, 668년에는 고구려를 멸망시키면서 한반도를 그 판도에 추가했습니다.

급격히 세력권을 넓혔음에도 불구하고 당의 통치가 성공한 것은 정복지를 주현(州縣)이라는 형태로 당의 행정 아래로 편입하여 재정 기반을 확충하면서도 실제 통치는 현지의 유력자에게 맡기는 '기미정책(羈縻政策)'을 취했기 때문입니다.

'기미(羈縻)'란 말의 고삐[羈]와 소의 코뚜레[縻]를 뜻하는 말로, 현지의 유력자를 당의 관리(도독, 자사, 현령 등)로 임명한 것을 의미합니다. 그야말로 '끈이 매인 것'입니다.

동서 돌궐을 복속시킨 것은 단순히 당의 세력권이 넓어진 것 이상으로 큰 의미를 가지고 있었습니다.

돌궐은 중앙아시아의 교역 경로를 쥐고 실크로드의 일대 상권을 장악하고 있었기 때문입니다. 그중에서도 이란계 상업민인 소그드인의 경제력은 거대해서 당의 번영을 뒷받침했다고 해도 과언이 아닙니다.

당시 '서역의 호인' 하면 '장사하는 호인[商胡상호]'을 뜻했고, 대체로 부유한 소그드인들을 가리켰습니다. 이들은 수도 장안을 중심으로 당시 중국의 경제계를 장악하고 있었습니다.

소그드인들의 경제력의 크기를 상징하는 것으로 '궁파사(窮波斯)'라는 말이 있습니다.

'궁'은 곤궁이라는 단어에서 알 수 있듯이 가난하다는 뜻이고, '파사'는 페르시아를 뜻하는 한어입니다. 즉 직역하면 '가난한 페르시아인'이라는 뜻인데, 이 말은 '있을 수 없는 것', 즉 자가당착의 비유로 쓰였던 말입니다.

당시의 '파사'가 이란계 소그드인을 의미했음은 두말할 나위도 없습니다. 참고로 당 이전의 중국에서는 '호'라고 하면 흉노나 선비 등 유목민을 주로 의미했지만, 당의 시대에 이르면 '호'는 소그드인을 뜻하는 말로 굳어졌습니다. 얼마나 많은 소그드인이 당나라에 살았는지는 이런 어휘를 통해서도 알 수 있습니다.

당은 소그드인이 가진 거대한 경제력을 이용하여 경제적으로나 군사적으로 발전한 것입니다.

호한일체 정권의 본거지가 된 수도 장안(시안)은 화려한 상업과 문화가 번성하고 동서의 왕래가 활발해지면서 '천교(祆敎, 조로아스터교)', '마니교', '경교(네스토리우스파 기독교)' 등 다양한 종교가 유입되었습니다.

심지어 일상의 먹고 입는 것에도 '호복(胡服)' '호식(胡食)'이 유행했습니다. 옷은 물론 모자나 구두 역시 '호', 여성의 화장도 '호', 악곡·무용도 '호', 여하튼 당대의 패션은 소그드 이란 스타일 일색이었던 것 같습니다.

일본인은 곧잘 중국문화·한시·한문이라고 하면 바로 '당(唐)'을 떠올리지만, 진짜 당 왕조는 훨씬 서방의 이국 취향[exoticism]에 물든, 그다지 중국답지 않은 세계였습니다. 오히려 우리가 품고 있는 중국 이미지 쪽이 이상한 것일지도 모릅니다.

하지만 이토록 번영을 구가하던 당도 영원히 이어지지는 않았습니다.

당이 왜 망했는지를 이야기할 때 흔히 나오는 것이 7세기 말부터 8세기 초에 걸쳐 측천무후와 위후(韋后), 2대에 걸쳐 황후가 정치의 실권을 잡으면서 일어난 정치 혼란인 '무위의 화[武韋之禍]'나 현종 황제가 말년에 양귀비를 익애하고 정치를 돌보지 않은 데서 비롯된 '안사의 난'이지만, 이런 것들은 결과적으로 일어난 사실이지 근원적인 쇠퇴 원인이 아닙니다.

큰 추세로 말하자면 진짜 원인은 그때까지 계속되던 한랭화가 9세기에 바닥을 치고 온난화로 돌아선 것이라고 할 수 있습니다. 왜냐하면 당이 추진한 '호한일체 체제' 자체가 한랭화를 전제로 한 시스템이었기 때문입니다.

온난화는 식생을 촉진시키므로 농업 생산력이 향상됩니다. 그것만 들으면 좋은 일이 아니냐고 생각할지 모르지만 시스템이라는 것은 좋든 나쁘든 전제 조건이 바뀌면 여러 가지로 삐걱거림이 발생하기 마련입니다.

당의 율령 체제는 온난화로 생겨난 각종 삐걱거림에 대처하려고 9세기 이후 많은 '영외관(令外官)'을 만들었습니다.

영외관은 당에서 율령 제도를 도입한 일본에서도 게비이시[1]나 가게유시[2]처럼 필요할 때마다 설치하곤 했는데, 요컨대 기존의 시스템으로는 대응할 수 없을 때 부득이하게 설치하는 직책 및 관직을 말합니다. '율령' 안에는 존재하지 않기 때문에 '율령 밖' 즉 '영외(令外)'라고 부릅니다.

단기적으로는 영외관을 두어서 넘어갈 수 있지만 영외관이 늘어남에 따라 점차 기존 질서에 제대로 편입되지 않게 돼 결과적으로 정치체제와 사

---

1) 検非違使검비위사, 9세기 일본 율령제 하의 영외관으로 교토의 치안 유지와 민정을 담당함_역주
2) 勘解由使감해유사, 8~9세기 헤이안 초기 지방행정의 감사를 위해 설치한 영외관_역주

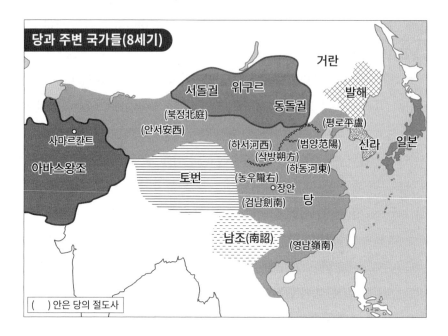

당과 주변 국가들(8세기)

거란

서돌궐 위구르
동돌궐

발해

(북정北庭)
(안서安西)

(평로平盧)

사마르칸트

신라
일본

아바스왕조

(하서河西)
(삭방朔方)
(농우隴右)

(범양范陽)
(하동河東)

토번

장안
(검남劍南)

당

남조(南詔)

(영남嶺南)

( ) 안은 당의 절도사

회질서의 붕괴를 초래하게 됩니다.

당 왕조 중기부터 설치되기 시작한 절도사(節度使)가 그 전형이라고 할 수 있습니다.

절도사는 군사상의 '영외관'으로 지방의 변경 방어와 치안 유지를 담당한 사령관입니다. 일본식으로 말한다면 정이대장군(征夷大將軍)쯤 되겠지요.

문제는 일본의 정이대장군은 동시에 여러 명 임명되는 경우가 없지만[1], 중국은 영토가 광활하기 때문에 엄청난 숫자의 절도사가 한꺼번에 설치되었습니다. 절도사의 설치는 중앙의 손이 미치지 않는 지방할거 세력을 다수 배출하는 결과를 낳고 말았습니다. 그 권세가 각지에 소란을 일으키면서 결국 당나라는 산산조각이 나게 된 것입니다.

당 붕괴 후 '오대십국'으로 불리는 난세에 권세를 떨친 것은 절도사를 전

---

1) 천황이 임명하는 단 한명으로 곧 쇼군을 일컫는 것이기 때문임_역주

신으로 힘을 불려간 군사 정권들이었습니다.

그러므로 당이 왜 망했냐 하면 당이라는 나라의 체제 자체가 한랭화를 전제로 한 것이었는데, 지구환경이 온난화로 바뀌었는데도 체제 시스템이 제대로 변화를 좇아가지 못하고 바뀌지 않아 파탄 났다고 말할 수 있습니다.

새로운 호한 공존 시스템의 구축과 그 종언

한랭화가 진행되는 동안 당에 의해 일체화가 진행된 '호한'은 온난화로 관계 재편을 모색해야만 했습니다. 당의 붕괴도 그 현상의 하나라고 할 수 있습니다.

이전까지 우세하던 위구르와 돌궐 같은 튀르크계 유목민이 서쪽으로 옮겨간 뒤 만리장성 이북을 지배한 것은 야율아보기(耶律阿保機)가 이끈 거란입니다.

거란인들은 랴오허(遼河)강 상류 초원에서 발흥한 몽골계의 부족 중 하나로 '거란'이라는 명칭은 오래전부터 기록에 나타나지만 중국 왕조를 위협하는 존재로 강대해진 것은 야율아보기가 등장한 이후의 일입니다.

참고로 중국을 영어로 '캐세이(Cathay)', 러시아어로 '키타이(Китай)'라고 하는데, 둘 다 '거란'을 어원으로 한 것입니다.

야율아보기가 세운 유목국가는 중국사에서는 일반적으로 '요(遼)'로 표기하지만 건국할 때의 국명은 '대거란국(大契丹國)'이고, 이후 요로 고쳤다가 다시 '기린', 또 '요'로 여러 차례 한사 표기의 국호를 바꾸었습니다. 이를 일일이 정확하게 적는 것은 번거롭고 헷갈릴 수 있으므로 여기에서는 '거란'으로 통일합니다.

이 시기 유목민이 활성화한 배경에는, 온난화로 인해 식생이 풍부해진 것 외에도 '기술혁신의 혜택'을 들 수 있습니다.

구체적으로는 다음 장에서 상술하겠지만, 석탄이나 코크스의 이용이 이끈 '에너지 혁명' 그리고 이로 인해 금속기가 대량 생산될 수 있었던 것을 말합니다.

금속기의 생산 증가는 농기구뿐만 아니라 무기에도 영향을 주었습니다.

무기가 대량 생산되면 그만큼 살상 능력이 커져 군사적, 정치적 세력 역시 확대됩니다.

거란은 오대십국 시대 후당에서 후진으로 정권이 교체될 때 후당 측의 원군 요청에 응했는데, 그 대가로 장성 이남의 농경 지역인 '연운십육주(燕雲十六州)'를 손에 넣었습니다.

거란은 유목국가이면서 동시에 농경민도 지배할 수 있는 체제를 만들어야만 했습니다.

거란은 유목민인 원래의 지배층은 계절이동을 하는 유목생활을 계속 영위하게 하고, 한편으로는 성곽도시를 건설하여 한인 등 농경민을 거주시켜 생산의 주요 거점으로 삼는 이원 지배체제(二元支配體制)를 구축합니다.

어떻게 거란이 이런 일이 가능했는가 하면, 그 배경에 위구르와의 관계가 눈에 들어옵니다. 앞에서도 잠깐 언급했지만 위구르는 정주화의 경험이 있고 성곽도시를 운영한 경험이 있었습니다.

당시 위구르는 그 기반을 이미 서쪽으로 옮기고 있었는데, 태조 야율아보기의 황후는 위구르 출신의 여인이었습니다. 이러한 몽골계와 튀르크계의 제휴와 융합이 거란의 이원 지배의 배경에 있었던 것입니다.

유목세계와 농경세계는 거란에서 새로운 통치 시스템을 구축해 갑니다.

연운십육주를 포함한 북방은 거란이 지배하고, 중원 이남 땅은 북송(北宋)

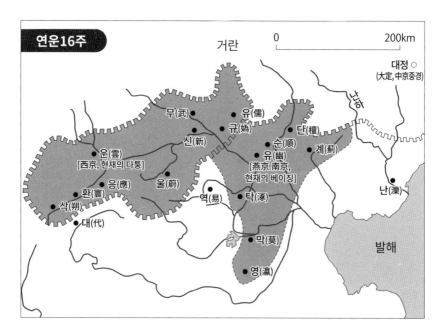

정권이 다스리며 정국을 안정시킵니다. 군주독재제를 시행하여 권력을 안정시킨 북송이지만 거란의 군사력에 대항할 만한 힘은 없었습니다.

한편 거란도 농경민을 포섭한 이원 체제를 취하고 있었지만, 광대한 농경 세계 전체를 지배하는 데는 시스템적으로 무리가 있었습니다.

그래서 거란과 북송은 각자의 체제를 유지한 채 공존하는 방안을 모색하게 됩니다. 그 결과 1004년 양국 사이에 맺어진 것이 바로 '전연의 맹[澶淵之盟]'이었습니다.

이는 양국 관계를 '형과 아우'의 관계로 빗댄 뒤 경계를 현상 유지하며 전쟁을 중지하고, 북송이 거란에 연간 비단 24만 필, 은 10만 냥을 주기로 한 맹약입니다.

맹약의 내용만 보면 거란이 유리해 보이지만 어느 쪽이 형이냐 하면 북송이 형이고 거란이 동생으로 되어 있습니다.

군사력은 거란이 우위에 있지만 식량을 비롯한 생산력과 경제력은 송이 우위였으므로 유교 국가인 북송의 체면을 세우면서 거란으로서는 실익을 취한 대등한 맹약이었습니다.

양국은 그 후 100년 이상 이 맹약을 준수했습니다.

전연의 맹은 거란이 당초 자국 안에서 구축한 이원 지배체제를 남북의 두 나라가 역할 분담을 하는 형태로 발전시킨 것으로 볼 수도 있습니다.

북송이 나중에 흥기한 서하(西夏, 1038~1227)나 금(金, 1115~1234)과도 같은 맹약을 맺었기 때문에 일련의 체제를 '전연체제(澶淵體制)'라고 부르는 연구자도 있습니다.

북송이 이러한 상태를 꼭 기분 좋게 생각하지는 않았으리라는 건 짐작할 수 있습니다. 형이라는 입장을 챙겨 체면은 간신히 유지했지만, 한인에게는 중화사상이 있기 때문에 역시 내심으로는 '이건 아니다' 하는 불만이 모락모락 연기를 내고 있었습니다.

거란의 세력이 약화되었다고 생각하자마자 맹약을 먼저 어긴 쪽은 과연 북송 쪽이었습니다.

그리고 1127년 금은 북송의 황제 부자(휘종과 흠종)를 사로잡았고, 난을 피해 달아난 흠종의 동생(고종)이 강남 땅에서 '남송(南宋)'을 건국합니다. 그 후에도 유목민의 우세는 변하지 않았고, 남송은 13세기에 들어서면서 몽골의 압박을 받기 시작하였습니다.

몽골의 대두 배경에는 거란이 있다

몽골의 대두에 대해 이야기하기 위해서는 12세기 초반 거란의 이동을 언급해야 합니다.

동북에서 연해주까지 거점으로 삼은 여진족 국가 금은 당초 거란에 복종했으나, 1120년 북송과 '해상(海上)의 맹'을 맺고 거란에 반기를 듭니다. 1125년 마침내 거란의 마지막 황제 천조제(天祚帝, 재위 1101~1125)가 생포되고 거란은 멸망합니다.

이때 거란 태조 야율아보기의 후예인 야율대석(耶律大石)이 거란의 잔존 세력을 이끌고 서쪽으로 이동하여 중앙아시아의 서(西)위구르국과 카라한조[1])를 정복하고 건국한 나라가 '서요(西遼)'입니다. 현지 사람들은 서요를 페르시아어로 '카라 키타이(검은 거란)'라고 칭했습니다.

서요의 출현에는 적어도 두 가지 역사적 의의가 있습니다.

하나는 튀르크화되고 있던 동서의 중앙아시아를 통일로 이끈 것, 또 하나는 몽골고원이 강력한 정권의 지배와 통제를 받지 않은 채 방치된 것입니다.

이 모두가 훗날 몽골제국이 형성될 수 있는 환경을 만들어 주었습니다.

거란의 이동으로 상징되는 '서쪽으로 향하는 움직임'은 오래전부터 있었습니다.

위구르가 서쪽으로 밀려난 뒤 동쪽에서 거란이 발흥하고 그 거란이 다시 금의 대두로 서쪽으로 밀려났습니다. 동쪽에서 싸움에 진 정권이 서쪽으로 가고, 이번에는 서쪽에서 군림하는 셈이니 시각을 넓히면 이 시대는 항상 동쪽이 서쪽보다 강했다고 볼 수 있습니다.

같은 시기의 '동쪽의 우위'는 중국 안에서도 확인됩니다.

예를 들어 한과 당은 수도를 황하 중류 지역의 서쪽 끝에 해당하는 장안에 두었습니다. 그 이유는 중앙아시아, 서방과의 유대가 중요해서입니다.

그러나 안시의 난 이후 장안은 황폐해지고 왕조 찬탈을 노리는 주전충(朱

---

1) Karakhan朝, 튀르크계 이슬람국가_역주

11~12세기 동아시아

11세기

12세기

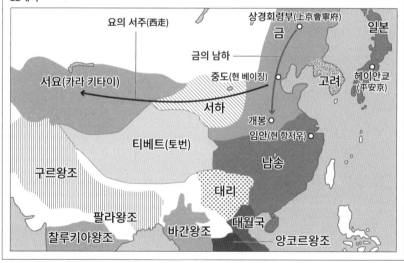

全忠, 오대 후량의 건국자)이 수도를 황하 동쪽으로 더 내려간 카이펑(開封개봉)으로 옮긴 이후, 북송의 도읍지도 금의 도읍지도 이를 답습하면서 장안은 다시는 수도가 되지 못했습니다.

이렇게 수도의 위치만 보아도 중점이 서쪽에서 동쪽으로 옮겨간 것을 알 수 있습니다.

예전에는 서쪽에 강대한 페르시아제국이 있고 중앙아시아에는 박트리아나 소그디아나가 있었습니다. 소그드인이 서쪽에서 동쪽으로 와서 활동한 대표적 사례이지만, 역사는 서쪽에서 동쪽의 방향으로 흐르고 있었습니다.

9세기 말엽부터 흐름이 역전되기 시작합니다. 이 일련의 '동쪽에서 서쪽으로의 흐름'에서 최후로 탄생한 것이 바로 몽골제국입니다.

몽골제국은 유목민의 제국이라는 이미지가 강하지만 사실 그 이상의 존재입니다. 몽골-튀르크계의 유목 군사력과 이란-이슬람계의 상업 경제력이 중앙유라시아의 초원 오아시스 지대에서 융합, 일체화된 정권이라고 할 수 있습니다.

유목민과 상인의 결합은 이미 돌궐과 소그드인, 거란과 위구르인들 사이에서 볼 수 있습니다. 그 결합이 점차 강화되어 온 것입니다.

상거래를 하는 사람들에게 가장 중요한 것은 치안입니다. 치안이 악화되면 상품을 강탈당하거나 속아 넘어갈 위험이 커집니다. 따라서 상인들이 무력을 지닌 권력의 뒷배[backup]를 얻으려고 자신들의 이익 일부를 제공하는 형태로 양자가 결합되었던 것입니다.

시장[market]에서 볼 수 있는 이러한 산발적인 연결 고리를 유라시아 전역의 규모로 완성한 것이 몽골제국입니다. 몽골은 자신의 군사력과 기동력을 최대한 활용해 인접한 농경 세계를 차례차례 자신의 통치 아래로 편입시키는 방법으로 마침내 유라시아 전체를 통합한 대제국을 이룩했습니다.

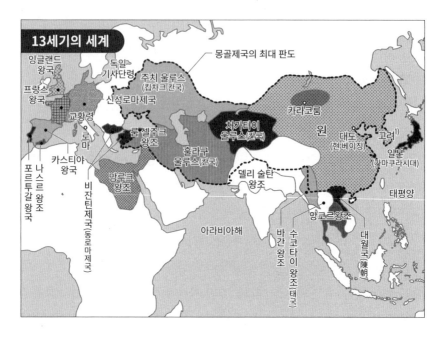

이 미증유의 쾌거를 처음부터 기획한 것은 아닙니다. 그들도 처음에는 다른 부족들이 그러했듯이 자신들의 생존권역을 확보하고자 필사적으로 움직였던 것에 불과합니다.

몽골고원에서 유목생활을 하던 테무친이 몽골고원에서 역시 유목생활을 하던 부족들을 통일해 '몽골국'을 세우고 칭기즈 칸을 자칭한 것은 1206년의 일입니다.

그리고 얼마 지나지 않아 몽골은 1211년 동쪽에 인접한 금과의 싸움에서 승리하여 자립을 쟁취해 동아시아 제1의 세력으로 올라서고, 이어서 서쪽으로 세력을 확장하게 됩니다. 몽골한테 금은 몽골고원의 부족들을 서로 대립시켜 이 지역을 분쟁의 아수라장으로 처넣은, 이른바 원수였습니다.

---

1) 이 지도는 원서 그대로이다. '판도(版圖)'의 자의(字意)는 영토이나 세력 범위로 쓰는 용례도 있어 지도 표기에 논란의 여지가 있다. 한편, 몽골(원)과 고려의 관계에 대한 국내외의 역사 견해 역시 다양하다. _ 역주

이때 서쪽에서는 서요(카라 키타이)가, 일찍이 몽골에 의해 서쪽으로 쫓겨난 나이만에게 정권을 찬탈당하고 무너지고 있었습니다. 칭기즈는 1218년 서요를 빼앗은 나이만을 물리치고 중앙아시아의 동쪽 절반을 장악합니다.

서쪽으로 향한 몽골의 움직임은 그러고도 계속되어, 서아시아 전역을 세력하에 둔 이슬람 왕조인 호라즘 샤와 대결하여 1231년 이 정권도 무너뜨려 몽골은 동서 오아시스 세계를 뒤덮는 유라시아 규모의 대제국으로 성장했습니다.

칭기즈는 1227년에 죽고, 제국 운영은 셋째 아들 우구데이(오고타이, 재위 1229~1241)가 맡습니다.

우구데이는 평범한 인물이었다고 전해집니다. 유목 집단에서는 탁월한 리더십이 사활이 걸린 문제이기 때문에, 그 수준에서 볼 때는 '평범'한 것이겠지요.

이즈음 몽골제국에 있어서 우구데이가 '평범'했던 것은 오히려 행운이었을지도 모릅니다. 왜냐하면 확장된 몽골을 유지하기 위해 원정을 계속하기보다는 정권의 조직화가 필수 과제로서 시급했기 때문입니다. 그 결과 우구데이 아래에 세무와 문서를 다루는 거란인과 위구르인들이 집결하여 행정을 담당하게 됩니다.

이들의 힘과 지혜가 다 모여서 제국의 수도 카라코룸이 건설되었고, 수도를 중심으로 한 역전(驛傳) 네트워크인 '자무치'가 정비되었습니다. 자무치 네트워크는 급속히 확대된 광대한 초원 오아시스 세계를 결합시켜, 칭기즈의 죽음으로 쪼개질 수도 있었던 제국의 세력과 위세를 유지하는 데 성공했던 깃입니다.

몽골이 단시간에 조직화에 성공한 것은 몽골에 포섭된 거란인들 중에 일찍이 제국 운영의 청사진을 그려두었던 자들이 있었던 덕분입니다.

우구데이가 죽은 후 10년에 걸친 후계 다툼을 거쳐 몽골의 정권은 우구데이의 동생 툴루이의 혈통으로 넘어갑니다. 이른바 원 왕조의 초대 황제로 알려진 쿠빌라이(재위 1260~1294)는 툴루이의 둘째 아들입니다.

쿠빌라이는 선대인 형 몽케 때부터 동방 방면의 사령관으로 남송 정복에 힘썼습니다. 그러나 건조지대에서는 무적을 자랑하던 몽골 기병도 하천과 호수, 늪처럼 습윤한 지대가 많은 남송을 공략하는 데는 쩔쩔맸고, 남송을 완전히 제압하는 데 성공하는 것은 1280년대에 들어서입니다.

몽골의 '혼일(混一)'

당이 해체된 이래 '오대십국', '북송과 거란', '금과 남송'으로 계속 이어진 중국의 다국병립체제(多國竝立體制)[1]는 쿠빌라이의 '대원국(大元國)'이 성립함으로써 종언을 고했고, 중국은 통일되지 않은 '혼일(混一)'을 이룩합니다.

'혼일'이란 당시에 즐겨 사용하던 용어인데, 원이 어떤 체제였는지 실로 잘 표현하고 있습니다.

거대한 몽골제국 또는 대원국은 몽골인이 피정복민 위에 군림한 국가가 아닙니다. 몽골은 그동안 통합(혹은 정복)한 여러 부족, 종족을 문자 그대로 자신의 일부로 만들면서 성장해 온 나라입니다.

그중에는 자신들과 같은 유목민도 있었고, 정주 농경민이나 소그드인 같은 상인도 있었고, 이란·이슬람계의 사람들도 있었습니다.

몽골이 이렇게 거대 제국을 이룩할 수 있었던 가장 큰 이유는, 몽골 군대가 좀 더 구체적으로 말하면 몽골의 기마군이 압도적 힘을 가지고 있었기

---

1) 원저자의 용어로 여러 국가가 병립하는 체제_역주

때문일 것입니다.

그러나 강하다는 것만으로는 거대한 제국을 유지할 수 없습니다.

몽골이 제국으로 성공할 수 있었던 것은 그동안 끌어들인 글로벌(global) 인재를 잘 활용했기 때문입니다. 우구데이(오고타이) 치세가 전형적입니다. 몽골 정부의 중추에는 항상 굉장히 유능한, 몽골 출신이 아닌 사람들이 대거 채용되고 있었습니다.

이러한 자세는 몽골제국의 모든 장면에서 볼 수 있습니다.

비록 정복 왕조라는 거친 이미지를 가진 몽골이지만 정복한 상대를 유린하거나 섬멸하는 정책은 거의 찾아볼 수 없습니다.

전투 역시 필요상 최소한 수준으로만 벌입니다. 몽골 기마군이 강하다는 평판을 이용해 쳐들어가겠다고 위협하고선 실제로는 싸우지 않고 항복시킨 사실은 잘 알려져 있습니다. 요점은 선전과 위협만으로 싸우지 않고 승리했다는 겁니다.

또 상대방이 충성을 맹세하면 대개의 경우 영지를 그대로 인정해주고, 정복지 사람들에게는 이전과 다름없는 생활을 계속하게 해주었습니다.

남송에서도 마찬가지였습니다.

남송 정복에 시간은 걸렸지만, 몽골군과 남송이 싸운 것은 양양(襄陽, 후베이 성 샹양)을 함락시킬 때뿐이고 그 외에는 거의 전투를 벌이지 않았습니다.

그뿐만이 아닙니다. 쿠빌라이가 정복한 시대, 강남 지역은 인구가 크게 증가했습니다. 인구 증가는 정국 안정과 풍요의 발로입니다. 만약 몽골이 한인을 탄압했다면 이런 결과가 일어나지 않았을 것입니다.

이렇게 해설하면, '몽골 사람들은 얼마나 평등 의식이 높은가, 대단하다' 고 하는 사람들이 있겠지만, 그런 것은 아닙니다.

'평등'이라는 말로 판단하는 배경에 있는 것은 '우리들의 나라'라는 대단히 근대적인 사고방식입니다.

물론 몽골인들에게도 부족의식이나 동료의식, 커뮤니티 의식은 있었지만, 그것은 우리 현대인의 의식에 박혀 있는 국민국가와 같은 그런 것과는 크게 다릅니다.

그들이 우선해 온 것은 인권 같은 것이 아니라 더 단순하고[simple] 합리적인 것입니다. 어떻게 하면 문제[trouble]가 생기는 것을 더 잘 피할 수 있는지, 그러려면 무슨 방법이 더 바람직한가, 이런 것입니다.

몽골군이 극력 전투를 피한 것도 전투에서 인재를 잃거나 국토를 황폐하게 만들면 향후 자신들에게 바람직하지 않았기 때문입니다.

남송에 대해서도 전투를 최소한으로 억제했기에 몽골은 백성들의 반감을 사지 않고 거의 손상 없는 상태로 풍요로운 강남을 손에 넣었습니다.

합리적 답변을 내는 인재라면, 그가 위구르인이든 거란인이든 한인이든 몽골인이든 상관없었습니다. 그런 구별에는 아무런 상관을 하지 않았습니다.

몽골이 '혼일'을 이룰 수 있었던 것은 역시 유목민의 전통과 관련이 있다고 할 수 있습니다. 유목생활은 매우 힘듭니다. 지도자[leader]가 판단을 잘못하면 그것은 부족 전원의 죽음으로 직결됩니다. 그러므로 모두가 더 나은 길을 찾는 데 대한 거부감이 기본적으로 없었습니다.

경제 대국의 발전과 종언

몽골은 쿠빌라이 시대에 번영을 구가하면서 군사 대국에서 경제 대국으로 탈바꿈했습니다.

몽골이 서쪽에서 들여온 경제 시스템의 가장 큰 핵심[point]은 '은(銀) 사용법'이라고 할 수 있습니다.

그때까지 중국의 경제는 '송전(宋錢)'으로 알려지듯이 '동전'에 의한 거래가 기본이었습니다.

거기에 몽골은 '화폐로서 금과 은'을 들여왔습니다.

당시의 동전은 편리하지만 많은 문제를 안고 있었습니다.

송전은 일본에도 많이 수입되었기 때문에 잘 아실 겁니다. 동전은 개당 가치가 낮아 대량의 동전이 필요한 고액 거래에는 매우 불편했습니다. 그래서 생겨난 것이 고액이라도 쉽게 들고 다닐 수 있는 '지폐'입니다.

쿠빌라이 칭기즈 칸의 손자, 대도(大都, 현 베이징)에 수도를 두고, 1271년 국호를 대원이라 칭했다.

하지만 값싼 종이를 고액권 지폐로 유통시키려면 태환의 보증과 가치 유지를 위한 통제 시스템[control system] 구축 등 당장은 해결할 수 없는 문제가 있어 제대로 유통시킬 수 없었습니다.

송이 이러한 문제로 어려움을 겪고 있을 때 몽골이 '은'을 들여왔습니다.

이때 획기적인 합작[collaboration]이 이뤄집니다.

몽골이 들여온 '화폐로서의 은'은 원래 서쪽의 이란계 무슬림 상인이 활용하고 있던 것입니다. 금은을 이용하면 비싼 거래를 쉽게 할 수 있어서 그들에게는 '지폐'라는 발상이 없었습니다.

그들은 송에서 많은 문제점을 안고도 사용되고 있던 지폐를 보고 자신들이 사용하는 '은'과 지폐를 조합하는 묘안을 떠올리게 됩니다.

그것은 정권이 태환을 위한 은을 준비해 두어 지폐의 가치를 보증하는 획기적인 방법이었습니다.

이렇게 해서 쿠빌라이 시대에 지폐로 일원화한 화폐제도가 도입됩니다.

몽골제국에는 동아시아의 대원(大元) 울루스[1]뿐만 아니라 서쪽의 각 울루스도 포함되기 때문에 이 지폐는 유라시아 대륙의 거의 전 지역에서 사용할 수 있어 상인들에게 커다란 이점[merit]을 가져다주었습니다.

이는 어찌 보면 상인들이 자신들을 위해 지혜를 짜내어 지폐를 유통할 수 있는 시스템을 구축했다고 볼 수 있습니다.

당시 쿠빌라이 정권의 재정·세무를 총괄한 것은 상업자본을 보유한 상인들이었기 때문입니다.

그들은 지폐의 발행과 횟수를 조정하여 수요와 공급의 균형을 유지함으로써 지폐의 가치가 유지되게 했는데, 이는 재정과 세무를 용이하게 함과 동시에 그들의 본업인 상업을 더욱 활성화시켰습니다.

이처럼 정권이 실크로드에서 발전한 상업자본과 제휴해 만든 '글로벌[global] 경제'는 육상에만 머무르지 않고, 몽골제국의 세력과 권위 아래에서 이전부터 인도양을 중심으로 활동하고 있던 무슬림 상인의 교역과 연계[link]되어 해상으로도 전개되었습니다.

물론 시대가 시대이니만큼 경제가 지폐 본위로 전환되었다 해도 중국 내에서 동전이 완전히 없어지진 않았습니다. 일상생활에 사용되는 소액 거래에서는 여전히 동전이 활용됐습니다. 그러나 고액 거래나 정부에 세금을 납부하거나 국가가 재정을 운용하는 경우에는 기본적으로 지폐가 사용되었습니다.

참고로 일본은 헤이안(平安, 9~12세기) 말기부터 무로마치(室町, 14~16세기) 시대에 걸쳐 송전을 대량으로 수입했는데, 지폐 본위제로 전환한 중국이 자국내에서는 필요 없게 된 송전이었던 것입니다.

---

1) 국가, 민족을 의미_역주

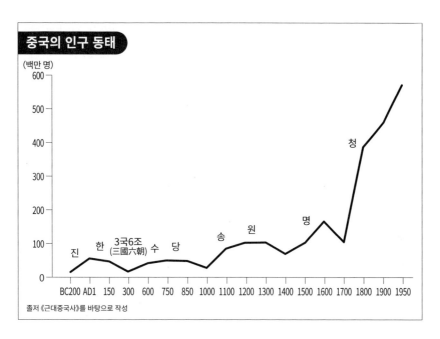

중국의 인구 동태

(백만 명)

졸저《근대중국사》를 바탕으로 작성

경제발전은 몽골제국의 변용을 촉진합니다.

쿠빌라이는 이제 군사 확대를 중단하고 경제를 통해 세계를 새로운 단계로 끌어올리기로 방향을 틀었습니다.

이렇게 완성된 광역 상업화, 은 본위의 재정 경제, 유통 과정에 대한 과세와 징세 청부라고 하는 경제 시스템은, 이후 아시아사의 구조와 전개를 규정하는 불가결한 요소가 되었습니다.

군사적으로 경제적으로 세계적 규모의 성공을 거둔 몽골제국이지만 그 번영은 영원히 이어지지는 않았습니다. 번영에 그늘이 지기 시작한 것은 14세기입니다.

이 시기 유럽에서는 '흑사병(페스트)' 유행이 시작되어 많은 사람이 목숨을 잃었고, 경제 역시 큰 타격을 입었습니다.

페스트는 어디에서 왔는가 하면, 중앙아시아에서 사람의 이동과 함께 유럽에 들어왔다는 것이 정설입니다. 당시 아시아에서 유럽까지 거대한 경제권이 성립돼 있었으니 동아시아에도 페스트가 틀림없이 들어왔을 겁니다.

한어 사료에 보이는 '역병(疫病)'으로 당시 얼마나 많은 사람이 죽었는지는 알 수 없습니다.

역병과 동시에 한랭화도 일어나고 있었기 때문입니다.

전성기 동안 약 1억을 헤아렸던 중국의 인구는 원 말기에는 약 7천만까지 감소했습니다.

역병뿐만 아니라 한랭화로 생산량이 감소했기 때문에 이렇게 많은 인구가 단번에 줄어든 것입니다.

굶주림은 내란을 유발하고, 몽골 정권은 멸망으로 나아가게 됩니다.

역병의 만연이 원의 멸망을 가속화시킨 것은 사실이지만, 역병이 없었다 해도 몽골 정권의 수명이 오래 지속되었을지는 확신하기 힘듭니다. 몽골 정권은 온난화로 생겨나, 온난화에 대응한 정권이자 체제였기 때문입니다.

대국적으로 보면 한랭화 시대에 대응한 시스템을 구축하여 번영한 당이 온난화에 대응하지 못하고 망한 것처럼, 온난화에 대응한 시스템이 다시 찾아온 한랭화에 대응하지 못함으로써 몽골 정권 역시 망하게 되었다고 보는 것이 합리적일 것입니다.

제 5 장

당송변혁이 가져온 대전환

중국사의 최대 전환점[turning point] '당송변혁'

중국은 왕조로 치면 당과 송 사이, 서력으로 치면 10세기 전후의 시기에 일대 전환을 이룹니다. 이 커다란 변화를 동양사학계에서는 '당송변혁'이라고 부릅니다.

'당송변혁'을 가장 먼저 주창한 사람은 20세기 초에 활약한, 일본을 대표하는 동양사학자 나이토 고난(内藤湖南, 1866~1934)입니다.

나이토 고난이 당송변혁에 주목한 것은 그가 살던 시대의, '중국의 원형은 언제쯤 생겼을까'라는 문제의식에서 시작되었습니다. 그리고 당에서 송 사이의 변화에서 그가 보는 지금의 중국이 시작되었다고 주장했습니다.

나이토는 당시에 당송변혁 이후 중국은 '근세'가 되었다고 말했습니다.

그 후, 당송변혁 후를 '근세로 보는' 쿄토 학파와 '중세로 보는' 도쿄·역연(歷研, 역사학연구회) 학파 사이에 논쟁이 일어났습니다. 마르크스 사관이 세계적 주류였던 시내에는 상낭히 격렬한 논쟁이 벌어졌습니다. 발전단계=시대구분이 역사학의 중요한 논점이었기 때문입니다. 하지만 마르크스주의 및 서양 중심 사관 자체에 회의적인 오늘날에는 이 논쟁 자체가 큰 의미가 있다고는 생각하지 않습니다. 근세, 중세라는 발전단계=시대구분 자체가 서양 중심 사관에 입각한 것이며, 그것을 기계적으로 중국사에 끼워 맞추는 것은 별 의미가 없기 때문입니다.

게다가, 나이토가 사용한 '근세'라는 용어는 시대구분으로 사용하는 근세와는 조금 뉘앙스가 다릅니다. 나이토가 말하는 '근세'란 이른바 '모던[modern]'을 가리키며, 현대로 연결되는 과거,라는 의미이기 때문입니다.

구체적으로 당송변혁으로 무엇이 바뀌었는가 하면, 정치·사회·경제·산업 그리고 사람들의 생활까지, 즉 세상과 시대라고 불리는 것 전부입니다.

첫째, 무엇보다 커다란 변화는 통치 체제의 변화입니다.

당대(唐代)까지 중국의 정치와 사회에서 가장 큰 세력을 가지고 지도층을 독점한 계층은 '문벌귀족'이었습니다. 그 귀족들이 10세기 이후에 자취를 감춥니다.

이를 대신해 정치상의 최대 권력을 잡은 사람이 바로 '천자', 즉 황제였습니다. 물론 송 이전부터 '황제'는 존재했지만, 송 이후 권력은 유일한 황제 한 사람으로 집약되는 '군주독재'로 변모했습니다.

여기서 말하는 '독재'는 '전제(專制)'와는 구별하고 싶습니다. 둘 다 의미는 비슷해서, 한 사람의 군주·황제가 최고 권력을 쥐고 있는 점은 같지만, 전제라는 한어를 사용하면 그 권력을 일방적으로 자의적으로 행사하는 듯한 뉘앙스가 강해집니다. 지금 전제라는 단어를 사용하지 않고 굳이 독재라고 하는 것은 '행정기관'이 군주의 직접 지휘하에 놓여 군주 한 사람이 최종 결재를 행사하는 '조직 정치'의 의미를 나타내고 싶기 때문입니다.

전제는 군주의 일방적인 권력 행사에 의한 지배, 독재는 군주 한 사람이 결재권을 가진 관료조직에 의한 지배입니다.

군주독재 정치가 실현될 수 있었던 배경에는 수나라 때 도입한 관리 등용제도인 '과거'가 있습니다. 도입 초기에는 별로 효과가 없었던 과거가 송대에 이르러 정비가 되면서 어떤 명문 귀족의 자제라도 과거에 합격해야 관직에 오를 수 있고, 과거에 합격하더라도 황제의 임명을 받지 못하면 높은 관직에 오를 수 없게 되었습니다.

당대까지는 정치 상황이 매우 불안정하여 단명하는 왕조·정권의 흥망이 반복되었습니다. 당은 왕조로는 약 300년을 유지했지만 정권이 안정된 기간은 길지 않았고 8세기를 경계로 하여 체제의 성격과 체질이 완전히 바뀌었습니다.

송은 그에 비해 매우 안정된 정권·체제로 남송과 북송을 합쳐 약 300년, 몽골은 약간 사정이 달라서 100년 정도이지만, 그 이후의 명 역시 300년 지속됩니다. 따라서 송 이후는 왕조 정권이 뚜렷이 안정됩니다.

이는 문벌귀족들이 소멸하면서 황제의 권력이 절대화되었기 때문이라고 할 수 있습니다. 그 증거로 선양혁명(禪讓革命)이 사라지고 당대까지 빈발하던 폐위나 시해도 송 이후에는 거의 찾아볼 수 없습니다.

이 시대에 일어난 변화는 각각 단독으로 따로따로 고립되어 일어난 것이 아닙니다. 모든 것이 복잡하게 서로 얽혀 마치 오셀로게임이나 도미노처럼 사회가 변해갔습니다. 설명의 편의를 위해 사회 변화를 가져온 대표적인 것을 들어봅시다.

- 강남 개발과 그에 따른 인구 증가
- 에너지 혁명
- 화폐경제의 성립
- 산업의 발전
- 새로운 도시의 탄생

모두 동시에 병행적으로[parallel] 진행된 변화입니다. 그래서 어디부터 이야기를 시작해야 좋을지 어렵지만 우선 '강남 개발과 그에 따른 인구의 증가' 부터 시작합시다.

강남 개발과 인구 증가

중국 문명은 황허강(황하)와 창장강(양쯔강)이라는 두 대하천의 강변에서 거의 동시에 탄생했습니다. 그러나 이미 서술한 바와 같이 다양한 지리적, 환경적 요인 때문에 화북(화베이) 지역이 중심이 되어 중국 문명은 발전하게 됩니다.

북쪽에 위치한 '화베이(중원)'가 먼저 발전했다는 것은 남쪽에 위치한 '강남'은 개발이 지체되었다는 의미이기도 합니다. 강남 지역이 본격적으로 발전한 것은 송 이후입니다.

강남은 왜 발전이 늦어졌을까요. 또 왜 송 이후에야 발전할 수 있었을까요. 가장 먼저 꼽을 수 있는 것은 바로 기후 차이입니다.

화북 지역은 공통적으로 건조합니다. 즉 강우량이 적습니다. 게다가 그 적은 강우량이 일시에 한꺼번에 내립니다. 봄부터 여름까지는 비가 적어서 가뭄에 시달리지만 여름부터 가을까지는 거꾸로 폭우에 시달려 황허강이 범람하는 일도 드물지 않았습니다.

황허강의 범람에 대비해 역대 왕조들은 막대한 인력과 비용을 퍼부어 치수 공사와 제방 건축을 했지만 근대 이전의 인간의 힘으로는 황허강을 통제[control]하는 것이 불가능했습니다.

화북은 농경에는 그다지 좋은 땅이 아니었습니다. 그런 땅에서 가축을 기르면서 기장·조·보리·콩 등 이른바 잡곡을 재배하는 것이 화베이 농민의 생활이었습니다.

강남은 반면 따뜻하고 습윤한 몬순기후에 속합니다. 일본의 따뜻한 지역과 거의 비슷합니다.

기후는 거의 같아도 일본과 크게 다른 것은 창장강이라는 대하천이 있다는 것으로, 하구에 거대한 삼각주 저습 지대가 형성되어 있었습니다. 또한 창장강은 황허강만큼 큰 범람을 반복하지는 않는데, 중류 지역에 호수와 늪이 많아 천연 댐 역할을 해주었기 때문입니다.

강남은 오늘날의 눈으로 그냥 봐도 농사짓기 좋은 땅인 것 같습니다. 그러나 거대한 삼각주에 많은 호수와 늪이 있어 물이 너무 많아서 좀처럼 개발할 수 없었습니다. 경지를 조성하려면 습지에서 배수되는 수로를 개착하고, 침수를 막는 제방 건설을 가능케 하는 고도의 토목 기술이 필요합니다. 그 점만 해결되면 습윤하고 따뜻한 강남은 벼농사에 적합하기 때문에 대규모의 농업 수확을 기대할 수 있습니다.

강남 개발에서 성과가 처음 나타난 것은 3세기 한랭화가 본격화된 삼국시대 '오'의 건국 때입니다

뒤이은 오호십육국 시대에 북쪽에서 유목민이 남하하면서 중원에서 많은 이민자가 남쪽으로 유입되었습니다. 이 무렵부터 중국은 장기간 지속된 남북 분립 시대로 돌입했는데, 그 사이에 남쪽의 생산, 경제가 북쪽의 권력, 정치를 지탱하는 구도가 성립합니다. 그리고 이러한 구도는 수당에 의해서 남북이 통일된 후에도 계속 이어지게 됩니다. 남북의 분립(分立)에서 분업(分業)으로 전환했다고 할 수 있을 거 같습니다.

당시 강남의 중심은 현재의 '난징(南京남경)' 주변으로, 개발된 지역은 톈무산(天目山천목산) 기슭의 약간 높은 선상지(扇狀地)에 한정되어 있었습니다. 쑤저우(蘇州소주)와 상하이(上海상해)를 포함한 굉대한 강남 삼각주의 저습 지대는 이 시점에서는 아직 손대지 못한 상태였습니다.

이 난징 주변과 강남 삼각주의 지리적 차이를 설명할 때, '난징은 교토·

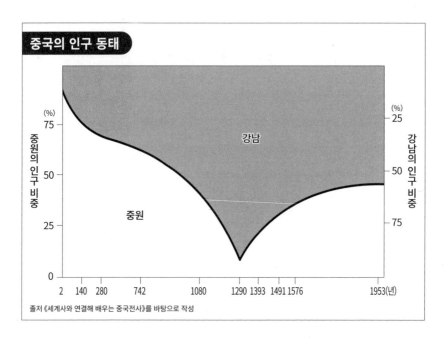

중국의 인구 동태

중원의 인구 비중 (%)

강남의 인구 비중 (%)

강남

중원

출저《세계사와 연결해 배우는 중국전사》를 바탕으로 작성

나라, 쑤저우·상하이는 오사카'라고 비유합니다. 간사이^(관서) 사람들에게는 해설이 필요도 없을 비유이지만 요점은 난징은 교토·나라와 비슷하게 산기슭에 펼쳐진 평지이고, 쑤저우·오사카는 강 입구에 펼쳐진 삼각주라는 것입니다. 개발과 발전 시기도 비슷합니다.

수나라 때는 아직 삼각주 지대가 본격적으로 개발되기 전이지만, 그래도 강남의 경제력은 정권 유지에 필수불가결했습니다. 수 왕조가 화북과 강남을 잇는 대운하를 건설한 것에서도 알 수 있습니다. 대운하는 강남의 산물과 경제력을 수도로 실어나르는 그야말로 '생명선'이었습니다.

3세기부터 당대까지 이어진 한랭화의 시기가 강남 개발의 첫 번째 단계^[stage]였다면, 두 번째 단계^[stage]는 10세기의 온난화와 함께 시작됩니다.

삼각주 지대의 개발이 '당송변혁'이라고 불리는 이 시기에 시작되기 때문입니다.

에너지 혁명과 그에 따른 기술혁신으로 저습 지대의 물을 흙과 분리하는 기술이 개발되면서 그동안 습지대였던 강남 삼각주가 논으로 변하게 되었습니다. 삼각주 지대의 수전화(水田化)로 농작물 수확량이 큰 폭으로 증가하자 인구도 자연히 늘어납니다.

중국의 인구 추이를 보여주는 그래프(163쪽 그림 참조)를 보면 10세기 이후 중국 인구가 급증한 것을 알 수 있습니다.

당대까지는 최대 약 6천만 명 정도였지만 송원 시대에는 1억 명까지 늘어났습니다. 중국의 인구 추이를 남북 비율로 알 수 있는 그래프(170쪽)에 대응시켜 보면, 당초 중원에 치우쳐 있던 남북 인구 비율이 한랭화와 함께 남쪽이 늘어나면서 당대에는 대략 반반으로 좁혀지고 14세기 초 원대에는 중원과 강남의 인구비가 완전히 역전됨을 알 수 있습니다.

이토록 많은 인구를 강남이 수용할 수 있게 된 것은 오로지 강남 삼각주가 개발되고 경지가 수전으로 바뀌면서 이 지역이 곡창이 된 덕분입니다. 당시 '소호(蘇湖, 쑤저우와 후저우)에 풍년이 들면, 천하가 풍족하다'[1]는 속담이 있었습니다. 쑤저우(蘇州소주)와 후저우(湖州호주)라는 주요 도시로 강남 삼각주를 대표하는 것인데, 강남에 풍년이 들면 온 천하를 충족시킨다는 의미입니다. 개발이 진전된 모습을 여실히 보여줍니다.

에너지 혁명이 가져온 것

강남 삼각주 개발에는 '기술혁신'이 반드시 필요했습니다.

간척과 같은 대규모 토목 사업을 하려면 그 작업을 위한 기술은 물론이

---

1) 소호숙천하족(蘇湖熟天下足)이라고 함_역주

고 그 기술을 가능케 하는 공구(工具)의 개발 및 제작 역시 중요합니다. 앞에서 '에너지 혁명과 그에 따른 기술혁신으로 저습 지대의 물을 흙과 분리하는 기술이 개발되었다'고 한 것은 이 시기에 공구의 재료인 금속의 생산이 증가했음을 의미합니다.

금속을 생산하려면 엄청난 에너지가 필요합니다.

인류가 최초로 손에 넣은 에너지원은 목재입니다. 목재는 쉽게 구할 수 있지만 나무는 베어내면 소멸되어 버립니다. 새로운 나무가 자라나 다시 목재로 활용될 수 있기까지는 긴 시간이 필요합니다. 또한 나무의 식생은 기후 풍토가 큰 영향을 미치므로 건조한 지역에서는 상당히 계획적으로 벌채를 조절하지 않는 이상, 산은 민둥산이 되고 목재 자원은 고갈되어 버립니다.

서아시아에서 많은 고대 문명이 번영한 것은 당시 그곳에 풍부한 삼림 자원이 있었기 때문입니다. 그러나 문명이 진화하면 할수록 사람은 많은 에너지를 소비하게 됩니다. 매일의 식사 준비는 물론이고 토기의 제조에도 금속기의 제조에도 목재가 많이 소비됩니다. 그 결과, 삼림 자원은 고갈됩니다. 삼림의 소실은 문명의 종언을 재촉하였습니다. 고대 메소포타미아문명도, 고대 인더스문명도 삼림 자원의 고갈과 함께 자취를 감추었습니다.

같은 문제는 동아시아에 위치한 중국에서도 일어났습니다.

하지만 중국에서는 목재가 특히 많이 소비되는 한랭화 시대에 유목민이 남하한 것이 이 문제에 있어서는 다행이었습니다. 원래 초원에서 유목생활을 하던 그들은 목재를 소비하는 습관이 없었기 때문입니다. 덕분에 목재의 소실을 억제하고 삼림이 부활할 수 있었습니다.

그래도 목재를 계속 소비했다면 중국 역시 산림 자원을 모두 다 써버렸을 것입니다.

10세기 당송변혁이라는 시기에 또 다른 행운이 중국에서 일어납니다.

'코크스'의 이용입니다.

코크스(cokes)는 석탄을 건류(乾溜)[1]하여 탄소 부분만을 남긴 것으로, 오늘날 중국어로는 '쟈오탄(焦炭초탄, 해탄)'이라고 씁니다.

이 시기, 석탄 채굴 기술이 향상되면서 더 많은 석탄을 캐내 에너지원으로 이용하게 되었습니다. 나아가 중국에서는 석탄을 그냥 태우는 것만 아니라 코크스로 가공함으로써 더 큰 에너지를 끌어내는 데 성공합니다.

중국은 이로써 삼림 자원의 고갈을 극복했을 뿐 아니라 더 큰 에너지를 손에 넣었습니다.

'에너지 혁명'을 최대한 이용한 것이 금속기의 대량 생산이었습니다. 특히 철제 공구는 대규모 토목 공사를 가능하게 했고 철제 농기구는 농업생산 증대에 큰 역할을 했습니다.

중국은 제철 역사가 오래되었는데, 기원전 3세기 전국시대에 이미 철기가 사용되었음이 확인됩니다. 철(鐵)의 원래 한자는 '철(銕)'이었는데, 이 글자에 오랑캐 이(夷)가 들어 있는 것으로 볼 때 제철 기술은 외부에서 전래된 것으로 보입니다.

철기는 한나라 때 이미 농기구에 쓰였지만 질과 양 모두 충분하지 않았습니다. 이러한 상황이 확 바뀐 것이 송나라 때입니다.

송대에는 동전의 주조 역시 잘 알려져 있어 '송전'으로 유명하지만, 동전의 대량 주조를 가능케 한 것도 바로 에너지 혁명입니다. 송전의 증산은 시장경제를 발전시키고 상업혁명을 유발하였습니다.

중국 특산인 '도자기'도 강한 화력이 없으면 만들어지지 않습니다. 그러므로 도자기를 대량으로 생산하게 된 것도 바로 당송변혁의 시기입니다.

---

1) 용기에 넣어 공기를 차단한 뒤 고온을 가열하여 불순물을 휘발시켜 날리는 작업_역주

도요지로 유명한 경덕진(景德鎭, 징더전)이 강남 지역인 장시성(江西省강서성) 동북부에 위치한다는 점, 지명에 '경덕'이라는 북송 연호가 붙은 것에서 알 수 있듯이 이 도시는 송대 이후의 강남 개발로 생겨났습니다.

덧붙여서, 강한 화력으로 단시간에 가열하는 것이 특징인 현재의 중국요리가 탄생한 것 역시 이 시기입니다.

이런 점에서 목재에서 석탄으로의 '에너지 혁명'은 당송변혁의 큰 요소 중 하나라고 할 수 있습니다.

경제 대국 송(宋)

송대의 중국은, 그에 앞선 국제적 색채가 짙은 '당'이나 그 후의 세계제국 '원(元)' 사이에 끼여 있어서인지 보통 '강국'이라는 이미지가 없습니다.

실제로 북송은 북쪽의 거란에 밀렸고, 남송은 북쪽의 금에 중원을 빼앗겼습니다.

강남 개발로 풍요로워졌는데 왜 송은 군사력이 강하지 않았을까요?

가장 큰 이유는 역시 유목민의 기동력에는 어떻게 해도 이길 수 없었기 때문입니다.

기병을 확충했다면 얘기가 달라졌겠지만 북송은 정국을 안정시키기 위해 국내 군대를 정예부대만 남기고 나머지는 대폭 정리했습니다.

송은 오히려 군대를 너무 강하지 않게 만듦으로써 군부의 정치 개입을 억제하는 선택을 했다고 할 수 있습니다. 요즘 식으로 말하면 '문민 통제 [civilian control]'를 철저히 한 것입니다.

그 이유는 송에 앞선 '오대(五代)'가 전부 군벌 정권이었다는 점과 관계가 깊습니다. 당이 멸망한 후 약 50년이라는 짧은 기간(907~960)에 예닐곱 차례나 왕조 정권이 바뀌었습니다.

게다가 송으로서는 경제가 크게 발전하고 있었으므로 굳이 싸우지 않고도 윤택한 자금으로 평화를 사는 편이 장점[merit]이 컸다는 측면도 있습니다.

거란을 상대로 성공적이었던 이 정책이 금을 상대로 했을 때 실패한 것은 북송이 외교상에서 서투른 획책을 한 것이 원인입니다.

북송은 당시 막 대두한 금에 손잡고 거란을 협공하자고 제안했는데, 북송이 결과적으로 금을 속이는 형국이 되고 말았습니다. 그래서 금이 분노해 쳐들어왔고, 중원을 빼앗기고 말았습니다.

이리하여 송은 국토는 줄어들었으나 경제적 기반인 강남은 손상 없이 남았으므로, 남송은 경제적으로는 아직 여유가 있었습니다. 따라서 돈으로 평화를 사는 북송 이래의 외교 스타일은 남송에서도 기본적으로는 거의 변하지 않았습니다.

금의 입장에서도 송을 공격해 땅을 얻는다 해도, 자신들의 생활권과 비슷한 기후 풍토인 중원이라면 몰라도 습윤하고 강우량이 많으며 하천, 호수, 늪이 많은 강남을 잘 다스릴 만한 노하우[knowhow]가 있는가 생각했을 때 불안했을 겁니다. 금이 남송과 사이에 있는 중원 지역에 수차례나 괴뢰의 완충 정권을 옹립하려 시도한 것이 그 증거입니다. 무리해서 송과 분란을 만드느니 차라리 얻어낼 것은 얻고 평화적인 관계를 구축하는 편이 낫겠다는 판단을 한 것 같습니다.

송은 다른 나라까지 먹여 살릴 정도로 부유한 경제 대국이었던 것입니다.

화폐경제가 싱입 발진을 촉진했다

송이 경제 대국이 될 수 있었던 것은 물론 강남 개발이 기반이 되었지만 단순히 생산량이 증가한다고 경제가 발전하지는 않습니다.

생산이 늘면 잉여가 생깁니다. 그리고 잉여가 생기면 상업이 발흥하는 것은 자연적인 섭리입니다. 생산 증가에 그치지 않고 상업까지 확대되어야 비로소 경제 발전입니다.

잉여 생산품을 팔아 치우려면 새로운 '소비 시장'이 필요합니다. 중국의 경우 대운하가 생산지와 시장을 이어주는 중요한 역할을 했습니다.

수대에 남과 북을 연결하려 정비된 대운하는 당대에도 이용되어 동남부 지역에서 생산된 물품이 수도인 장안(지금의 시안), 낙양(뤄양)으로 운반되었습니다. 이렇게 정권이 각지에서 취득한 미곡과 물자를 수로 운송으로 가져오는 시스템을 조운(漕運)이라고 합니다.

운하는 물이 저절로 흐르지 않아서 짐을 실은 배를 띄울 수는 있어도 움직이려면 동력이 필요합니다. 기계가 아직 없는 때여서 동력은 인간이었습니다. 운하 양 옆으로 길을 내고 배에 밧줄을 매달아 사람이 잡아끌어서 배를 움직였습니다.

중간에 높낮이 차이가 있으면 잡아끄는 것만으로는 앞으로 나가기 힘들기 때문에, 이때는 일단 배에서 짐을 내려 다른 배로 옮겨 싣는 작업을 인력으로 했습니다.

오늘날의 눈으로는 너무 힘들어 보이지만, 그래도 기계 동력이 없는 당시에는 운하를 이용한 운반이 육상에서 짐수레로 운반하는 것보다 훨씬 적은 인력으로 대량의 물건을 운반할 수 있는 획기적인 방법이었습니다.

하물며 중국의 경우는 지형적으로 서쪽이 높고 동쪽이 낮아 하천 대부분이 서쪽에서 동쪽으로 흐르는 반면, 남북을 잇는 자연적 경로가 없습니다. 그런 의미에서 남북의 대하천을 잇는 수의 대운하가 중국 경제에 끼친 혜택은 이루 헤아릴 수 없이 컸습니다.

역대의 대운하

북경(베이징)
통주(퉁저우)
천진(톈진)
영제거(永濟渠)
장안(현 시안)
낙양(뤄양)
카봉(카이펑)
회하(허페이허(會通河))
통제거(通濟渠)
회안(화이안)
양주(양저우)
남경(난징)
소주(쑤저우)
항주(항저우)
영파(닝보)

졸저《세계사와 연결해 배우는 중국전사》를 바탕으로 작성

　당의 멸망 후 송(북송)의 수도를 장안보다 동쪽에 위치한 카이펑(開封개봉)으로 옮긴 것은, 군사정권이 난립한 오대십국 시대에 많은 군대를 움직이고 먹이다보니 결국 갈수록 조운에 더 의지하게 되었고, 이에 따라 강남에 더 가깝고 대운하에 직결되는 장소에 수도를 둬야 할 필요가 있어서입니다. 이런 사정은 남송 역시 마찬가지였습니다. 강남만 다스리는 정권이 되어버렸지만, 예부터 각 왕조의 수도였던 난징(南京남경)이 아니라 항저우(杭州항주)에 수도를 둔 것은 그곳이 대운하 언변에 있기 때문입니다.

　이리하여 송대에는 수도가 대운하와 직결되어 단지 곡물뿐 아니라 더 많은 물품이 수도로 운반되고 수도에서 또 각지의 시장으로 물품이 운반됨

송전(宋錢) 송대에 주조된 동전, 사진은 동전 '대관통보(大觀通寶)'이다.

으로써 대운하가 말 그대로 국내 경제의 대동맥으로 기능하게 되었습니다.

국내 경제의 이런 발전에 크게 기여한 것이 에너지 혁명으로 가능해진, '송전'으로 불리는 화폐의 증산(增産)이었습니다.

화폐가 보급된 배경에는 당시 정권의 의도가 따로 있었습니다.

그 의도란 '세금 징수'를 동전으로 바꾸는 것입니다.

그때까지 세금은 물품이나 노역으로 지불되었는데, 무엇으로든 교환 가능한 동전으로 대체하면 세금 징수가 간편해질 뿐만 아니라 징수한 곡물을 용병의 급여로 지불할 때 발생하는 손실[loss]도 없어져서 효율이 좋아지는 장점[merit]이 있었습니다. 또 급여를 받는 측도 현물보다 동전으로 지급받는 편이 훨씬 편리했으므로 화폐경제는 단번에 사회에 보급되었습니다.

제4장에서 언급했듯이 동전 화폐경제는 금액이 큰 거래에는 적합지 않고, 지폐를 도입할 경우 동전을 담보로 하기에는 불안정하여 여러 내부적 문제가 있었습니다. 하지만, 송대에 화폐경제가 크게 진전된 덕분에 이를 토대로 다음 시대에는 금은과 조합한 시스템이 완성되었던 것입니다. 또한

송대의 시장 확대는 국내에만 머물지 않았습니다. 대외무역도 이 시기에는 활발하게 이루어졌습니다.

당시의 수출품과 수출 상대는 다방면에 걸칩니다. 예부터 중국의 특산품인 실크와 도자기는 물론 철과 구리 역시 중요한 수출품이었습니다. 수출처는 거란과 금이었고, 당나라 때부터 중국과 거래한 무슬림 상인들도 계속하여 많이 송에 찾아왔습니다.

송은 강남 개발로 광저우(廣州광주)·취안저우(泉州천주)·닝보(寧波영파) 등 좋은 항구를 손에 많이 넣었고, 해상무역이라는 새로운 시장을 얻게 되었습니다.

일본은 헤이안시대 말기부터 가마쿠라시대에 걸쳐 중국과 활발히 무역을 했는데[日宋貿易일송무역] 바로 이 시대입니다.

새로운 도시의 탄생

경제 발전은 중국 국내의 도시 형태를 바꾸었습니다.

고대 중국의 도시는 성벽으로 둘러싸인 성곽도시였습니다. 사람들은 성벽으로 둘러싸인 도시 안에 살면서 해가 뜨면 성곽 주변에 펼쳐진 밭에 가서 일하고 해가 지면 성곽 안으로 돌아와 쉬는 것이 기본적인 생활 패턴이었습니다.

그런데 한랭화로 인해 북쪽에서 온 난민이 증가하고 그들이 도시로 쳐들어올 위험이 생기자 도시를 벗어나 성 밖에 사는 사람들이 많아졌습니다.

도시 주민이 감소하면서 도시는 행정 기능만을 남긴 '정치도시'로 변모하고 도시 밖에 농사를 주로 하는 사람들이 사는 취락 '촌'이 생겨났습니다.

당 말까지 오래 지속된 이런 상태가 변화한 것이 당송변혁의 시기입니다.

지금까지 '정치적인 성곽도시'와 '농업 취락으로서의 촌' 두 유형만 존재하던 양립 상태에서 새롭게 '성곽이 없는 상업도시'가 탄생하게 됩니다.

성곽이 없는 이 도시는 당시 용어로 '시(市)' 혹은 '진(鎭)'이라 불렸습니다.

'시'는 시장의 의미이므로 시장[market]이 도시로 발전했음을 말해줍니다. 또 '진'이라는 글자는 원래 군사적 조직이나 기구, 거점을 의미하는데, 군대 기지에는 물자를 거래하는 장이 생겨나기 마련이고 그렇게 발전하게 된 상업도시가 진이라고 불렸습니다.

도자기로 유명한 경덕진(景德鎭, 징더전)의 '진'이 여기에 해당됩니다.

모두 상업을 기반으로 발전한 도시이기 때문에 성곽이 없는 상업도시는 '시진(市鎭)'으로 총칭되었습니다.

이렇게 해서 당송변혁 시기에 형성된 '성(=정치도시)', '시(=경제도시)', '촌(=농촌)'이라는 세 유형의 정립(鼎立)은 이후 명청시대를 거치며 19세기까지 내내 유지됩니다.

기본적으로 시진은 행정 기능을 갖춘 성곽도시에 부수적으로 생기는 형태로 성곽 주위에 위성도시처럼 형성되었습니다. 시진의 성장은 중심이 되는 성곽도시의 발전과도 자연히 연계되었습니다.

송의 수도인 카이펑(開封개봉)도 원래 주위의 상업 구역이 성장함에 따라 백만 도시로 성장했습니다. 사실 카이펑은 수당의 도읍지이던 장안과는 달리 도성의 건설에 계획성이 거의 없었고 그때그때 수요에 맞추어 외성이 확장되면서 커졌습니다.

하지만 장소에 따라서는 성곽도시를 마냥 확대하는 데 한계가 있습니다.

사람이 늘고 시진의 수가 증가하며 규모가 커져 포화상태에 이르면 성곽도시를 갖춘 새로운 현(縣)이 설치되는데, 이는 어디까지나 시진이 한계점까지 성장했을 경우에 한정됩니다.

성곽도시와 농촌 사이에 상업도시인 시진이 생겨나 성장해 나갔다고 했는데, 이 셋 사이에 선을 하나 긋는다면 그 선은 역시 '도시'와 '농촌' 사이에 있습니다. 중국의 도시와 농촌은 완전히 달랐기 때문입니다.

일본인이 이러한 도시와 농촌의 차이를 실감하기는 유감스럽게도 어려울 겁니다. 일본은, 양립 혹은 정립은 고사하고 최초의 성곽도시조차 경험하지 못했기 때문입니다.

일본에 최초로 '도시'다운 것이 생긴 것은 전국(戰國, 센고쿠)시대 이후입니다.

오다 노부나가(織田信長, 1534~1582)가 성을 중심으로 하는 조카마치(城下町)를 만들면서 일본인의 의식에 처음으로 '마치카타(町方)'1)와 '무라카타(村方)'2)라는 개념이 생겨났습니다. 이후 일본인이 '도시'와 '농촌'의 개념을 갖게 되었다고 하지만 현실에서는 중국만큼 확연한 구별이 없습니다. 실제 지금도 일본의 도시에는 행정기관과 시장[market]과 논밭이 혼재합니다. 즉 일본의 도시들은 지금도 여전히 커다란 촌인 셈입니다.

니덤 패러독스의 문제점

당송변혁을 마무리하면서 중국 역사와 직접 관련된 것은 아니지만 당송변혁에 늘 따라다니는 '하나의 의문'에 대해 제 의견을 밝히고 싶습니다. '니덤 패러독스(Needham Paradox)', '니덤 퍼즐(Needham Puzzle)'로 불리는 것입니다.

이는 영국의 과학사가 조지프 니덤(Joseph Needham)이 그의 저서 《중국의 과학과 문명(Science and Civilisation in China)》(1954)에서 제시해 그런 이름이 붙은 질문입니다.

'중국은 송나라 때 세계에 사랑할 만한 3대 발명(나침반, 인쇄술, 화약)을 비롯해

---

1) 마치 쪽, 즉 도시의 사람과 집을 지칭함_역주
2) 에도시대 마치카타의 상대적 개념으로 농촌, 어촌 등 촌을 가리키는 말_역주

수많은 선진 기술을 만들어 냈다. 심지어 석탄으로 코크스를 만들어 내고 에너지 혁명까지 이룩하였다. 그런데 중국은 왜 영국처럼 산업혁명에 이르지 못했을까?'

독자 중에도 같은 의문을 가진 분들이 있을지 모릅니다.

영국의 산업혁명에 중요한 역할을 한 것은 증기기관의 개발입니다.

중국에서도 증기의 힘으로 가벼운 물건을 움직이는 구조는 알고 있었기 때문에 증기를 동력으로 사용한 기관을 몰랐던 것은 아닙니다.

문제는 그것을 왜 활용하지 않았는가 하는 것입니다.

답은 간단합니다. 필요가 없었기 때문입니다. '애초에 이것을 묻는 것 자체가 이상하다'고 할 수 있습니다.

송대의 중국과 18세기 영국은 상황이 전혀 다릅니다.

중국에는 송대에 이미 사람이 남아돌 정도로 많았습니다. 당시 '인간'은 가장 값싼 동력이었습니다. 시대가 가면 갈수록 더욱 그러했습니다.

반면 유럽에서는 14세기에 한랭화와 흑사병으로 격감한 인구가 18세기에도 여전히 회복되지 않았습니다. 부족한 노동력을 메우려고 이민이 성행하고, 그것도 모자라 노예무역까지 했습니다.

근대 유럽에서는 부족한 노동력을 보충하려고 사람을 대체할 동력을 찾고 있었던 반면, 중국에서는 인간이라는 동력이 남아돌았기 때문에 대체 동력을 애당초 구하지 않았던 것입니다.

이와 마찬가지로 조건을 무시한 의문은 또 있습니다.

예를 들어 중국에서 인쇄 기술이 나왔는데 왜 유럽과 같은 활판인쇄로 발전하지 않았는가 하는 것도 그중 하나입니다.

서양에서 활자 인쇄에 필요한 활자의 종류는 겨우 스물네 자입니다. 이에 비해, 중국에서 활판인쇄를 하려면 수만 개의 활자가 필요합니다. 설사

활자 수만 개를 만들 수 있다고 해도 수만 개 중에 하나씩 활자를 골라내서 판을 짜는 건 노동의 낭비입니다.

유럽에서는 활판이 효율이 좋아 활판이 발달했고, 중국에서는 활판보다 목판이 훨씬 효율적이어서 활판이 생기지 않았습니다. 단지 그뿐이므로, 상대의 상황을 무시한 서양 중심의 우문(愚問)입니다.

그런데도 니덤을 옹호할 수 있는 것은, 그가 활약할 당시 서양의 많은 사람이 중국 따위는 미개하고 서양 문명에 비할 바가 못 된다고 치부하고 있었는데, 니덤은 중국 문명을 서양 문명과 견줄 만큼 훌륭한 성과를 가지고 있었다고 평가한 점입니다.

문제는 니덤 이후 100년 가까이 흐른 지금도 비슷한 의문을 제기한다는 것입니다.

영국의 경제학자 앵거스 매디슨(Angus Maddison)과 미국의 역사학자 케네스 포머랜즈(Kenneth L. Pomeranz) 등이 이른바 '지구사[global history]'의 관점에서 논하는 '대분기(大分岐, Great Divergence)'로 불리는 개념입니다.

이들에 따르면 18세기 청대 중국의 GDP는 세계 전체의 약 3분의 1을 차지해 산업혁명 직전의 유럽에도 뒤지지 않는 상황이었는데 중국은 낙오하고 유럽은 발전했다, 양자의 길이 어디에서 나뉘었느냐 하면 결국은 산업혁명으로 도약했는가[take off] 못했는가가 갈림길, 즉 '대분기'가 일어난 지점[point]이라는 겁니다.

그리고 비(非)구미권 여러 나라가 눈부신 경제 발전을 이루고 있는 현대는, 과거 '분기'와는 반대로 서방 선진국 수준에 접근해 가는 '대수렴(大收斂, Great Convergence)'의 과정[process]이라는 것입니다.

'분기'도 '수렴'도 그 근저에 있는 것은 '원래는 같았다'는 전제입니다.

이런 그림[像상]이 지금 세계에서 주류를 이루는 세계사 서술이지만 저는 소박한 의문을 지울 수 없습니다.

포머랜즈는 원래 균질했던 동아시아와 서유럽이 분기한 것은 영국이 석탄·코크스의 활용으로 산업혁명을 이루어서라고 합니다.

하지만 중국도 석탄을 생산했고 코크스로도 활용을 했습니다.

따라서 이것은 문제가 아닙니다. 이러한 사실은 일본의 중국사 연구자들이야 모두 알고 있어서 '대분기'설을 제대로 된 연구로 다루는 사람은 없습니다. 하지만 서양사를 비롯한 다른 학계의 학자들은 이런 걸 알지 못하는데다 포머랜즈의 이야기가 이해하기 쉽기에 다들 무턱대고 받아들이고 말았습니다.

기계화라는 의미의 근대화가 서양에서는 일어나고 중국에서 일어나지 않았던 것은 사실입니다. 그리고 그 차이가 서양 열강과, 거기에 착취당하는 동아시아라는 이후의 정세를 초래한 것도 사실입니다.

그러나 중국이 기계화하지 않은 이유는 먼저 석탄의 활용 여부가 아니라 앞서 말했듯이 '필요가 없었기 때문'이라는 것이 하나이고, 다른 하나는 당시 서양에서 노동환경의 개선을 요구하는 서민의 대두가 나타났다는 것을 들 수 있습니다

이 두 요인은 별개의 이야기 같지만 그 뿌리는 역시 연결되어 있습니다.

서양에서 서민들이 노동환경 개선을 이룬 것은 노동력이 부족해서입니다.

이에 비해 중국은 송나라 이후에도 노동력은 늘 공급과잉 상태가 계속되었고, 명청시대가 되면 서민 생활은 한층 더 가혹한 경쟁에 내몰렸습니다.

중국 서민들은 상황이 아무리 가혹해도 일자리만 있어도 감사하다는 상황이었으니, 먹고살기도 벅찬데 처우 개선은 엄두조차 못 냈을 것입니다.

나아가 비록 기계화한다고 해도, 기계의 발명과 제작에는 고도의 기술과 큰 자본이 필요합니다. 그 정도의 인재와 자금을 결집할 수 있었을까요. 부

자들이 제각각 따로 있는 것만으로는 할 수 있는 일이 아닙니다. 인재와 자금을 결집하는 구조가 서양에서는 실현될 수 있었고 중국에서는 생겨나지 않았으므로 그 연원을 따지자면 사회의 조직 방식에까지 거슬러 올라가 생각해야 합니다.

세계 GDP의 3분의 1이 중국에 있었다고 매디슨은 말하고 있지만, 그때의 중국에는 세계 인구의 3분의 1 이상이 있었을 것입니다. 분모가 다른데 단지 분자의 수만을 나열해 비교하면 진실은 보이지 않는 것입니다.

제 6 장

'사(士)'와 '서(庶)'의 이원 구조

시대와 함께 변화한 '사'와 '서'

중국에는 세습되는 '신분제도'는 없습니다.

기원전 '주' 시대에는 '봉건' 제도의 시행으로 신분이 엄격히 구별된 듯하나 이것도 한대에 이르러서는 없어지고, 이후 중국 사회에 세습 신분제도가 뿌리내리지는 않았습니다.

신분제도가 없으면 중국은 차별이 없는 평등한[flat]한 사회였는가 하면 안타깝게도 그렇지 않습니다. 비록 제도 세습은 아니지만 '사회적 신분'이 엄연히 구별되었습니다.

그 구별이란 '사(士)'와 '서(庶)'로 불리는 것으로, 과거를 통해 생겨난 당송변혁의 중요한 계기[moment]라고 할 수 있습니다. 그러나 '사와 서'라는 대립 개념 자체는 당송변혁 이전부터 중국 사회에 계속 있던 것입니다.

'사'라고 하면, 에도시대의 신분제도인 '사농공상(士農工商)' 중의 '사(士)=무사(武士, 사무라이)'라고 생각하는 일본인이 많지만 중국의 '사'는 무사가 아닙니다. 또 부모가 자식에게 대대로 물려주는 세습적 신분도 아닙니다. '사농공상'은 중국 유래의 숙어인데 일본인이 마음대로 자국의 제도에 맞춘 것일 뿐 의미와 내용이 완전히 다릅니다.

중국에서 '사'란 사회 지도층이며, 알기 쉽게 말하면 '엘리트'입니다. 다른 한쪽인 '서'는 피지배자, 즉 '비엘리트'입니다.

고대 로마의 '파트리키(patrici)[1]'가 그랬던 것처럼, 중국의 '사'는 국가의 지도자층이고 또 처음에는 전쟁에 종사하던 고정 계층을 가리키는 개념으로 생겨났다고 합니다. 이랬던 역할과 계층의 분담이 춘추전국이라는 난세를 거치면서 점차 사라지고, 한대에는 '사와 서'의 구별은 거의 차이가 없을 정도로 평평한[flat] 상태가 되었습니다.

하지만 이 상태도 오래가지 않았습니다. 평화로운 시대가 되면 자유경쟁이 일어나기 때문입니다. 유능한 자와 그렇지 못한 자, 위로 올라가는 자와 굴러떨어지는 자가 생기고, 자유경쟁으로 격차가 조장되고 격차가 누적되면서 관직이나 부를 독점하는 몇몇 집안이 등장하게 됩니다.

한 말기에는 한랭화의 영향으로 서민들의 생활이 아주 힘들어지고 불평등은 더욱 커졌습니다.

서민들은 더 이상 자기 힘만으로는 살아갈 수 없게 되자 가문 좋은 집안에 몸을 의탁했고, 그 덕분에 가문 좋은 집안은 더욱 지위가 높아집니다.

소위 '호족(豪族)'이나 '귀족'으로 불리는 존재가 탄생합니다.

가문 좋은 집안이 '문벌귀족'으로 고정되자 높은 사람들은 다 그런 집안에서만 나오는 상황이 이어져 문벌귀족들은 점점 더 힘이 커졌습니다. 그리고 군주의 지위를 위협할 정도로 힘을 가진 귀족들이 출현한 것이 삼국시대부터 당에 걸친 사회 상황이었습니다.

그 무렵에 '사'는 가문이 좋은 문벌귀족을 뜻했고, '서'는 그렇지 못한

---

1) 로마 공화정 초기의 귀족 계급.역주

사람들을 뜻했습니다. 양자 사이에는 단순한 빈부뿐 아니라 귀천의 격차가 생겼습니다. 양자의 격차는 하늘과 땅만큼 벌어져서, '사'는 서민을 '비류(非類)[1]'라고 부르며 멸시하고 가까이하는 것조차 꺼렸습니다. 인간으로 취급할 가치도 없는 더러운 존재가 되었던 것입니다.

문벌귀족들의 권세는 물론 군주들에게 바람직하지 않아 군주는 어떻게 해서든 권력을 장악하려 자신의 수하가 될 자를 늘리는 방법을 모색합니다.

그래서 가문이 아닌 능력으로 관료를 선택하는 방법을 여러모로 모색하지만 귀족의 힘이 강해서 좀처럼 생각대로 잘 안 됩니다. 이랬던 역학 관계의 균형이 군주 쪽으로 기울게 된 때가 '과거'가 창설된 수대입니다.

수당의 약 300년에 걸쳐 문벌귀족들은 점차 해체되고, 과거가 전면적으로 부상하게 됩니다.

과거가 궤도에 오르자 '사'가 뜻하는 것도 바뀌었습니다.

과거에 급제한 사람이 '사'이며, 그 밖의 사람은 '서'가 된 것입니다.

이후, 원칙상으로는 과거에 합격만 하면 누구든 하룻밤 사이에 고귀한 '사'로 대접받게 됩니다. 이 새로운 '사'는 '사대부'라고 불립니다.

사대부는 정권이 강제하는 노역이나 과세를 감면받는 특권계급으로 '신사(紳士)' 또는 '독서인(讀書人)'이라고 불렸습니다.

여기서 말하는 '독서'란 우리가 아는 독서, 즉 단순히 책을 읽는 행위가 아닙니다. 지금도 중국어로 '독서'는 학문 연구를 의미하지만 당시는 더욱 의미가 좁아서 구체적으로 유교 경전을 공부하는 것을 의미했습니다. 그러므로 '독서인'이란 육체노동에 종사하지 않고, 경서와 사서를 읽고 문장과 시를 쓰며 사회의 사표(師表)로서 정치에 참여하는 사람을 가리킵니다.

---

1) 사람 같지 않은 사람이라는 뜻_역주

즉, '사(엘리트)'와 '서(비엘리트)'라는 사회적 구별은 예로부터 존재했는데, 시대에 따라 '사'가 의미하는 바는 달랐던 것입니다.

서민의 대두가 낳은 새로운 엘리트 '사대부'

관리 등용 제도인 '과거'가 정식 제도로서 도입된 것은 수나라 때입니다.

대운하 건설과 운영도 그렇지만, 이 시대는 그동안 남북조로 500년가량 남북으로 분립되었던 중국이 다시 하나가 된 것도 있고 해서 뭔가 새로운 것을 창조하고 도입하려는 기운이 넘쳐났습니다. 하지만 동시에 이 시기는 지금까지의 관습이나 가치관, 사회 통념에 여전히 발목 잡혀 있었습니다.

5세기 말의 사례인데, 남제(南齊) 왕조를 섬겼던 기승진(紀僧眞)이라는 사람이 있었습니다. 그는 '보통 귀인(貴人)은 도저히 따라갈 수 없다'고 할 만큼 재능 있는 사람이라서 황제의 신임이 매우 두터웠지만, 출신이 비천하다는 이유만으로 군주에게 부당하게 빌붙어 총애를 얻었다는 '행신(倖臣)[1]'이란 딱지가 붙었습니다.

이런 상황은 과거가 실시되고도 한동안 계속되었습니다. 노력해서 과거에 합격해도 출신이 낮으면 주위에서 '사'로 대접받지 못하고, 반대로 문벌에 속하기만 하면 재능이 부족해도 '사'로 존숭을 받았습니다.

문벌귀족이 '사'였을 때는 문벌과 가문, 혈통이 뛰어나면 그 집안의 자제들도 뛰어나기 마련이라는 것이 통념이었기 때문입니다. 확실히 귀족과 서민은 가정교육의 질이 하늘과 땅만큼의 격차가 있었습니다. 교육을 받은 우수한 인재는 아무래도 귀족 자제 쪽이 숫자가 많습니다.

---

1) 현재는 행신(幸臣)으로 보통 쓴다. 기승진이 정사인 《남제서(南齊書)》 '행신전(倖臣傳)' 열전에 기록된 것을 말함._역주

물론 아무리 집안이 좋아도, 아무리 교육 환경이 갖추어져도 사람의 자질은 개인별로 갖춰지는 것이지 집안에 있는 것이 아닙니다. 바로 그런 이유로 개인의 자질을 시험하는 과거가 도입되었지만 인간의 생각은 새로운 것을 도입했다고 금방 바뀌지는 않는 것이 현실입니다.

과거가 비로소 본래의 효용, 목적대로 역할을 하게 된 것은 송대에 와서입니다. 송대가 되면 집안의 좋고 나쁨에 관계없이 그 사람의 자질이 뛰어나기만 하면 높은 자리에 오를 수 있다는 사고방식이 사회에 정착하게 됩니다.

사람들의 의식이 변한 배경에는 문벌귀족의 쇠퇴와 서민의 대두, 군주의 권력 증대, 나아가 관료제도의 정비 등 여러 요인이 동시에 병행하여[parallel] 진행되었습니다.

송의 시대는 산업이 발달하면서 서민들이 부유해진 시대입니다. 이런 변화가 종래에 귀족이 독점하던 교양을 서민도 배우는 것으로 이어집니다.

서민의 상당수는 무학으로 읽고 쓸 수 없고, 하루하루 생활하느라 일만 하는 생활을 했습니다. 그러나 살림이 넉넉해지면서 여유가 생기고 틈이 나면서 글을 읽게 되었고, 그 결과 서민이라도 과거에 응시할 수 있게 됩니다.

과거에 급제하면 출신에 상관없이 '사대부'로 대접을 받습니다. 사대부에게는 여러 특권이 주어지기 때문에 일족 중에서 누구 한 명이라도 과거에 합격하면 그 주변 사람들까지 큰 혜택을 누릴 수 있었습니다.

하지만 더욱 중요한 것은 사회 통념이 변해도 '사와 서' 사이의 차별 의식은 변하지 않았다는 현실입니다.

문벌귀족들이 사라지고 재능이 있으면 출세할 수 있는 세상이 되었다고 해서 차별이 없어진 것이 아닙니다. 귀족이 새로운 엘리트인 사대부로 바뀌었을 뿐 '사'가 으스대고 서민이 인간 취급을 못 받는 것은 변함이 없었습니다. 어제까지 같은 서민이었던 사람이 과거에 합격하면 하루아침에 사대부로 으스댈 수 있으니 부를 손에 넣은 서민이라면 과거 합격을 목표로 삼는 것은 당연한 귀결이었습니다.

다만 자질은 개개인에게 귀속하는 것이라서 사대부의 자격과 특권은 그 개인의 일대에 그치며, 또는 동일인이라도 관리가 된 시기만 누릴 수 있는 것이고, '사'의 지위가 자녀에게 계승되지는 않았습니다.

그렇다고는 해도 일단 '사대부'만 되면 많은 특권이 부수적으로 따라오기 때문에 현실적으로는 일족 중에 가장 똑똑한 젊은이에게 좋은 가정교사를 붙여 배우게 하고, 온 일족이 나서서 그 한 사람을 응원했습니다. 어떻게 해도 사대부의 자제가 '사'가 되기 쉬운 상황이 생깁니다.

그런 의미에서는 문벌귀족만큼은 아니더라도 사대부들도 가문과 비슷한 면모를 보였던 것이 사실입니다. 하지만 과거에 합격하지 못하면 그것으로 끝이므로 낙오하는 집안 역시 많이 존재했습니다.

이 시대의 상속 방식과도 관련이 있었습니다. 중국은 재산을 모두 균등하게 나누어 자식들에게 상속하는 균분상속이었기 때문에 대를 거듭할 때마다 재산이 자동적으로 줄어드는 것을 막을 수 없었습니다.

사대부 집안의 영락(零落)은 황제가 권력을 유지하는 데 유리하게[merit] 작용했습니다. 사대부의 귀족화를 방지함과 동시에 황제는 과거를 통해 언제나 신진의[fresh] 최고 수하를 손에 넣을 수 있었기 때문입니다.

문벌귀족은 망해도 '유품(流品)'은 망하지 않는다

군주독재의 징지와 표리일체를 이루는 것이 관료의 존재입니다.

과거는 황제 입장에서 보면 자신의 수족이 될 관료를 등용하기 위한 시스템입니다.

과거의 최종 시험은 기본적으로 3년에 1번씩 황제 주최로 실시됐습니다. 수험 자격에 따로 규정은 없어 거의 모든 사람에게 문호가 열려 있었습니다.

과거에 급제하면 뛰어난 재주와 덕을 세상에 증명하여 사회적 명예를 얻게 되고, 동시에 관직이 수여되어 정치적 권력을 가질 수 있었습니다.

이는 명예와 권력 즉 사대부 힘의 원천이 모두 황제와, 황제가 주관하는 과거에 의존하고 있음을 의미했습니다. 사대부가 철저하게 황제와 왕조를 지지하고 군주독재제의 중추[backbone]가 된 것은 이런 이유입니다.

과거의 '거(擧)'는 선거의 '거'와 한자가 같아 '위로 올리다', 즉 인재를 등용한다는 뜻입니다.

선거의 경우 '선'은 뽑다, 선발한다는 의미여서, 선거는 본래 인재를 뽑아서 등용한다는 뜻입니다. 선거란 투표로 뽑는 것이라고 생각하는 사람이 지금은 많은데, 본래는 단순히 선발해서 등용한다는 의미입니다.

과거는 이 선거를 과목(科目)에 따라 실시하는 것입니다. '과거'는 선거제도의 하나라고 할 수 있습니다.

중국에서는 원래 '구품관인법(九品官人法)'이라 하여, 각 지방이 관리를 지망하는 자들을 각자의 재능·자격·실적에 따라 일품에서 구품까지 9단계로 나누어 정부에 천거하면 정부가 지망자의 품급에 따라 임관시키는 관리등용법을 쓰고 있었습니다.

구품은 문자 그대로 일품부터 구품까지 아홉 단계의 등급 순위를 말하는데, 관리들은 등급에 따라 월급을 지급받았습니다. 더욱 중요한 것은 이 등급에 문벌귀족의 권세가 결합되면서 상하귀천(上下貴賤)의 의식이 생겨났다는 점입니다. 이런 식으로 명망 있는 귀족(名族명족)을 중심으로 하는 관리 등용이 고착화됩니다.

이 같은 관리등용법은 과거가 도입되면서 크게 변화하기 시작했지만, 훗날 당송변혁으로 문벌귀족이 소멸한 뒤에도 등급으로 사람의 귀천과 가치를 가늠하는 사회 통념은 뿌리 깊게 존속했습니다. 귀천의 차별 의식을 '유품(流品)'이라고 하는데, 그 의식·이념의 현실화·구조화가 역사적으로 중국 사회의 중추를 형성했습니다. 귀족제도 역시 그중 하나라고 할 수 있습니다.

과거가 정착되면서 종래의 '유품'은 도리어 공고해졌다고 할 수 있습니다. 과거는 시험이므로 우열의 결과가 기존의 가문 순위[ranking]보다 더 명확한 형태로 보이기 때문입니다.

지금까지 '과거에 합격한 사람이 사대부가 된다'고 설명해 왔지만, 한마디로 사대부라고 해도 그 속에는 당연히 서열이 존재했습니다.

과거 시험은 단계가 있어 임관할 때까지 최소 3번의 시험에 합격해야 합니다.

맨 처음 치르는 것이 지방 시험인 '주시(州試)'[나중에는 '향시(鄕試)'로 칭함]입니다.

과거는 일본 고교 야구의 고시엔(甲子園갑자원) 대회와 같은 것으로, 먼저 지방 시험을 돌파하지 않으면 수도에서 치르는 '성시(省試)'[훗날의 '회시(會試)']에 응시할 수 없습니다.

성시에 합격하면 마지막으로 황제가 직접 주관하는 시험인 '전시(殿試)'를 볼 수 있습니다. 이 최종 시험에서 사대부로서의 서열이 확정됩니다.

비록 최종 시험까지 올라가지 못하더라도 과거에 도전한다는 것은 큰 의미가 있었습니다.

최초의 지방 시험인 '주시'는 누구라도 응시할 수 있었는데, 여기에 합격하면 더 위로 올라가지 못할지라도 학위를 받을 수 있고 '사'로서 대우받기 때문입니다. 후대로 내려와 명대가 되면 수험생이 많아져 향시를 치르려면 관설(官設) 학교에 들어가야 했습니다. 그래서 그 입학시험인 '동시(童試)'가 생겼는데, 이 시험을 통과해도 '사'가 될 수 있었습니다. 다만 본래의 과거를 보려면 점점 많은 시험을 통과해야만 했으니 그야말로 수험 지옥이었습니다.

주시 합격으로 얻는 학위는 '거인(擧人)'입니다. 청대 말년에는 이 거인이 십만여 명 있었다고 합니다.

거인이 되어 성시까지 합격하면 '진사(進士)'라는 학위가 주어집니다.

말 그대로 학위였으니 영어로는 거인이 마스터(master), 진사가 닥터(doctor)로 번역됩니다.

학위는 진사까지이고, 합격 순위는 마지막 시험인 전시의 결과에 따라 정해집니다. 당시 순위는 '갑을병정(甲乙丙丁)'의 순서로 나타냈는데, 진사의 탑 3인[top three]은 '제일갑(第一甲)'이라고 하여 황제의 브레인으로 황제 바로 옆에서 공식 국가 문서를 기초하는 일에 종사합니다. 이것이야말로 모든 사대부가 동경하던 가장 영예로운 직무였습니다.

그런데 이런 직책과 관품 등급이 딱 맞아떨어지는가 하면, 그것이 굉장히 까다로운 점이어서 꼭 맞아떨어지지 않기도 했습니다.

특히 송대는 사회가 매우 유동적이고 새로운 직책이 임시로 생기는 경우가 많아 실제 직책과 관등이 일치하지 않았습니다. 그래도 구품 관등이 폐지된 것은 아니었고, 이 직책에는 이 정도의 관품이 타당할 것이라고 여기는 등 여러모로 고민을 했습니다.

가혹한 시험과 그것으로 얻는 특권

과거는 관리 등용 시험이지만 시험 내용은 현대의 관리라면 당연히 그 능력을 검증할 전문 지식이나 행정 능력, 정치 수완에 관한 것이 아닙니다. 지금의 인문계 문항, 더 정확히 말하면 전부 유교에 관한 문제였습니다.

유교 경전에 무엇이 씌어 있는지 경전의 내용이 어떤 것인지를 묻는 직설적인 문제는 물론이고, 그밖에 시문과 소논문을 짓게 하는 시험 문제도 있었습니다.

시문이나 소논문이라고 하면 유교와 직접 관계없는 것처럼 보이지만, 기본적으로 유교 경전이나 역사서에 입각하여 문구를 조합하지 않으면 문장으로 인정받지 못하므로 고전을 샅샅이 암기하지 않으면 작문을 할 수 없었습니다.

이러한 과거 출제는 《논어》의 '군자는 그릇이 아니다(君子不器)'라는 말에서 나온 것입니다.

'군자불기(君子不器)'란, 군자라 할 자는 그릇처럼 어떤 하나의 용도(기술)에만 국한되지 않고 완전한 존재여야 한다는 뜻이므로 고전을 샅샅이 이해하고 암기해야 했습니다.

샅샅이 봐야 한다고 했는데 유교 경전만 해도 분량이 방대한 데다 그 내용마저 난해합니다.

가장 기본 텍스트인 사서오경은 43만 자가 넘습니다. 과거에 합격하려면 이를 모두 암기하는 것은 물론 그 몇 배 분량의 주석서를 습득해야 했습니다. 게다가 시문이나 소논문을 쓰려면 역사나 문학 공부도 필수적이었습니다.

스승을 모시고 배우고 노력을 한다고 해서 누구나 할 수 있는 일이 아닙니다. 과거에 합격하기란 이만저만해서 될 수 있는 일이 아니었던 것입니다.

그런 의미에서 과거에 합격한 사람들이 엘리트인 것은 틀림없습니다. 적어도, 그들은 일찍이 가문이 좋다는 것만으로 권세를 휘두른 귀족들보다 훨씬 뛰어난 학력과 지식을 갖춘 것은 사실입니다.

아무리 고생을 해도 과거에 합격하면 그 고생은 보답을 받았습니다.

그 정도로 사대부들이 얻을 수 있는 특권은 임청났습니다.

사대부와 서민은 의관(衣冠)이 다르기 때문에 얼핏 보기만 해도 바로 차이를 알 수 있었습니다. 서민은 밖에서 사대부를 만나면 길을 양보하며, 모임에 동석하면 아무리 나이가 많은 사람이라도 상석은 사대부에게 양보하는 것이 예의였습니다.

하지만 무엇보다 큰 특권은 노역과 납세의 면제였습니다.

이러한 특권을 얻을 수 있었던 것은 유교가 근거를 제공했기 때문입니다.

'노심자 치인, 노력자 치어인. 치어인자 식인, 치인자 식어인, 천하지통의 야.(勞心者治人、勞力者治於人. 治於人者食人、治人者食於人、天下之通義也.)'[1]

이는 《맹자》에 나오는 문구로, '마음을 쓰는 자는 다른 사람을 다스리고, 힘을 쓰는 자는 다른 사람에게 다스림을 받는 것이 천하의 보편적 이치이다'라는 뜻입니다.

즉 유교에서는 세상에는 반드시 '다스리는 자'와 '다스려지는 자'가 존재하고, 다스리는 자는 머리를 쓰고 다스려지는 자는 몸을 쓰는 법이라고 봅니다. 여기서 말하는 '다스리는 자'가 '사'이고 '다스려지는 자'가 '서'인데 알기 쉽게 말해서 '사'는 두뇌 노동자이고 '서'는 육체 노동자입니다.

맹자는 이것이 '통의(通義)', 즉 일반에 통용되는 도리라고 말합니다.

유교가 국교가 되면서 중국에서는 실제 행정도 이 말에 입각하게 되었습니다. 다스리는 '사'의 지시에 따라 다스려지는 '서'가 노동력을 제공하는 것이 올바른 정치이므로 노역이나 납세는 '서'가 할 일이지 '사'가 할 일이 아니며, '사'가 할 일은 머리를 써서 생각하고 '서'에게 지시를 내리는 것입니다.

그 밖에도 '사'가 되면 형벌의 경감, 행정상의 편의 등 다양한 특권이 많이 주어졌습니다.

과거는 북송시대에 정착한 이후 원대에 일시 중단되기는 했으나 청 말인 1905년 폐지될 때까지 천 년이 넘게 오랫동안 존속했습니다. 과거가 이렇게

---

1) 전체를 풀이하면 '마음을 쓰는 자는 다른 사람을 다스리고, 힘을 쓰는 자는 다른 사람에게 다스림을 받는다. 다스림을 받는 자는 남을 먹여 살리고, 다스리는 자는 다른 사람이 먹여 살리는 것이 천하의 보편적 이치이다'임_역주

오래 지속된 것은 수많은 특권이 주어졌고 민간의 지지를 받았기 때문입니다.

면역·면세의 특권은 사대부 본인만이 아니고 일족과 관계자까지 그 혜택이 넓게 미쳤습니다.

가까이에 과거 합격의 가망이 있는 우수한 자제가 있으면 친족·친척 일가가 원조를 아끼지 않고 응원한 것은 특권 있는 사대부가 된 뒤의 보답을 기대했기 때문입니다.

물론 자신에 대한 원조가 미래에 대한 투자라는 것을 수험생 본인도 잘 알고 있었습니다. 과거를 치르는 데는 특별한 수험 자격은 없어서 확실히 누구에게나 그 문호는 열려 있었습니다. 그러나 합격하려면 본인의 재능과 노력을 살리기 위한 재력, 즉 많은 '원조'가 필요 불가결했습니다.

이렇게 고생을 딛고 사대부가 된 사람들은 자신에게 주어진 권익을 충분히 누리며 자신과 친척 일가의 이익과 녹봉을 획득하려고 힘쓸 뿐만 아니라 기득권을 유지하기 위해 이번에는 자신의 자제들이 과거에 합격할 수 있도록 지도하고 교육하는 데 애썼습니다.

여기에서 보이는 것은 어렵게 배운 사서오경에 기록된 고매한 성현의 길을 국가를 위해 활용하는 공복(公僕)으로서의 관료 모습이 아닙니다. 그들이 힘들게 배운 것은 자신과 자신을 원조해 준 일족의 특권과 재산을 유지하기 위한 지극히 이기적인 목적 때문이었습니다.

결국 과거는 실제 정무를 담당하는 관료에 적합한 인재를 선발하거나 등용하기 위한 제도가 아니었던 것입니다. 과거란 실제로는 '사와 서'라는 차별사회에서 '사'의 '서'에 대한 착취를 보다 합리적으로 정당화하기 위한 제도였습니다.

그런 사회에서 '사'가 되지 못하는 사람들은 어떻게 살았을까요.

중국에서 서민의 삶은 늘 가혹합니다. 무엇보다도 먼저 권력의 수탈에 위협받고 있었습니다.

그래서 '사'가 될 조건이 되지 않았던 '서'는 조금이라도 착취를 면하기 위해서 그 가족과 재산을 모두 들고서 '사'의 비호 아래 몸을 의탁하는 길을 선택했습니다.

자립해서 있으면 노역과 과세를 피할 수 없지만 재산을 모두 '사'에게 바치고[寄進] 스스로 고용인(雇傭人)이 되어 그 집안의 일원이 되면 '사'의 면역·면세 혜택이 확대 적용되어 부담이 경감되기 때문입니다.

그뿐만이 아닙니다. 비록 고용인이라도 '사' 집안의 일원이 되면 보통의 '서'보다 사회적으로 유리한 입장에 설 수 있었습니다.

물론 그것만으로 '서'가 '사'의 억압과 착취에서 완전히 벗어날 수 있었던 것은 아니지만 그래도 서민들이 자기 힘만으로 정부 권력과 직접 상대하여 조세와 노역을 부담하는 것보다는 훨씬 나았습니다.

중국에서는 '위에 정책이 있으면, 아래는 대책이 있다'는 말처럼 예로부터 서민은 가혹한 사회 속에서 서민 나름대로 대책을 강구하여 조금이라도 착취를 피할 궁리를 했던 것입니다.

서민들에게 '사'는 자신들을 착취하는 적인 동시에, 하기에 따라서는 의지할 만한 존재이기도 했습니다.

사대부는 될 수 없으나 권력을 지향한 사람들

당송변혁으로 문벌귀족이 자취를 감추고 과거제 확립을 통해 군주에 의한 독재정치가 실현되었지만 무엇이든 군주의 뜻대로 되었는가 하면 꼭 그렇지는 않았습니다.

관료가 된 '사'는 항상 자신의 이익을 우선시했기 때문입니다. 즉, 이 시대의 관료주의는 형식은 제대로 갖추어져 있었지만 뒤에서는 직위를 이용한 부수입 올리기나 오직(汚職)이 횡행했다는 말입니다.

황제에게 이러한 상황은 바람직하지 않습니다.

따라서 통치에 방해만 되는 악질적인 관료들을 감시하고, 경우에 따라서는 그들을 제거하는 역할을 할 사람이 황제는 필요해졌습니다.

그 역할을 맡은 사람이 '환관'이라고 불리는 사람들입니다.

환관은 후궁을 시중드는 거세된 남성 관리를 말합니다. 영어로는 'eunuch'이며 세계사에 보편적으로 존재했습니다. 그럼에도 왠지 모르게 음습하고 엽기적으로 느껴지는 것은 일본인이 알고 있는 역사가 유럽사를 모델로 만들어져 왔기 때문입니다. 일본사와 유럽사에는 환관이 없었지만 세계사 전체로 보면 없는 쪽이 오히려 소수이고 특수했습니다.

중국 환관의 기원은 오래되어 갑골문자 기록에 따르면 상(殷)대까지 거슬러 올라갈 수 있습니다.

원래 환관에는 호족(胡族)이나 적국의 포로를 거세하여 궁중에서 시중들게 한 사람, 그리고 죄인에게 내린 형벌 중 하나인 '궁형(宮刑)'으로 거세된 사람 두 종류가 있었습니다. 후자의 사례로 유명한 것이 《사기》의 저자로 알려진 사마천입니다.

사마천은 친우를 감싸다가 한 무제의 노여움을 사서 궁형에 처해지고, 환관의 몸으로 《사기》를 완성했습니다. 삼국지로 유명한 조조 역시 환관 가문 출신으로 알려져 있습니다.

거세는 부모한테 받은 완전한 신체를 불구(不具)[1]로 만드는 행위로 간주되어 유교 세계에서는 환관을 더러운 존재로 여겼습니다. 하지만 환관들은

---

1) 다 갖추지 않고 모자람을 뜻함_역주

거세된 몸이라서 각 왕조의 궁궐은 물론 남자는 들어갈 수 없는 후궁에도 출입이 허용되어 황제의 신변을 돌보는 역할을 했습니다. 황제를 가까이 모시면서 환관들은 비천한 몸으로 여겨졌음에도 점차 궁궐에서 발언권이 강화되어 갑니다.

환관을 둘러싼 상황이 바뀐 것은 수대의 궁형 폐지가 계기였습니다.

형벌로 거세를 받는 자가 없어졌는데, 궁궐에서는 여전히 거세된 관리가 필요했습니다. 그래서 당대에 이르러서는 각 지방마다 거세된 남자들을 환관으로 헌상하도록 합니다.

헌상하라고 했다지만 항간에 거세된 사람이 있을 리가 없습니다. 그래서 처음에는 인신매매로 가난한 사람들을 사서 거세한 뒤 궁궐에 바쳤습니다.

하지만 점차 환관이 되겠다고 희망하는 자원자들이 생겨났습니다.

이들은 과거를 목표로 할 만큼 돈이나 재능은 없지만 황제를 바로 옆에서 가까이 모셔 입신출세를 하고자 목표를 세운 사람들입니다.

사회적 멸시를 받더라도 스스로 거세를 하고 환관이 되려는 사람이 많았다는 것이므로 당시 중국 사회가 서민에게 얼마나 가혹했는지 보여줍니다.

하지만 그 환관조차 되기가 쉽지 않았습니다.

환관으로 궁궐에 들어가려면 우선 스스로 거세를 해야 합니다. 이를 '자궁(自宮)'이라고 합니다. 이 경우의 거세란 생식기의 절제를 의미합니다. 자궁을 하는 법은 시대와 연령에 따라 다르지만, 모두 육체적인 고통을 참아야 하는 것은 물론 서민 처지에서는 거액의 비용이 들어갈 뿐 아니라 목숨까지 위험할 수 있었습니다.

환관에 자원하는 경우에는 자궁 비용을 스스로 마련해야 합니다. 따라서 일가친척들에게 부탁해서 돈을 마련하기도 하고, 시술자와 교섭해서 출세하면 주겠다고 외상으로 하는 등 다양한 방법이 동원되었습니다.

이렇게 고생해서 환관이 되는 데에 성공해도 사대부처럼 출세나 특권이 보장된 것이 아닙니다. 그 많은 환관 속에서 문자 그대로 실력으로 기어 올라가야 합니다. 중국은 언제 어디서나 치열한 경쟁사회였습니다.

황제가 관료를 통제하는 데 환관을 이용한 것은 최측근의 몸종이라 믿음이 가는 데다 환관이 원래 사대부·관료와는 절대 서로 용인할 수 없는 존재였기 때문입니다.

관료와 환관은 유교적 가치관에서는 양 극단에 위치하는 존재입니다. 관료들은 서민들조차 멸시하던 사람들인데, 그들에게 더러운 환관은 존재 자체가 용납이 되지 않습니다. 한편 환관은 관료에게 비굴한 태도를 취하면서도 다른 한편으로는 격렬한 대항 의식을 갖고 있었습니다.

황제는 환관에게 자신을 대신해 관료를 감독하는 직책을 맡김으로써 관료를 통제하고자 했습니다.

예를 들어 중국 군대에서는 반드시 '감군(監軍)'이라는 사람이 배치되는데 이 자리를 환관들이 맡았습니다. 부대가 반란을 일으키거나 황제를 배반하는 일이 없도록 감독하고 감시하는 역할을 수행했던 것입니다. 일본에서 말하는 '이쿠사 메쓰케(戰目付전목부)[1] 같은 것입니다.

중국 문헌에는 '감군(監軍)'처럼 '감(監)' 자가 붙은 말이 자주 나오는데, 이런 사람들 대부분 '환관'임을 알 수 있습니다.

이들 임무의 대부분은 감시와 감독으로, 때로는 밀정과 같은 임무를 맡기도 합니다.

제7장에 등장하는 명 태조(太祖, 재위 1368~1398)는 황제의 권력을 강화하기 위헤 관료의 힘을 억눌러 봉쇄하는 데 성공했습니다. 태조 때에 환관은 어디

---

[1] 일본 전국(센고쿠)시대 다이묘가 전장에서 장병을 감시하고자 설치한 직책으로 전후 논공행상에 공적을 확인하는 역할을 함_역주

까지나 그림자 같은 존재로 정치에 관여하는 것이 금지되어 있어서 큰 문제로는 발전하지 않았습니다.

그러나 영락제(永樂帝, 재위 1402~1424) 때에 이르러 환관들이 외교와 군사에도 간섭하기 시작했습니다. 그만큼 관료들을 신뢰할 수 없었던 것입니다. 환관이 이처럼 득세하자 거기에 기대는 관료들 역시 속출하면서 파벌의 대립 구조가 표면화, 심화되었고, 결과적으로 이후 명대 200년 이상의 정치 혼란을 초래했습니다.

청대에는 명대를 반성하며 교훈을 살려서 환관의 수를 제한했으므로, 이후 환관이 명대 수준의 힘은 갖지 못하게 됩니다. 하지만 그 이후에도 권력자를 가까이에서 모실 수 있는 환관이 되고자 하는 사람들은 적지 않았고, 환관제도 자체는 신해혁명(辛亥革命, 1911)으로 황제 지배체제가 폐지될 때까지 지속되었습니다.

당송변혁이 초래한 지방행정의 부조리

중국 역대 왕조는 일관되게 '작은 정부'입니다.

정부가 작다는 것은 관료 자리 역시 한정되어 있다는 말입니다. 그래서 과거에 급제해도 벼슬자리에 오를 수 없는 사대부들이 많았습니다.

과거는 관리 등용 시험인데, 합격자가 직책 숫자보다 넘친다는 것은 이상하다고 생각할 수도 있습니다. 일본이었다면 무리해서라도 직책을 만들었을지도 모릅니다. 하지만 중국에서는 그런 건 절대 안합니다.

왜 안 하는지를 서술하기 전에, 중국의 '관리'에 대해 좀 자세히 설명해 둘 필요가 있습니다.

'관리(官吏)'라는 한어는 일본어로는 '오야쿠닌(お役人)'을 뜻합니다. 중국에서

도 예전엔 일본어와 뜻이 같았습니다. '관(官)'과 '리(吏)'는 거의 같은 뜻의 한자로, 두 자가 합쳐진 숙어라도 의미는 하나였기 때문입니다.

그런데 중국에서는 어느 시기부터 '관(官)'과 '리(吏)'는 서로 다른 개념을 갖게 됩니다. 어떻게 다른가 하면 '관'은 중앙정부에서 임명해 파견하는 정식 관료를, '리'는 꼭 중앙정부에서 임명하지는 않는 임시 인원을 뜻하게 된 것입니다. 양자는 정치적으로나 사회적으로나 확연히 다른 존재였습니다.

원래 한몸이던 '관리'가 언제 '관'과 '리'로 확연하게 나뉘었는가 하면 당송변혁 때입니다.

이 시기, 군주독재제를 실현하려면 관료들을 어디까지나 중앙정부에 연계되도록 할 필요가 있었습니다. 그러려면 관료가 부임지와 지나치게 강한 연계를 갖지 않도록 해야 했습니다.

그래서 정부는 중앙에서 파견하는 관료를 임지 한 곳에 오래 두지 않고, 몇 년 단위로 전근시켰습니다.

그랬더니 문제가 생겼습니다.

중국은 워낙 광활해서 임지에 따라 기후도 습관도 다릅니다. 장소에 따라서는 말조차 통하지 않습니다. 겨우 몇 년의 임기 내에 지역마다 각기 다른 사정을 아는 것이 가능할 리 없습니다.

이에 좀 더 수월하게 임무를 진행하기 위해 관리를 중앙과의 유대가 깊은 '관원(官員)'과 현지를 잘 아는 '이원(吏員)'으로 나누고, '관' 아래에 '리'를 두어 이 문제를 해결했던 것입니다.

지역에 밀착된 '이원'은 '서리(胥吏)'라고 불립니다.

원래 중국에서는 사방행정을 원활히 신행하기 위해 관례적으로 현지 사람들이 자발적으로 돌아가면서 노력 봉사를 했습니다.

관공서 건물은 주변 산림에서 목재를 조달해 인근 주민들이 지으면 비용이 거의 들지 않습니다. 거기서 일하는 사무원도 주민들이 윤번으로 담당하면 그만큼 경비가 억제되어 과세를 적게 해도 됩니다. 지역민들의 노력봉사라고 했지만 어떤 의미에서 그리 하도록 강요받았으니 주민들에게는 '노역(勞役)'이었다고 할 수 있습니다.

실무는 현지의 서민들이 담당하고, 중앙에서 파견되는 관리 몇 명이 이를 관리하는 구조입니다.

그런데 당송변혁으로 인해 이 시스템이 파탄나게 됩니다.

징병제가 모병제로 바뀌면서 중앙정부에 막대한 상비군을 부양해야 하는 책임이 떨어졌기 때문입니다. 늘어난 군을 부양할 비용은 당연히 각종 형태로 지방에서 갹출해 내야 합니다.

중앙이 지방에 요구하는 물자가 종류는 늘어나고 양은 많아지면서 지방행정은 불가피하게 확대되고 복잡해졌습니다. 그 결과, 지방에서 실무를 담당하는 인원은 증원이 필요해졌고 업무 능력에 대한 요구치도 높아졌습니다.

그렇게 되면 더 이상 지역민이 노력 봉사하는 것으로는 업무 처리가 안됩니다. 업무 능력이 높은 전문가를 고용하지 않을 수 없게 되었습니다.

이렇게 해서 탄생한 것이 현지의 정세를 잘 알고 실무 능력이 뛰어난 '서리'였습니다.

원래 노력 봉사로 충원하던 자리였으므로, 서리는 중앙정부가 고용한 것이 아니라 필요에 쫓긴 각 지방의 '관원'이 임시로 모집한 인원이었습니다.

지방관청에 부임하는 관원은 과거에 급제한 엘리트입니다. 한편 서리는 능력이 있어도 어디까지나 서민입니다.

사회의 분업화는 당송변혁의 특색 중 하나인데, 지방행정에서도 '관(엘리트)'과 '이(비엘리트)'에 의한 분업이 이뤄졌다고 할 수 있습니다.

분업이라고 하면 듣기는 좋지만 거기에 아주 큰 문제가 남았습니다.

바로 이원(吏員, 서리)들의 보수를 누가 지급할 것인가 하는 문제입니다.

'관(관원)'은 관료제 정규직 성원이므로 신분도 있고 많지는 않아도 중앙정부에서 봉급을 받습니다.

반면 '리(이원)'는 원래 노력 봉사에서 비롯된 것이어서 봉급도 사회적 지위도 없었습니다. 즉, 관료 범주 밖의 존재였습니다.

이원들은 사회적 지위는 없지만 토착 주민들이라 지역 사정에 정통하고 사무 절차에 숙달되어 있어서 관청 실무는 그들이 다 담당하게 됩니다.

관원들은 사회적 지위는 있으나 중앙에서 생면부지의 땅으로 보내졌기 때문에 실무 능력은 거의 제로였습니다.

즉 일을 못하는 관원에게는 지위와 봉급이 있고, 실무를 다 하는 서리에게는 지위도 급여도 없는 극히 불합리한 상황이 만들어진 것입니다.

중국에서 뇌물은 필요악

관리가 '관'과 '리'로 이원화되면 좋은 점이 황제 독재 체제 확립 외에도 있었습니다. 바로 돈이 안 드는 정부[cheap government]의 존속입니다.

뭐든지 큰 것을 좋게 여기는 중국에서 왜 작은 정부가 바람직했을까요?

재정을 가능한 한 소규모로 억제하고 되도록이면 세금을 걷지 않는 것이 '선정'이라는, 유교에 근거한 이념 때문입니다.

재정지출을 줄이려면 자연스럽게 공무원 봉급도 줄여야 합니다.

중국 역대 정부 관료들의 봉급은 그래서 놀라울 정도로 적습니다.

예를 들이 18세기 초 허난성(河南省, 허난성) 진체를 관힐하는 민정관의 연봉은 고작 은 155냥이었습니다. 허난성의 넓이[1]는 홋카이도와 규슈를 합한 면적보다 더 큰 크기입니다. 그 성의 최고 간부이기 때문에 지금으로 치면 현의 지사급 이상입니다. 연봉이라는 은 155냥이 요즘 돈으로 얼마인지 환산하기는 간단하지 않지만 대략 200만 엔[2] 정도일 것입니다.

이걸로는 본인 한 사람 생활을 꾸리기에도 부족합니다. 하물며 사대부라면 수백 명에 이르는 일가일족을 부양해야 하니 이 정도 봉급으로 충당해나갈 수가 없습니다. 여기에 중국에서 뇌물과 횡령이 횡행하게 된 한 원인이 있습니다.

어차피 뇌물을 받는다면 세금을 올려 관리에게 제대로 된 봉급을 지급하는 편이 낫지 않을까 생각하겠지만, 중국에서는 그럴 수가 없습니다.

앞에서 썼듯이 세금을 올리는 것은 유교 세계에서는 나쁜 정치[惡政]이기 때문입니다. 세금을 올린 군주 혹은 정부는 자자손손까지 악명을 남기게되어 있습니다. 중국에서는 뇌물을 받는 것보다 횡령을 하는 것보다 세금올리는 게 '악'입니다.

앞서 과거에 급제해도 관직을 맡지 못하는 사람이 많았다는 이야기를 했는데, 관원의 이런 실태를 볼 때 반드시 관직을 맡는 게 행복한 삶만은 아니라는 것을 알 수 있을 겁니다.

과거에 합격해서 엘리트만 되면 꼭 관리가 되지 않아도 수입을 올릴 수있는 길은 얼마든지 있었습니다.

오히려 원하지 않은 지방에 처박히게 되거나 궁핍하고 비굴한 궁중 관리생활을 하느니 관직에 앉지 않는 편이 낫다고 생각하는 사대부들도 실제로는 많이 있었습니다.

---

1) 허난성의 넓이는 167,000km²로 대한민국 면적의 약 1.5배임_역주
2) 한화 약 2천만 원 정도임_역주

그런데, 박봉밖에 받지 못하는 관원이 실제로는 엄청 부유하게 살았던 것이 중국의 현실입니다.

쥐꼬리만 한 봉급으로는 그런 생활은 꿈꾸기도 힘든 이상, 봉급 외에 막대한 수입이 있어야만 가능합니다.

얼마나 막대한가 하면 앞서 예로 들은 허난성 최고위 관료의 경우 실수입은 은 20만 냥으로 무려 봉급의 천 배를 훨씬 넘었습니다.

관원은 징세한 것을 국고에 납부하는 것이 직무였으므로 세금을 속일 수는 없습니다. 바꿔 말하면, 국가가 정한 세금 외에 서민들한테 착취한 금액이 연봉의 천 배가 넘었다는 것입니다.

어떻게 착취를 했을까요? 그 한 예를 살펴보도록 하겠습니다.

세금은 당시에 은으로 지불해야 했습니다. 납세자가 작은 은 조각으로 납부하면, 관청은 그 은 조각을 모아서 정규 규격의 '은정(銀錠, 은괴, ingot)'으로 다시 주조하여 중앙정부에 보냅니다. 이때 은괴로 다시 만들 때 소모분이 생긴다는 명분으로 소모분만큼 미리 법정 금액보다 할증해서 징수했습니다.

납부하는 측에서는 그 명목이 법정이든 아니든, 결국 납입 금액이 중요합니다. 이렇게 규정 이상으로 할증된 부분을 착복하는 것이니, 우리 감각으로 보면 이는 빼도 박도 못하는 오직(汚職) 행위이며 '관리의 부패'입니다.

하지만 당시 관리들이 보기엔 그렇게라도 해야 생활이 가능했던 것이 사실입니다. 어쨌든 관원은 박봉이고, 이원은 아예 무급입니다.

즉, 이러한 '오직'은 관리들이 생활을 유지하고 지방행정을 원활하게 하기 위한 '필요악'이었다는 것입니다.

그래서 당시는 관리들이 부족한 생계를 메우려고 상식적으로 적당한 선을 크게 벗어나지 않는 범위에서 하는 일이라면 중앙정부는 알고도 모른 체하고 있었습니다.

문제는 그 적당한 선과 경계가 극히 모호하다는 점입니다. 무엇을 '상식적으로 적당한 선'으로 볼 것인가는 실제 징수를 하는 관리의 자제(自制)에 맡겨졌기 때문입니다.

그렇다면 '상식적으로 적당한 선의 범위'가 관리들에게 유리하게 확대될 것은 분명합니다.

'삼년 청지부, 십만 설화은(三年淸知府、十万雪花銀, 3년간 청렴한 부(府) 지사로 근무하면, 엄청난 은이 손에 들어온다)[1]'이라는 속어가 떠돌았을 정도의 재산을 불과 3년 임기 동안 관원은 '오직'으로 획득한 것입니다.

중국에는 합법, 비합법, 선악의 경계가 없다

이렇게 하여 중국에서는 오직(汚職)을 오직으로 여기지 않는 감각이, 중앙에도 지방에도 '사(士)'에게도 '서(庶)'에게도 뿌리내려 갔습니다.

'왜 중국에서는 관료의 오직·부패 문제가 해결되지 않는가'라고 곧잘 묻지만 저는 약간 위화감을 느낍니다. 중국에서 행해지고 있는 것이 우리가 말하는 '오직·부패'와 같은 것인가 하면, 그렇지 않은 부분도 있어서 답하기 매우 어렵습니다.

일본의 '오직·부패'에는 선이 제대로 그어져 있습니다.

이건 뇌물이고 이건 횡령이라는 것이 명백히 정해져 있습니다.

중국에는 그렇게 그어 놓은 선이 없습니다.

부패가 필요악으로 인정될 정도니 중국에서 뇌물은 공인된 것이나 마찬가지였던 것도 당연한 귀결입니다. 이제 그들에게는 뇌물을 받는 것이 당연

---

1) 원문 그대로 해석하면 '삼년 동안 일개 부(府)의 수령[知府]으로 청렴하게 근무하더라도, 임기가 끝나면 눈꽃과 같이 하얀 은량이 10만 량 생긴다'는 뜻임 _역주

한 권리가 되어 버린 것입니다.

우리는 이해하기 어렵지만 구미 각국의 '팁(tip) 제도'와 비슷한 느낌이라고 할 수 있지 않을까요?

구미에서는 서비스에 대해 팁을 지불하는 것이 당연한 매너입니다. 팁이 생기는 직종은 한결같이 고정 급료가 낮게 책정되어 있습니다. 팁을 받을 것을 애초부터 감안하고 넣어서 책정하기 때문입니다.

느낌은 비슷하지만 팁과 뇌물은 역시 다릅니다.

가장 큰 차이는 뇌물은 어디까지나 뇌물이어서 정가와 시세가 없다는 것입니다. 따라서 얼마든지 많이 뜯어갈 수도 있고, 어디까지가 필요 불가결하고 어디부터가 부당한 뇌물인지 선을 그을 수 없습니다. 게다가 더 주는 곳이 있으면 그쪽 편을 들게 되므로 뇌물 액수는 자연히 불어나게 됩니다.

그럼 뇌물, 오직이 합법인가 하면 그건 또 아니라는 점이 문제를 더욱 복잡하게 만드는 요인 중 하나입니다.

중국에서도 오직이나 뇌물은 '나쁜 짓'입니다. 필요악이라서 기본적으로 묵인할 뿐입니다. 그래도 악은 악이기 때문에 어떤 순간에 법령 위반으로 지목되어 단속의 대상이 될 수 있습니다.

중국의 경우 사실 이런 문제는 뇌물에 국한되지 않습니다. 역사를 연구하면 할수록 통감하는 바인데, 모든 면에서 중국에는 합법, 비합법, 선악의 경계가 희박합니다.

예를 들어 중국에서는 아편전쟁(1840~1842)이 일어나기 전부터 아편의 반입과 사용은 법률로 금지되어 있었습니다. 하지만 중국인들은 그 법을 전혀 지키지 않있고, 그런 상황을 정부노 묵인하고 있었습니다.

중국인 자신이 자신들의 법령을 무시하고 있었기에 영국인도 별로 신경 쓰지 않고 아편 거래를 하고 있었는데, 그때까지 계속 묵인하다가 어느 날 갑자기 '이것은 위법이다'라며 아편을 몰수해 버리자 영국은 격노한 것입니다.

13세기에서 16세기에 걸쳐 활동한 왜구에 대해서도 같은 상황이 벌어졌습니다. 중국에서는 '왜구'라고 해서 마치 일본의 해적선이 일방적으로 습격 약탈한 것처럼 말하고 있지만, 원래는 단순한 민간 무역에 불과했습니다. 확실히 당시의 중국은 외국과의 자유무역을 금지하고 있었으나, 실제로는 아무도 그 법률을 준수하지 않았습니다. 그렇게 하고 있던 무역을 어느 날 갑자기 '불법행위'로 규정해 단속한 것입니다.

이런 사례들은 헤아릴 수 없을 정도로 많고, 현재도 생기고 있습니다.

이를테면 남사군도(南沙群島, Spratly Islands)를 둘러싼 영토 문제가 그중 하나입니다.

중국은 남사군도를 자국 영토라고 오래전부터 주장하고 있었지만, 현실에서는 아무것도 하지 않았습니다. 그러던 중 어느 날 갑자기 섬을 확충하고 헬기장을 만들어 실효 지배를 하여 물의를 일으키고 있습니다.

이것은 센카쿠열도[1]에서도 마찬가지입니다.

어떤 계기로 움직이는지, 아마 여러 상황에 따라 결정되겠지만 획일적인 규칙[rule]에 근거한 것은 아니기 때문에 주변에서는 언제 그런 일이 발생할지 전혀 알 수 없습니다.

아마 중국인이라 하더라도 확실히는 알 수 없으리라 생각합니다. 중국인은 그러한 환경과 역사 속에서 쭉 살아왔기 때문에 타이밍을 감지하는 감각[sense]이 닦이고 있는 것입니다.

---

1) 중국명으로는 댜오위다오(釣漁島조어도), 타이완 명칭으로는 댜오위타이(釣魚臺조어대)_역주

중국의 주권은 국민에게 없다

중국 사람들은 이런 사정을 피부로 느끼고 있으므로 결코 진심으로 국가를 신용하지 않습니다. 일본인들이 이러쿵저러쿵 말하면서도 국가를 신용하는 것은 일본이 법치국가이기 때문입니다.

법치국가란 '법이 다스리는 나라'입니다.

법치국가의 시스템은 우발적으로 영국에서 생겨난 것으로, 쉽게 말해 획일적인 '룰[rule, 법률]'로 모든 국민을 묶어놓는 것입니다. 법은 국가의 최상위에 위치하며 그 구성원은 군주라도 모두 법을 따라야 합니다.

물론 획일적인 룰로 묶으면 현실적으로는 불편한 일도 생깁니다. 그럼에도 불구하고 특정 권력자가 각자 자의로 룰을 바꾸는 것보다는 획일적인 룰로 모두를 일률적으로 묶어두는 것이 실제 손해는 적다는 것이 법치국가의 생각입니다.

따라서 법치국가에서는 현행 법률에 문제가 생겼을 때 대화를 통해 법을 바꿀 수 있는 체계가 갖추어져 있습니다.

오늘날 중국은 일단 겉으로는 '법치국가'라고 되어 있지만, 다른 법치국가와 비교하여 중국에서는 법률의 입지가 다릅니다.

일본도 그렇지만, 법치국가의 기본은 'rule of law' 즉 '법이 다스린다' 인데, 중국의 경우에는 'rule by law' 즉 '법으로 다스린다' 는 것입니다.

'법이 다스린다'는 것은 민의를 반영한 법에 지배된다는 것이므로 법이 군림하고 있다고 볼 수 있습니다. 반면 '법으로 다스린다'는 것은 법이 어디까지나 나라를 다스리기 위한 도구라는 것입니다.

그러면 그 도구는 누가 쓰느냐 하면 옛날에는 천자, 현대는 중국공산당입니다. 왜냐하면 중국 법률은 민의가 아니라 공산당이 정하기 때문입니다.

중국에서는 '법비(法匪)'라는 멸칭이 있습니다. 법률 만능주의자, 법률을 자기에게 유리하게 해석하고 행사하며 백성을 괴롭히는 권력자를 뜻하는 말입니다.

현대 중국의 법은 인민 위에 군림하고 있지만 공산당 위에 있지는 않습니다. 즉, 중국은 주권재민(主權在民)이 아니라는 것입니다.

단 여기서 주권재민이 옳고 중국의 방식이 잘못되었다고는 생각하지 않았으면 합니다. 여러 가치관 중에 하나를 택해서 옳다고 밀어붙이는 것도 역시 잘못되었다는 말입니다. 우리 일본인은 우연히 영국에서 생겨난 법치 시스템을 도입해서 그럭저럭 나름대로 잘 적응했기 때문인지 이 시스템이 제일 덜 해로운, 좋은 것이라고 생각하지만, 세계는 그런 곳만 있는 것이 아닙니다. 이 시스템의 장점을 실감할 수 없는 사람들도 많이 있습니다.

그것은 그 사람들이 긴 역사 속에서 만들어 온 정치 시스템이 다르기 때문입니다. 좋고 나쁨으로 판단할 수 있는 일이 아닙니다.

중요한 것은, 일본인이 생각하는 법률과 중국인에게 법률은 다른 것이라는 점을 먼저 아는 것입니다. 그리고 왜 다른지를 생각하는 것입니다.

같은 법치국가로 생각하고, 법률 기준만으로 헤아리려고 하니 서로 이해할 수 없는 것입니다.

중국은 공산당 정권이 들어선 뒤부터 싫어졌다는 사람이 있지만 역사를 보면 중국은 예나 지금이나 변하지 않았다는 것을 알 수 있습니다.

뇌물과 횡령이 판치는 것도, 국제적 룰(rule)을 무시하는 것도, 갑자기 태도를 표변하는 것도 중국공산당부터 시작된 일이 아닙니다. 중국은 원래 그런 나라입니다.

일본은 왜 과거를 도입하지 않았는가

일본은 중국에서 유교를 받아들였지만 과거는 도입하지 않았습니다.

유교와 과거를 한 세트로 생각하는 사람이 일본인 중에 많은지 '왜 일본은 과거를 도입하지 않았냐'는 질문을 자주 받습니다.

그러나 일본이 과거를 도입하지 않은 것은 당연한 결과입니다. 중국과 일본은 사회형태가 완전히 다르기 때문입니다.

중국에서 과거가 탄생한 배경에는 문벌귀족의 융성과 그에 대항하는 군주권의 확립이라는 문제가 있었지만, 일본에는 그러한 다툼이 없었습니다. 문제 자체가 없으니 문제 해결책도 필요가 없었습니다. 그런 의미에서 아마도 일본은 과거를 도입하려는 발상조차 없었을 것이라 추측합니다.

나아가, 일본과 중국에서는 '엘리트'의 정의도 다릅니다.

유교(주자학)를 도입했을 때의 일본은 무가(武家) 정권입니다.

중국의 엘리트는 '독서인'이라는 이칭에서도 알 수 있듯이 문인입니다. 몸을 쓰는 무인은 엘리트로 간주되지 않습니다.

반면 일본의 엘리트는 통치를 담당하는 무사들이었습니다. 게다가 그 무사들은 원래 지역공동체[community]의 지도자[leader]이기도 했습니다. 막번체제 하의 쇼야[1]는 무사들이 가장 말단까지 떨어진 모습입니다.

중국의 엘리트에게는 서민이 천하고 소원한 존재이지만, 일본의 지도자[leader]에게 있어서 영지의 민[領民]들은 가족 같은 가까운 존재였습니다. 그런 지도자[leader]들이 군주로 추대한 사람이 다이묘(大名)이고 쇼군(將軍)입니다.

중국의 황제에게 '사'는 어디까지나 과거로 발탁한 수하에 지나지 않습니

---

1) 에도시대 촌락의 촌장_역주

다. 필요하면 차례차례 교체할 수 있는 소모품이었습니다.

한편, 일본에서는 한층 친밀합니다. 다이묘와 재지(在地) 지도자[leader] 간의 관계뿐만 아니라 다이묘와 쇼군 사이도 그렇습니다. 후다이(譜代)[1]와 도자마(外樣)[2]의 구별은 있지만 양자 관계는 유사(類似) 가족과 같은 것이라고 할 수 있습니다.

이런 관계는 혈연·지연에서 시작해서 나아가 친구까지, 상하좌우 다양한 관계로 형성되며, 그 관계가 널리 퍼져나간 전체에 '공(公)'이라는 공통의 의식이 형태를 갖추고 법 공동체를 이룹니다. 그 때문에 일본인은 법률을 잘 지킵니다.

이에 비해 중국에서는 왕조도, 정권도, 황제도, 관료도 서민들에게는 이른바 외부인이고, 신뢰의 대상이 아닙니다. 중국인이 신뢰할 수 있는 강한 연결고리는 혈연·지연밖에 없고, 거기서 일단 끊어져 버립니다.

그래서 중국인들은 일본인보다 훨씬 혈연과 지연을 소중히 하는 것입니다. 자신들의 혈육, 가족 간의 약속은 굉장히 잘 지키는데, 반대로 거기서 한발 멀어지면 전혀 상관하지 않습니다. 타인이 정한 규칙[rule]이나 국가가 정한 규칙[rule]은 지킬 필요도 없고, 지키려는 마음도 없습니다. 아무래도 상관없는 겁니다. 그러니까 국제법을 깨고도 태연합니다.

---

1) 에도시대 다이묘의 출신에 따른 구분법으로, 막부 성립 이전부터 도쿠가와 가문에 충성한 다이묘 및 가신 출신으로 도쿠가와막부 성립 후 최측근이 된 다이묘를 지칭함_역주
2) 후다이에 상대되는 것으로, 도쿠가와 가문이 승리한 세키가하라 전투를 전후하여 새롭게 도쿠가와 가문의 지배에 편입된 다이묘를 지칭함_역주

제**3**부

현대 중국은 어떻게 생겨났나

: 역사를 알면 지금이 보인다

제 7 장
현대 중국을 만든 명과 청

현대 중국의 시작은 명(明)

일찍이 서양사의 시대구분은 14세기에 시작되는 르네상스부터 현대까지의 기간을 'modern(모던)'이라고 했습니다.

이 'modern'의 번역어로 쓰인 것이 '근세' 혹은 '근대'라는 단어입니다. 일본어에서 근세와 근대는 둘 다 처음에는 'modern'을 번역한 것으로 뜻이 같았습니다.

그러나 오늘날의 역사학에서는 '근세'와 '근대'를 명확하게 구분합니다.

극히 개략적으로 말하자면, 서양사학에서 모던의 기간을 산업혁명(18세기 후반~19세기 초) 전과 후로 구별하는 생각이 주류가 되었기 때문입니다. 그래서 오늘날에는 산업혁명 이전의 모던을 'early modern(얼리 모던)'으로, 이후를 '모던'이라고 구분하게 되었습니다.

이에 따라 일본에서는 'early modern'은 '근세'로, 산업혁명 후의 'modern'은 '근대'로 번역하게 됩니다.

이렇게 말하면 근세와 근대가 각각 다른 용어로 쓰이게 된 것이 서양사에 근거한 변화라고 생각할지 모르겠지만 '근세'와 '근대'의 분화는 실은 동양사학에서 비롯된 것입니다.

동양사학에서 처음으로 '근세'라는 개념을 주창한 것은 나이토 고난이 설파한 '당송변혁'을 시대적 전환점으로 삼으면서입니다. 동양사학 분야에서는 이를 '송대 근세설'이라고 부릅니다.

일본에서 역사학이라고 할 만한 것이 시작된 메이지시대, 동양사의 역사 자료는 중국에서 기록된 한적(漢籍) 자료밖에 없었습니다. 그런데 중국 한적에 기록된 것은 왕조가 흥했다가 망하고, 다음 왕조가 흥했다가 망하고, 또 다음 왕조가 흥하는 식으로 거의 같은 일의 반복에 지나지 않았습니다. 이는 '역사학'이라고 할 수 없었습니다. 서양에서 탄생한 역사학이라는 학문은 시대에 따른 차이와 진보·발전을 밝혀내는 학문이었기 때문입니다.

그래서 일본의 역사학은 서양 역사학의 '시대구분'이라는 것을 하나의 지표로 삼아 자국의 역사를 정리해 나가기로 했습니다.

그랬더니 일본의 역사에 딱 잘 맞았습니다.

일본사의 시대구분이 순조롭게 성공했으니, 다음으로 중국 역사를 서양의 시대구분에 맞춰서 생각해 보려는 시도가 이뤄졌습니다.

이때 '서양의 모던에 해당하는 시기가 어디인가'라는 문제에 대해 나이토 고난이 주창한 것이 '송대 근세설'이었습니다. 그러나 전후(戰後) 이 주장에 이견이 다수 제기되어 격렬한 논쟁이 벌어진 시기가 있었습니다. 그런 과정에서 근대 서양과 밀접한 관계를 가지게 된 이후의 시기를 '근대', 그 이전을 '근세'라고 칭하는 사고방식이 나타났습니다.

현재 중국사에서 근세라고 하면 명청시대(14세기 말~19세기)를, 근대는 19세기 말에서 20세기, 특히 그 선반을 가리키는 경우가 많습니다. 또한 중국 대륙에는 정부 공식의 시대구분이 따로 있어서, 학문과는 별도로 생각할 필요가 있습니다.

아무튼 중국사의 근세는 서양사의 근세가 르네상스에서 18세기 산업혁명 전까지, 일본사의 근세가 쇼쿠호(織豊)시대(16세기 후반)[1]에서 에도시대(17세기~19세기)까지인 것과 시기적으로 거의 일치합니다.

그래서 학계에서는 세계적으로 공통된 '근세' 시기의 각각 다른 점들이 논의되고 있습니다. 그러나 이미 제5장 니담 패러독스 항목에서 서술했듯이 중국의 역사를 서양의 역사관에 완전히 대입하는 것은 불가능하고 별 의미도 없습니다.

그러면 근세에 해당하는 명은 중국사에서 어떤 의미를 지닌 시대일까요?

명대는 '현재의 중국을 이해하는 열쇠가 숨겨져 있다'고 생각합니다.

당송변혁이 중국 역사의 중요한 전환점이었던 것은 사실입니다. 예를 들어 강남의 경제력이 중원·북방의 정치를 뒷받침하는 구조는 송대에 확립되어, 이후 19세기 말까지 변함없이 중국의 기본 체제였습니다.

하지만 그 속살은 명을 경계로 크게 바뀌었습니다. 오늘날 중국에서 자주 문제시되는 언론 통제나 경제 체제는, 그러한 스타일이 명에서 시작되어 정착한 것입니다.

즉 오늘날 중국의 원형이 형성된 시기는 명나라 때라고 해도 과언이 아닙니다. 그런 의미에서 명을 아는 것은 지금의 중국을 이해하기 위해서 굉장히 중요합니다.

---

1) 전국(센고쿠)시대와 에도시대 사이에 오다 노부나가와 도요토미 히데요시가 집권한 시기를 합쳐 지칭하는 말_역주

원을 멸망시킨 것은 명이 아니라 한랭화였다

명의 건국은 1368년입니다. 주원장(朱元璋)이 난징(南京남경)에서 정권을 확립하고, 곧이어 약체화된 몽골 정권을 만리장성 북쪽으로 밀어냈습니다. 명 태조 홍무제(洪武帝)입니다.

명은 한인이 세운 왕조이기 때문에 흔히 송과 공통성을 찾는데, 최근 동양사학에서는 '한인 왕조'인지 '호족 왕조'인지 하는 시각으로 그 왕조의 성격을 논하는 경우는 거의 없습니다. 중국은 모든 것이 위정자의 민족성이 아니라 그 '시대'의 영향을 짙게 받은 정치 상황에 따라 명확하게 변하기 때문입니다.

그리고 송과 명은 '시대'가 전혀 다릅니다.

가장 큰 국면으로 말하자면, 송은 온난화의 시대였지만 명은 한랭화의 시대였습니다.

송과 명의 공통점은 황제가 한인이라는 사실뿐입니다. 그 몇 안 되는 공통점을 제외하면 송과 명의 정권은 성격도 구성도 모든 방향성[vector]이 반대입니다.

명은, 다원적 종족과 지역의 복합으로 이루어진 몽골 정권을 내쫓고 성립한 왕조였으므로 반(反)몽골을 국시(國是), 조법(祖法)으로 삼았습니다.

이 점을 두고 명나라가 순수한 중화성의 회복[中華純化]을 추구한 것은 바로 한인 왕조이기 때문이라고도 하는데, 반드시 그렇다고 할 수 없습니다.

새로운 왕조·정권은 자신의 존재 이유를 주장해야 하고, 자신의 정당성을 드러내기[appeal] 위해서는 이전 왕조·정권을 부정하는 것이 가장 편리하기 마련입니다. 새로 들어선 정권이 이전 정권을 부정하는 것은 중국만 그런 것이 아니라 세상 이치입니다.

명 태조 홍무제(洪武帝)

어쨌든 명이 '순수한 중화성의 회복 [中華純化]'으로 방향을 튼 것은 사실입니다. 명은 몽골이 이룩한, 광역에 걸친 상업 유통을 부정했을 뿐 아니라 화폐를 배제한 현물주의를 취했습니다.

명이 이런 정책을 편 것은 단순히 몽골에 반발했기 때문만은 아닙니다. 당시의 '위기적 상황'에 대응하기 위해 필요한 조치이기도 했습니다. 세계제국으로 성장한 몽골 정권의 쇠퇴는 14세기 중반부터 시작된 지구의 한랭화와 함께 시작되었습니다.

한랭화에 의한 농작물의 흉작, 그에 따른 상업의 쇠퇴, 감염증의 만연이 시작되었습니다. 이 시기 유럽에서는 '흑사병'이라 불린 역병이 크게 유행했습니다. 흑사병의 정체는 '선(腺)페스트'라고 추정되는데, 중앙아시아에서 발생해 몽골제국의 무역 간선루트를 거쳐 유럽에 전해지며 만연했음이 밝혀졌습니다. 같은 무렵 중국에서도 역병이 대유행했는데, 아마 같은 감염증일 것입니다.

이 역병으로 인해 가뜩이나 타격을 입었던 경제는 더욱 악화됐고, 중국과 유럽을 잇는 교역로인 '실크로드'는 왕래가 끊겼습니다. 상업의 쇠퇴는 몽골 지폐의 신용을 실추시켰고, 지폐의 보증이 되는 금은은 민간에 퇴장(退藏)되어 지폐는 휴지조각이 되어버렸습니다.

극심한 불황에 허덕이는 가운데 중국은 심지어 황하의 범람이라는 대규모의 자연재해를 당했습니다. 안 그래도 궁핍한 생활을 하고 있던 사람들은 황하 복구를 위한 수리 노역에 동원되자 반발하여 각지에서 반란을 일으킵니다.

폭동은 이윽고 신흥종교와 결합해 대규모 반란군으로 성장했습니다. 반란군은 표식으로 붉은색 두건을 착용했기에 '홍건적(紅巾賊)'으로 불렸습니다. 이른바 '홍건의 난'입니다.

명을 일으킨 주원장은 이 홍건의 난에 투신하여 출세한 인물입니다. 몽골 정권이 망한 것은 한랭화로 인한 각종 문제들을 수습할 수 없었기 때문입니다. 그러면 몽골이 하지 못한 일을 명이 해내서 왕조 교체가 되었느냐하면 그건 그렇지 않습니다.

사회 시스템이 이미 무너진 상황에서, 명이 새롭게 한랭화 시대에 맞는 시스템을 구축한 것입니다.

명의 존재 이유[raison d'être]가 된 '화이지변(華夷之辨)'

주원장이 목표로 한 것은 '중화'와 '외이'의 변별이었습니다.

즉 몽골이 구축한 '혼일'의 세계를 중화와 외이로 다시 나누고, 외이를 소외하고 배제함으로써 외이로 더럽혀진 중화를 회복하려 한 것입니다.

이를 '화이의 변[華夷之辨화이지변]'이라고 합니다. '변(辨)'은 구분하여 차별한다는 의미입니다.

사고의 논거가 된 것은 주자학이었습니다.

주자학은 앞서 말했듯이 모든 것을 나눠 보는 것을 기본으로 합니다. 사람은 '중화'와 '외이'로 구분되는데, 한인(漢人)은 존귀하고 이인(夷人)은 천한 것입니다.

주자학이 이런 사상을 가지게 된 배경에는 송대 지식인의 굴설된 감정이 있습니다. 송대는 유일무이한 존재여야 할 '천자=황제'가 여럿 존재했던, 천자를 모시는 한인 지식인에게는 굴욕적인 시기였습니다. 현실에 대한 지식인의 굴욕적 감정이 학문 속에서 이론상의 한인 우월을 주장하는 것으로 나타난 것입니다.

송나라 때 탄생한 주자학은 원나라 몽골 정권 하에서 한인 지식인들 사이에 정착하였고, 명대에는 국책(國策)과 결부되었습니다.

한인이 천자의 자리를 되찾고 몽골 정권을 북쪽으로 내쫓아 성립한 정권이므로 명나라에는 그 '레종 데트르'로서 '화이의 변'은 매우 편리했습니다.

명이 특이했던 것은 화이의 변을 단지 이념으로서만 내걸었던 것이 아니라 제도와 정책에서 실천한 점입니다.

우선 화이의 변에 준거하여 한인과 몽골인을 변별하는 작업을 했습니다.

정권을 잡고 있던 몽골인들은 북쪽으로 물러갔지만 중국 국내에는 몽골인이 아직 많이 남아 있었습니다. 심지어 그중에는 몽골인인지 한인인지 잘 알 수 없는 사람들도 굉장히 많았습니다. 원나라 때 한인들이 궁궐에서 관리로 일하거나, 돈벌이를 할 때에 그편이 더 유리하다고 몽골인 행세를 하기도 했습니다.

정부는 몽골에 충성을 맹세한 자는 몽골로 보내고 명에 남겠다는 자는 제대로 된 한인으로 되돌리기 위한 교육을 실시했습니다.

그렇게 화이를 확실히 구분한 다음에는 교통을 차단하기 위해 만리장성을 멋지게 새로 지었습니다.

만리장성으로 북방의 화이 경계선을 명확하게 그은 명은 남쪽과 동쪽에 대해서는 해안선을 경계선으로 삼아 교통과 무역에 엄격한 통제를 가하여 화이의 왕래를 제한했습니다.

왕래를 허락한 나라는 명 황제에게 신하로 복종할 것을 맹세하고 이를 '조공(朝貢)'이라는 행동으로 보여준 나라뿐이었습니다. 신하로 복종하여 조공을 완수하면 외이의 수장에게는 적절한 작위(爵位)가 수여되었습니다. 작위 중에 최고위 작위가 바로 '국왕'이었습니다. 조선국왕과 류큐(琉球유구)국왕 그리고 일본국왕은 이 '조공일원체제(朝貢一元體制)'를 토대로 탄생한 것입니다. 예로부터 있었던 '책봉(冊封)'의 부활이라고 착각하기 쉬운 것이었습니다.

상대가 나라이면 신하의 나라로서 복종과 조공을 의무화하고, 거부하면 국교를 단절할 수 있습니다. 그런데 상대가 개인이나 작은 집단이라면 할 수 있는 게 없습니다.

당시 해안선에는 어민(漁民)인지 상인인지 아니면 해적인지 뭔지조차 잘 알 수 없는 사람들이 수두룩했습니다.

해안선에는 이런 패거리를 단속하는 치안 유지의 문제에다가, 또 하나 향후 '무역'을 어떻게 할 것인가라는 경제 문제도 있었습니다.

두 가지 과제를 해결한 것이 '해금정책(海禁政策)'입니다. '해금(海禁)'이란 '하해통번(下海通番)의 금(禁)'의 약칭으로 각종 해양 통제 정책의 총칭입니다. '번(番)' 자는 '번(蕃)', '만(蠻)'과 마찬가지로 해외 세력이란 의미입니다.

주원장이 가장 먼저 한 것은 연안부의 민중들이 약탈 행위를 하거나 해적과 결탁하지 못하도록 아예 바다로 나가는 것 자체를 금지한 것입니다.

이 시점의 목적은 치안 유지뿐이었으므로 상인의 해외 도항이나 교역은 아직 인정되었습니다. 그러나 이후 해적, 밀무역 등이 횡행하자 민간무역까지 전면 금지됩니다.

이처럼 극단적일 정도의 '화이의 변'은 명나라에 경제적인 불이익을 초래하지 않았을까 의문이 들겠지만 실제로는 경제를 재건하려면 이렇게 하는 것이 필요했습니다.

명은 경제가 바닥까지 악화된 상태에서 탄생한 정권이었기 때문입니다. 바닥까지 떨어졌을 때 가장 우선되는 것은 '재활[rehabilitation]'입니다. 명은 다른 무엇보다 농업 생산을 재건하는 게 가장 시급히 착수해야 할 과제였습니다.

그러기 위해서는, 상거래는 최소한으로 억제하는 편이 바람직하고, 무역도 안 할 수 있다면 그 편이 나았습니다.

즉, 화이의 변은 명이 건국할 단계에서는 가장 알기 쉬운 '레종 데트르'임과 동시에 황폐해진 국토와 바닥까지 떨어진 경제를 재건하기 위한 이념적 틀로서도 바람직한 것이었습니다.

문제가 생긴 것은 훗날이었습니다. 다른 시대나 국가라면 상황이 바뀐 시점에서 정책을 상황에 맞게 변경해 나갔겠지만, 명은 그러지 못했기 때문입니다.

공포정치와 그 목표

명을 건국한 주원장은 빈농 집안에서 태어나 자신의 대에 황제까지 오른 인물입니다. 그런 의미에서 주원장은 꽤 대단한 인물이긴 하지만, 중국에서는 흔히 그런 인물일수록 많은 인민을 죽인 사람이라서, 주원장이 직접 손을 대서 죽인 숫자만도 만 단위에 이른다고 하니 보통 심각한 일이 아닙니다. 이 정도면 그와 겨룰 만한 인물은 없을 것 같지만, 사실은 제일 가까이에 또 한 사람 있습니다.

주원장의 아들로 훗날 등장하는 영락제(永樂帝) 역시 아버지 못지않은 규모의 숙청을 단행했습니다. 그것을 상징하는 말이 바로 '영락의 과만초(瓜蔓抄, 오이 덩굴 걷어올리기)'입니다.

이 말은 덩굴과 식물은 한 곳을 당기면 고구마 줄기처럼 줄줄이 전부 이어져서 끌려오는 것을 빗댄 말로, 요점은 한 사람이 체포되면 일족과 가문 모두 연좌로 처형되었다는 것입니다.

그런 의미에서 부자 2대의 정치는 그야말로 '공포정치'라고 할 만합니다.

주원장이 숙청의 대상으로 삼은 것은 몽골 이상으로 싫어했던 강남의 유력자들입니다. 앞서 언급한 만(萬) 단위의 처형은 대부분 강남 사람들을 상대로 이뤄졌습니다.

명은 역대 중국 왕조 중에서 유일하게 강남 지역에서 흥기한 왕조입니다. 강남은 경제가 발전하여 화북(화베이)에 비해 지주나 유력자가 많았고, 주원장은 이러한 세력을 잘 활용해 위로 올라갔던 것입니다.

그런 강남을 왜 탄압했을까요?

주원장이 염두에 둔 것은 남북의 경제 격차 해소입니다.

원 말기의 혼란으로 정부에서 발행한 지폐가 휴지조각이 되자 그 영향은 생산력이 낮은 화북에서 더욱 심각했습니다.

화북과 강남은 12세기 전반에 금과 남송이 대립한 이후 오랫동안 분리 상태에 있었습니다. 몽골 정권 또한 강남의 경제력으로 화북을 지탱하는 정치 체제를 취했기에 남북의 통치는 일률적이지 않았고 달리 행해졌습니다. 그 결과 화북은 강남보다는 오히려 유목민 정권과의 연계가 깊어졌습니다.

강남에서 흥한 명이 자신의 정권을 '중화'라고 표방하려면 이 분리된 화북과 강남을 하나로 묶어낼 필요가 있었습니다.

외이를 몰아내는 것만으로는 남북을 통합할 수 없습니다. 남북 통합에는 양자 사이에 있는 막대한 경제적 격차를 해소해야 했습니다.

그럼 어떻게 격차를 해소할 수 있을까요?

답은 간단[simple]합니다. 어느 한 쪽을 다른 한 쪽 수준에 맞추면 됩니다. 이상적으로야 경제력이 낮은 쪽을 높은 쪽 수준으로 끌어올려서 합치시키는 것이지만, 낮은 쪽을 높은 수준으로 끌어올리는 것은 당시 상황을 생각하면 일단 불가능합니다.

높은 쪽을 낮은 수준으로 끌어내려 맞추는 것은 쉽지는 않아도 불가능하지는 않습니다.

사회를 직접 장악하다

그렇게 생각한 주원장이 단행한 것이 '현물주의'를 중국 전역에 적용하는 것이었습니다.

여기서 말하는 '현물주의'란, 화폐를 배제하고 재정 활동을 수행하는 것을 말합니다. 경제에서 후진적인 화북에서 그때 나타났던 현물거래·물물교환 현상을 아예 항구화, 제도화한 것입니다. 이 정책을 전국적으로 실시해 세금은 현물로 징수하고, 정부는 모은 현물을 그대로 소비했습니다.

현물주의를 단행하면 왜 강남의 경제력을 빼앗는 결과가 될까요.

답은 현물주의에 근거하여 재정 운영을 실시하려면 구체적으로 무엇이 필요할지 생각하면 나옵니다.

물자와 노동력을 직접 확실하게 징수하려면 과세 대상을 정확히 파악해야 합니다. 구체적으로 말하면 과세 대상자가 몇 명이고, 그 사람들이 얼마만큼 토지를 소유하고 있는지 조사하고 파악하는 것이 필수적입니다.

그래서 조사·작성한 것이 '어린도책(魚鱗圖冊)'과 '부역황책(賦役黃冊)'이라고 불리는 두 종류의 장부였습니다.

'어린도책'이란 토지의 장소와 넓이, 소유자를 기재한 토지대장인데, 장부에 기재된 토지 분할도가 마치 물고기 비늘처럼 보여서 붙은 이름입니다.

다른 하나 '부역황책'은 오늘날로 말하면 호적대장과 조세대장을 겸한 것입니다. 표지를 노란색 종이로 만들어서 '황책'이라고 불렀습니다. 부역의 '부(賦)'란 '전부(田賦)'라고 불린 농작물의 현물 납세를 의미하고, '역(役)'은 '노역'을 의미합니다.

이 두 대장을 근거로 토지에서는 농작물을, 사람에게서는 노동력을 직접적으로 빠짐없이 징수했습니다.

송과 원의 시대에는 이런 엄격한 과세와 징수가 없었습니다. 상업 유통을 장악해서 그 수입에서 일부를 착취하는 것으로 충분히 정권을 유지할 수 있었기 때문입니다. 그런 만큼 엄격한 징세는 민중들에게 큰 부담이 되었습니다.

그러나 민중 이상으로 이런 정부의 관리를 싫어한 사람들이 소작을 많이 거느린 대지주들이었습니다. 이들은

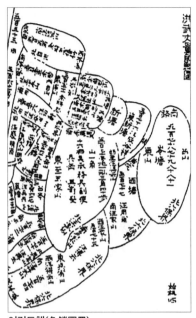

어린도책(魚鱗圖冊)

일족 중에서 관료를 길러내어 자신들의 이권을 지키려 획책했지만 결과적으로 도리어 더 큰 재앙을 불러들입니다.

민간 사회를 직접 장악하려는 황제에게 지주들의 행동은 자신의 권력 행사를 막는 장애물로 비쳤기 때문입니다. 강남의 유력 관료와 유력 지주들은 대규모 숙청의 대상이 되어 버렸습니다.

의옥(疑獄) 사건과 대규모 숙청

주원장의 대규모 숙청 중에 가장 유명한 것이 바로 '호람(胡藍)의 옥(獄)'으로 총칭하는 두 건의 의옥 사건입니다.

하나는 치세 13년차(1380년)에 벌어진 '호유용(胡惟庸)의 옥'을 말합니다.

당시 호유용은 재상의 자리에 있었는데, 외국과 은밀히 접촉해 모반을 꾀했다는 죄목으로 처형됐습니다. 이때 주원장은 '호당(胡黨, 호유용과 관계있는 자)'이라는 명목으로 그 일가 친족은 물론이고, 강남 지방의 지주들을 줄줄이 적발하여 처형했습니다. 호유용과 관계없는 지주까지 모조리 붙잡혀 거의 조사도 받지 않은 채 처형되는 모습을 목도한 강남 지주들은 공포에 질려 타인을 밀고하게 되었습니다. 밀고자가 되어 자신이 죄를 추궁당하는 것을 면하고자 한 것이지만 오히려 사망자를 늘리는 결과를 초래합니다.

최종적으로 호유용의 죄에 연좌된 자의 수는 1만 5천 명이 넘었다고 합니다. 원래 중국에서는 일가 친족의 연좌가 드물지 않지만 1만 5천 명 규모의 연좌는 전례가 없습니다.

참고로 호유용의 옥을 계기로 정부는 이후 재상을 두지 않았고, 황제 권력은 더욱 커지게 됩니다.

두 번째 사건은 주원장 재위 26년차(1393년)에 일어난 '남옥(藍玉)의 옥'입니다. 남옥은 명나라 건국 초기의 중신인 상우춘(常遇春)의 처남뻘인 인물로 군공을 여럿 세운 명장이었습니다. 하지만 그 역시 모반을 기도한 혐의로 숙청되었습니다. 이때도 대규모 '남당(藍黨)' 사냥이 벌어져 1만 5천 명이 넘는 사람들이 연좌되어 처형되었습니다.

'호람의 옥'에 연좌되어 처형된 지주들의 토지는 정부가 소작인까지 통째로 몰수했습니다. 이 조치로 원래의 소작인이 해방된 것이 아닙니다. 그들은 정부로부터 토지를 빌리는 셈이 되어 기본 과세에 더해서 토지 대여비가 추가되었습니다. 대략 정부가 수확의 50%를 가져가게 된 것입니다. 게다가 '노역'으로 육체노동 봉사까지 의무화되었으니 생활은 가혹했습니다.

주원장은 그외에도 '문자옥(文字獄)'이라 불리는 언론통제를 실시했습니다. '문자옥'이란 특정 문자의 사용을 금지하는 것인데, 실상은 가공할 만했습니다.

사용을 금지한 글자는 '빛 광(光)', '대머리 독(禿)', '승려 승(僧)' 자 등등인데, 주원장 자신이 걸식승 생활을 했던 과거를 말살하기 위해서였다고 합니다.

금자(禁字)들은 비록 주원장 관련 문서가 아니라도 저 글자를 쓴 것만으로도 발각되면 즉각 처형되었습니다. 그런 글자를 사용하는 것 자체가 금기시 [taboo]된 것입니다.

문자옥이 유독 무시무시한 점은 금지 문자가 명확하게 규정되어 있지 않아서입니다. 그의 과거 악행을 연상시키는 '도적 도(盜)'자와 음이 같다는 이유로 '길 도(道)'자를 사용한 자들이 처형당하기도 했습니다.

음이 완전 똑같지도 않은데 비슷하다는 이유만으로 '날 생(生)'자를 쓴 사람이 처형된 사례도 있습니다.[1] 이처럼 범죄의 규정이 애매하다는 것은 실제로는 대부분이 억울한 죄였다는 사실을 의미합니다.

아마 이 문자옥도 '지주 밟아놓기'의 일환이었던 것 같습니다. 당시의 '문인(文人)'은 대부분 부유한 지주의 자제였기 때문입니다.

왜 이렇게까지 강남의 지주를 탄압했을까요?

이 항목 도입부에서 주원장이 '강남을 싫어했기' 때문이라 썼지만, 이렇게까지 철저히 탄압한 배경에는 단순히 싫은 것만이 아니라 역시 분명한 의도가 있었다고 생각합니다. 그것은 남북 격차를 해소하는 한편 유력 인사와 지식인을 억눌러 황제 권력을 강화하겠다는 것입니다.

하지만 뒤집어서 생각해보면, 이 정도로 탄압할 수밖에 없었다는 것은 그만큼 황제 권력과 정부의 '거버넌스(governance, 관민 협치)'가 취약했음을 의미합니다. 중국에서는 민중을 강압적으로 통제하지 않으면 따르지 않는다는 것입니다.

---

1) 중국어로 승(僧)은 sēng, 생(生)은 shēng으로 발음이 비슷함_역주

이런 경향은 사실 지금도 다르지 않습니다. 그래서 중국 정부는 민중, 지금은 인민의 폭동을 항상 두려워하고 있습니다.

정난(靖難)의 변과 영락제

지방 유력자들을 밟아놓은 주원장은 자신의 아들들을 '왕'으로 봉하여 각지에 영지를 주었습니다[封建]. 이때 연왕(燕王)에 봉해져 북평(北平, 지금의 베이징)을 본거지로 삼은 이가 주원장의 넷째 아들로 훗날 3대 황제 영락제가 되는 주체(朱棣)입니다.

명은 영락제 때 난징에서 베이징으로 수도를 옮기지만, 천도 자체는 원래 주원장이 원했던 것입니다. 주원장은 베이징보다 서쪽의 장안을 고려했던 것 같은데, 장자이자 황태자인 주표(朱標)를 장안으로 사전 답사차 보내기도 했습니다.

주표가 아버지를 계승하기 전에 세상을 뜨는 바람에 천도 계획은 좌절되고, 새로 후계자로 삼은 사람은 주표의 아들 윤문(允炆)이었습니다.

윤문은 2대 황제 건문제(建文帝, 재위 1398~1402)가 되었는데, 그는 강남에 눌러 앉아 천도를 할 생각이 없었습니다.

건문제가 두려워한 것은 자신보다 나이가 많고 각지의 왕으로서 세력을 가진 듯 보이는 숙부들의 존재였습니다. 건문제는 그들을 제거하려 계획했습니다.

그 계획을 앞서 알아차린 주체는 당하기 전에 선수를 쳐야 한다며 거병해서 조카를 죽이고 제위에 오릅니다. 이것이 '정난(靖難)의 변(變)'입니다.

영락제는 즉위하자마자 전 황제 건문제의 일족과 관계자들을 모두 처형했습니다. 처분에 봐주기는 일체 없었고, 처형을 면한 건문제 측근의 자녀

들조차 '관기(官妓, 관청 소속 매춘부)'로 전락했다고 합니다. 이런 비정함과, 영락제의 건문제 관련자에 대한 숙청 때문에 '영락의 과만초'란 말이 생겨났습니다.

영락제는 조카로부터 제위를 빼앗은 셈이지만, 명의 정권 이념·정책 방침이라는 측면에서 보자면 강남 밟아놓기의 조치나 강남에서 화북으로의 천도 문제 등 주원장의 뜻을 제대로 계승한 군주라 할 수 있습니다.

핏줄이라는 점에서 정통성이 있는 것은 적손자인 건문제일지 모르겠지만, 정책적·체제적으로 말하자면 주원장의 후계자는 영락제입니다.

강남 삼각주의 차원이 다른 발전

베이징 천도로 화북의 지배를 받는 강남이라는 구도가 다시 완성됩니다.

생산력이 낮은 화북으로 수도가 이전하면서 화북은 관료와 군대가 집중되는 일대 소비지가 되었습니다. 영락제는 1410년 이래 5차례에 걸쳐 몽골 친정을 실행하는 등 적극적인 확대 정책을 펼쳤기 때문에 군대 유지를 위한 소비는 막대했습니다.

또한 영락제는 홍무제의 해금정책을 계승하여 조공의 확대에도 힘을 썼습니다. 유명한 '정화(鄭和)의 남해 파견' 역시 목적은 조공의 확대였습니다.

조공이란 본래 주위 나라에서 자발적으로 덕을 사모하여 공순(恭順)의 뜻을 표하려 찾아오는 것이지만, 현실에서는 기다린다고 해서 아무도 조공 같은 건 하러 오지 않습니다. 그래서 정화를 파견하여 명나라의 위세와 덕을 주변 여러 나라에 알리고자 했던 것입니다. 즉, 정화의 역할은 조공 확대를 위한 선전 활동이었다고 할 수 있습니다.

그런데 조공은 지참해 온 공물 이상을 황제가 답례품으로 하사해야 하기 때문에 조공을 확대하면 할수록 경제적으로는 지출이 증가합니다. 결과적

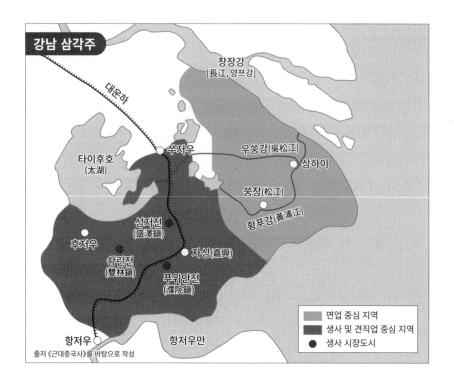

강남 삼각주

대운하

창장강
[長江, 양쯔강]

수저우

우쑹강(吳松江)

상하이

타이후호
(太湖)

쑹장(松江)

황푸강(黃浦江)

성저전
(盛澤鎮)

후저우

자싱(嘉興)

샹린전
(雙林鎮)

푸위안전
(濮院鎮)

항저우

항저우만

졸저《근대중국사》를 바탕으로 작성

■ 면업 중심 지역
■ 생사 및 견직업 중심 지역
● 생사 시장도시

으로 강남은 이러한 경비도 부담하게 됩니다.

거대한 소비를 조달하기 위해 강남에서 화북, 특히 베이징으로 운반하는 물자가 늘면서 조운의 중요성이 커졌고, 대운하가 새롭게 정비되었습니다. 177쪽의 그림을 다시 참조하기 바랍니다. 원이 개통한 회통하(會通河)를 다시 수리해 베이징으로 직결되는 루트를 확보했습니다.

강남은 한편에서는 지주가 숙청되고 부가 북쪽으로 빨려 들어갔지만, 이후 쇠퇴하기는커녕 대단한 발전을 이루게 됩니다.

양쯔강 하류 유역에 해당하는 강남 삼각주는 당송변혁의 기술혁신으로 광대한 수전(水田) 지대로 변모했습니다. '소호(蘇湖, 蘇州쑤저우와 湖州후저우)가 풍년이 들면 천하가 풍족하다.'는 말이 있을 정도로 송과 몽골의 정권은 이곳 강남 삼각주에서 수확한 쌀로 연명해 왔다고 해도 과언이 아닙니다.

그런데 14세기부터 15세기에 걸쳐 강남의 쌀 생산량이 현저히 떨어졌습니다. 이유는 수리 조건의 변화에 따른 재배 작물의 전환이었습니다. 온 경지가 수전으로 탈바꿈한 강남 삼각주에 벼농사를 지을 수 없는 곳이 많아지고 말았습니다. 벼 대신에 보급한 것이 원나라 때 인도에서 전래된 '목화[cotton]'였습니다.

목화는 인도나 이집트에서는 오래전부터 재배되어서 서쪽 지역에서는 일찍부터 의류 등에 널리 사용되었습니다. 그러나 동아시아에는 이때까지 목화가 없었고, 주로 마(麻)가 사용되었습니다.

마는 여름에는 시원하고 쾌적하지만 보온성이 낮고 딱딱해서 감촉이 좋지 않습니다. 그래서 중국인이 발명한 것이 누에고치에서 생사를, 생사에서 '비단'을 만들어 내는 기법입니다. 세계가 넓다고는 해도 벌레를 가축화한 것은 아마 중국인뿐일 것입니다. 중국이 어떻게 비단을 만들었는지는 오랫동안 세계의 수수께끼였습니다. 비단은 중국을 대표하는 특산품이 되었고, '비단'이라고 하면 중국을 의미했습니다. 고대 로마에서는 중국을 '세리카(Serika)'라고 불렀는데, 이는 비단을 뜻하는 라틴어입니다.

원래 비단은 중국 내륙부에서 만들어졌는데 강남 삼각주가 양잠에 필수적인 뽕나무 재배에 적합한 장소가 되면서 비단 생산이 한층 활발해졌습니다.

이리하여 그때까지 온통 논[수전]이던 강남 삼각주는 중앙부에서는 보리 등의 겨울 작물, 태호(太湖) 남쪽에서는 뽕나무와 쌀, 주변부에서는 목화 재배만이 아니라 비단·목면을 생산하는 수공업이 발흥합니다. 쌀 단일경작[monoculture]이었던 한 세대 전과는 차원이 다른 발전을 이루었습니다.

후저우(湖州호주)는 생사의 대규모 생산지가 되었고, 여기서 만들어진 생사는 '호사(湖絲)'라고 불리며 생사 중에서도 특히 고품질로 대단한 인기 상품이 되었습니다.

목면 역시 동아시아에서는 강남에서만 만들 수 있는 특산품이었습니다.

강남 삼각주에서 생겨난 이런 특산품들은 전 세계적으로 인기를 얻고 비싼 값에 거래되면서 강남을 크게 발전시켰습니다.

목면·비단 산업이 번창하면서 강남에서는 많은 노동력이 필요해졌고, 인구가 급격히 증가했습니다. 그러나 수전이 줄어들고 있었기 때문에 강남만으로는 식량을 감당할 수 없었습니다.

이에 따라 벼농사를 지을 수 있는 장소를 따로 개발해야 했고, 새로운 수전 개발이 진행됩니다. 이렇게 새로 곡창지대로 개발된 곳이 창장강(양쯔강) 중류 지역이었습니다.

15세기 이후의 명대에서는 '호광(湖廣, 湖北후베이와 湖南후난)이 풍년이 들면 천하가 풍족하다.[1]'는 말이 나오게 된 것입니다.

이 말은 단순히 곡창지대가 강남 삼각주에서 후베이, 후난으로 옮겨갔다는 사실만을 의미하지 않습니다. 강남 삼각주의 산업구조가 바뀌고 중국 전체 규모로 지역 상호 간의 분업과 의존 관계가 완성되었다고 하는, 당시의 발전 배경을 내포한 문구입니다.

무너지는 주원장 시스템

지역 간 분업이 진행되면 당연한 일이지만 상업 유통이 확대되어 갑니다.

상업의 융성은 화폐 수요를 증가시키지만, 현물주의 때문에 사용할 수 있

---

1) 湖廣熟 天下足_역주

는 화폐는 극히 제한되어 있었습니다.

중국 왕조에서는 '제전(制錢)'이라고 하여 황제가 즉위할 때마다 그 연호를 붙인 동전을 발행했기 때문에 주원장(홍무제)과 영락제도 일단은 홍무통보(洪武通寶)와 영락통보(永樂通寶)라는 동전을 발행했습니다. 하지만, 기념주화와 같은 것이어서 시장에서 광범위하게 유통되지는 않았습니다.

명나라 정부는 애당초 화폐를 발행하거나 조절하려는 발상과 기술[skill]이 없었기 때문에 민간이 아무리 원한다 해도 전혀 대처할 수 없었습니다.

곤란해진 민간은 자신들끼리 상의하여 화폐를 만들어 냅니다. 지금까지 있던 동전, 즉 송전(宋錢)을 사용했습니다. 그것으로 모자라면 동전의 표면을 얇게 벗겨내어 두 개로 늘리거나 청동 기물을 녹여 동전을 주조하기도 했습니다. 요컨대, '사주전(私鑄錢)[1]'이나 '악전(鐚錢, 비타센)[2]'을 사용한 것입니다.

그런데 이런 동전은 가치를 합의한 동료끼리의 장사에서는 사용할 수 있어도, 생면부지의 다른 그룹과의 거래에서는 통용되지 않습니다. 다른 백화점의 상품권을 사용할 수 없는 것과 마찬가지입니다.

당시 무역 금지령은 아직 남아 있었지만 실제로는 무역이 활발하게 이뤄지고 있었습니다. 공식적으로는 금지된 이상, 무역 주체가 된 것은 밀무역업자들입니다.

밀무역업자들은 당국의 눈 따위는 아랑곳하지 않고 많은 거점을 만들어 해외의 무역업자들을 끌어들였습니다. 이런 거점은 국내외 상인들이 모이는 일종의 식민지[colony] 같은 양상을 띠며, 그중에는 도시로까지 발전한 곳도 있습니다.

---

1) 사사로이 만든 돈. 민간에서 위조한 동전을 말함._역주
2) ビタ錢, 무로마치막부부터 에도막부 초기까지 중국 도래전을 모방한 사주전 중에 품질이 낮은 것을 지칭함. 여기에서는 품질이 낮은 동전을 가리킴._역주

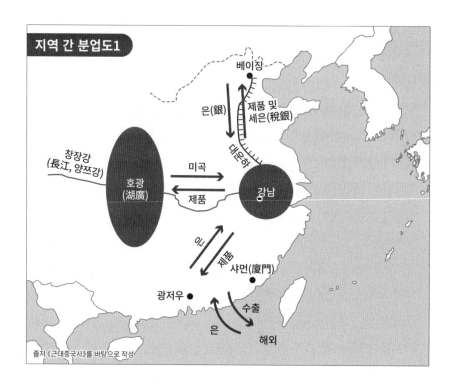

지역 간 분업도1

베이징

은(銀)

제품 및
세은(稅銀)

창장강
(長江, 양쯔강)

미곡

호광
(湖廣)

제품

강남

대운하

은

제품

샤먼(廈門)

광저우

은

수출

해외

출저《근대중국사》를 바탕으로 작성

　당시의 흔적을 아직도 간직하고 있는 곳이 '마카오'와 '아모이[1]' 등입니다. 그곳에는 많은 일본인 업자도 출입하고 있었습니다.

　이들 밀무역업자가 이른바 '왜구'의 정체입니다. 왜구 중에는 물론 일본인도 있었지만 그 외에 포르투갈인 등도 있었고, 무엇보다 압도적 다수를 차지한 것은 현지 대륙의 한인(漢人) 밀무역업자였습니다.

　밀무역업자들이 '화폐를 대신할 물건'으로 사용한 것이 '은'이었습니다. 은은 그 자체로 가치가 있어서 어디에 가져가도 통용됩니다. 동전으로는 직접 거래할 수 없는 그룹·지역과도 은이라면 교역이 가능합니다. 위 그림과 같은 분업이나 상호의존은 은이 있어야 가능한 관계였습니다.

---

1) 푸젠성 샤먼(廈門하문)의 영문명_역주

이 시기는 정확히 서양의 대항해시대와 겹쳐서 '신대륙'이나 일본 열도로부터 대량의 은이 채굴되고 있었습니다. 그중 많은 부분이 중국으로 흘러들어가게 됩니다.

중국의 주 수출품은 강남 삼각주의 새 특산품인 비단과 목면이었습니다. 일본이 은으로 구입한 것도 목면과 생사였습니다.

당시 일본은 중국의 첫째가는 무역 상대였습니다. 강남 목면의 대규모 산지인 송강(宋江) 면포는 총생산의 약 90%가 일본으로 수출되었습니다. 송강 면포는 일본에서는 '남경목면(南京木綿)¹⁾'으로, 앞서 말한 '호사(湖絲)'는 '백사(白絲, 일본어로 시라이토)'로 불려 둘 다 당시의 주력 상품이었습니다.

전국(센고쿠)시대의 일본에서는 세계유산인 이와미 은광[石見銀山]을 필두로 많은 금광과 은광이 개발·채굴되었는데, 그곳에서 채굴된 은의 대부분을 백사와 남경목면을 사기 위해 중국에 계속 바쳤다고 해도 과언이 아닙니다.

은이 대량으로 들어오면 관료들도 은을 욕망하게 됩니다. 관료들은 중국 전역에 부임하기 때문에 어디서나 쓸 수 있는 은이 더 편했기 때문입니다.

그리하여 경제뿐만 아니라 재정도 사실상 은 본위로 전환되면서 주원장이 정한 명나라의 현물주의는 무너져 갔습니다.

관과 민의 괴리가 만들어 낸 '북로남왜(北虜南倭)'

명 건국 이래의 대외적인 국시(國是)는 '화이의 변'에 근거하는 조공·책봉의 일원적 체제였습니다.

---

1) 일본어로 남경이 난킨(ナンキン)으로 불려 영문으로 Nankeen 혹은 Nankeen cloth라고 함_역주

명 왕조의 판도

외이(外夷)

장성(長城)

선양(瀋陽)

베이징(北京)

황허강(黃河)

중화

창장강(長江)

난징(南京)

황하(黃河)

광둥

출처 《중국 '반일'의 원류》를 바탕으로 작성

하지만 명나라에 신하로 복종하지 않겠다는 사람들도 당연히 존재했습니다. 그 대표가 바로 주원장이 장성 이북으로 몰아냈던 몽골인데, 당시 한자어로는 달단(韃靼)입니다.

영락제는 몽골을 몇 번이나 원정했으나, 몽골과 명은 이후에도 16세기 말까지 오랫동안 대치했습니다.

대결한 것은 양측 정부이고, 민간에서는 활발하게 밀무역이 행해지고 있었습니다. 무역의 주요 품목은 몽골의 좋은 말과 중국의 차입니다.

밀무역은 국시에 어긋나는 위법 행위였으나, 민간의 사정을 알고 뇌물을 받은 관료들은 기본적으로 알고도 모른 척 '묵인'했습니다.

그러나 위법 행위인 이상 때때로 단속이 단행되었습니다.

상대가 힘을 동원해 단속하면 밀무역업자들도 자신들의 이권을 지키기 위해 무력으로 대항하게 됩니다.

장성 부근에서 전투가 끊이지 않았던 것은 이 분쟁이 원인이었습니다.

같은 문제는 동남쪽의 해안선에서도 빈발하고 있었습니다.

이 시대에 '해적' '왜구'라는 표현이 아주 많지만, 그 실태는 민간의 밀무역업자가 무장한 것에 지나지 않습니다. 앞에서 쓴 것처럼 '왜구=일본인'이라고 생각하지만, 그것은 거래액이 많은 일본의 업자가 눈에 띄었을 뿐이며 대다수는 명의 밀무역업자였습니다.

북쪽과 마찬가지로 무력 충돌이 끊이지 않아 16세기 중반에는 '가정(嘉靖)

의 대왜구(大倭寇)로 불리는 대규모 충돌이 일어났습니다. 이 시기에는 북쪽에서도 몽골이 베이징을 포위 공격하는 사건인 '경술(庚戌)의 변(1550년)'이 일어났습니다.

명에서는 남북의 양 경계 지역에서 발생한 분쟁을 '북로남왜(北虜南倭)'라고 칭했습니다. 이 말은 북쪽의 몽골 '달로(韃虜)'와 남쪽의 '왜구'가 중대한 위협임을 나타내는 표현입니다. '왜'는 쉽게 알 수 있지만, 유목민에 대한 멸칭인 '로(虜)'는 우리에게 좀처럼 와 닿지 않을 겁니다.

'북로남왜'라고 듣게 되면 그야말로 해외로부터의 침공·위협에 시달리는 듯한 인상을 받지만, 실제로는 실물경제와 괴리되어 있음에도 불구하고 정부가 완강히 무역을 인정하지 않은 것이 분쟁의 원인이었습니다.

무역은 큰 이익을 낳으므로 민간을 잘 이용하면 좋을 것 같은데 중국 왕조는 그렇게 할 수 없었습니다.

현물주의도, 금은의 사용 금지도, 조공 이외의 무역 금지도 모두 명 왕조의 시조가 정한 신성한 '조법(祖法)'이었기 때문입니다.

유교 이데올로기에서는 조법을 후손이 함부로 고쳐서는 안 된다는 것이 통념입니다.

'조법'이 있기 때문에 무역 금지도, 현물주의도 명이 멸망할 때까지 전면적인 해제는 이루어지지 않았습니다.

다시 말하지만 임기응변이나 개혁, 진보·발전이라는 사고방식은 모두 서양 사상에 근거한 것입니다. 유교에는 시간적으로 훗날 나온 것이 더 낫다거나 임기응변으로 바꾸는 것이 낫다는 관념은 존재하지 않습니다.

유교적 가르침이 담겨 있는 것을 '경전'이라고 하는데, '경'이란 '영원한 진리'를 뜻하는 글자입니다. 영원한 진리는 어느 시대에나 진리이므로 바꿀 필요가 없습니다. 필요가 없기는커녕 절대 바꾸면 안 됩니다.

이렇게 옛날일수록 좋다고 하는 사상을 '상고사상(尚古思想)'이라고 하는데, 그 뿌리가 된 것은 공자가 말한 '오래전에 요순과 같은 성스러운 천자가 다스렸던 황금시대가 있었고, 그 후 인간 사회는 점점 타락해 갔다'는 언설[story]입니다.

모든 것이 옛날이 더 좋았다고 여기므로 지금 사람들보다 조상이 옳다, 그러니 조상이 정한 '조법'은 결코 바꾸면 안 된다는 이야기가 됩니다.

'북로남왜'의 시대에 정부 정책과 민간경제가 이처럼 크게 엇갈린 배경에 존재한 것이 심각한 관과 민의 괴리[官民乖離]였습니다.

송대에 사회 엘리트층을 형성한 이들은 과거에 합격하여 관료가 된 이른바 '사대부'였습니다. 명대에는 그 엘리트 계층을 '향신(鄕紳)'이라 불리던 사람들이 대신하게 됩니다.

향신도 기본적으로는 사대부와 마찬가지로 과거에 합격해 학위를 받은 사람들입니다. 이들은 과거에 합격했음에도 송대와 달리 정부의 관료가 되는 길을 택하지 않고 고향에 머무르며 지역 명사로 힘을 행사하기로 선택한 사람들입니다.

학위·자격이라는 점에서는 관료와 같은 지위·입장에 있었습니다. 하지만 관료가 아니므로 그들의 입장은 보다 서민에 가깝게 됩니다. 그런 의미에서 관과 민의 중간적 위치에 있었다고 할 수 있습니다.

제6장에서도 언급했지만 관료의 수는 적고 몇 년마다 전근을 해야만 했으므로 부임지의 실무는 그곳의 전문가가 맡는 것이 관례였습니다.

명대에 이 전문가 역할을 한 것이 바로 향신이었습니다. 그들은 관료제만으로는 감당할 수 없는 지역의[local] 민치(民治)를 위임받은 사람으로서 힘을 휘두르게 됩니다.

그런 측면에서 명대의 과거는 관료가 되기 위해서라기보다는 서민들이 살아나가는 데 필요한 도구[tool]로서의 역할[1]쪽이 더 커졌다고도 할 수 있습니다.

게다가 향신은 진사의 특권을 살려 지역에서 일가친척들로 구성된 커뮤니티를 묶어주는 역할을 했습니다. 여기서 말하는 '커뮤니티'의 사업 내용은 천차만별입니다. 치안을 유지하는 경찰과 재판도 있고, 도로 정비나 소방, 위생, 자선도 있었습니다. 그 실태는 향신의 지연·혈연, 동향·동업 관계에 따라 천차만별이었습니다.

어쨌든 서민이 의지해야 할 상대는 외지인인 관료가 아니라 지역에 뿌리내린 향신이었습니다.

송대에도 '사(士)'와 '서(庶)'가 분리되기는 했지만 관료의 대부분은 서민이었다가 출세한 사람들이고 서민들을 관료의 지원자로서 포용하고 있었기에 아직 관(官)과 민(民)이 일체화되어 있는 부분이 남아 있었습니다.

그러나 명대에는 서민과 강한 연계를 가진 사람은 관료가 아니라 향신이되는 길을 택했기 때문에 관민의 분리가 점점 커지고 말았습니다.

예상 못한 왕조 교체, 명에서 청으로

명에서 청으로의 이행은 1644년 갑작스럽게 일어났습니다.

왕조 교체는 대부분 전 왕조를 새 왕조가 멸망시키는 형태로 이행되는데, 명을 멸망시킨 것은 청이 아닙니다.

명 왕조를 멸망시킨 것은 '이자성의 난'이라 불리는 반란군이었습니다.

명을 세운 주원장은 어린도책과 부역황책을 토대로 '이갑(里甲)'이라는 난

---

1) 향신을 배출하는 역할을 말함_역주

위마다 세금을 징수하는 '이갑제(里甲制)'를 도입했습니다. 그러나 민간경제의 발달로 특권을 가진 향신과 호상(豪商, 거상)에게 부가 집중되면서 16세기 중반에 이 제도는 완전히 파탄났습니다.

바로 그 무렵, 북로남왜로 시달리던 명나라 정부는 안정적 재원 마련을 위한 재정적 재건이 필요해집니다. 1580년 재상이었던 장거정(張居正)은 '일조편법(一條鞭法)'이라는 제도를 전국적으로 시행합니다.

일조편법이란 부세(賦稅)와 노역을 각각 '지은(地銀)'과 '정은(丁銀)'으로 정리한 뒤, 납세자 본인이 '은'으로 직접 납부하게 한 것입니다. 민간 밀무역으로 대량의 은이 수입되어 유통되던 현실이 이 제도가 실시된 배경이 되었습니다.

또한 오랫동안 명의 국시였던 '해금'을 완화하여 민간의 해외무역과 해외도항을 허용했고, 북방에서도 몽골과의 교역을 인정하였습니다.

이로써 북로남왜의 위협이 일단은 수습되었고, 명의 재정은 재건되고 국고는 안정되었습니다.

그러나 1582년에 장거정이 사망하자 사태는 다시 악화되었습니다. 생전에는 장거정의 수완과 실적에 입을 다물고 있던 정부 내 주자학 신봉자들이 한꺼번에 불만을 터뜨린 것입니다. 그들에게 장거정의 개혁은 조법(祖法)을 우습게 여긴 악정(惡政) 이외의 아무것도 아니었습니다.

황제도 이러한 비난을 받아들여 장거정의 관위(官位)를 박탈하고 가산을 몰수한 뒤 가족을 변방으로 유배시키는 조치를 취해야 했습니다.

그 후 당연히 정치는 혼란스러워지고 잇단 내우외환과 맞물려 17세기에 들어서자 정부 재정은 다시 악화되었습니다.

유럽사에 '17세기의 위기'라는 용어가 있습니다.

이는 15세기 후반에서 17세기 초반에 걸친 경제 호황 기간과, 산업혁명으로 인한 18세기 중반 이후의 경제 상승 사이에 있었던 '경제 침체 기간'을 나타내는 말입니다. 이 기간의 경제 침체는 세계적인 이상기후에 의한 기근과 그간 풍부하게 공급되던 은의 고갈이 원인이었는데, 중국에서도 동시에 같은 현상이 일어나고 있었습니다.

이자성의 난이 일어난 배경에도 명나라 정부의 혼란과 더불어 은 유통의 격감, 그리고 기후변화로 인한 기근이라는 '위기'가 존재했습니다.

이자성(1606~1645)은 직업이 역졸이었습니다. 역졸이란 '역참(驛站)'이라 불리는 교통·통신을 담당하는 제도를 뒷받침하는 노동자입니다.

그런데 정부가 경비 삭감을 위해 역참을 폐지해 실직하게 됩니다. 이자성은 길거리를 헤매는 실직자들과 함께 반란을 일으켰고, 결국 대규모 가뭄을 계기로 산시성(陝西省섬서성)에서 발생한 반란에 동료들과 함께 합류해 반란군의 리더로 두각을 나타냈습니다.

반란은 확대되어 이자성은 시안(西安서안)을 거점으로 삼고 왕을 자칭하며 왕조를 연 뒤 1644년 마침내 베이징을 함락시켰고, 황제 숭정제(崇禎帝, 재위 1627~1644)는 자살하고 명은 멸망합니다.

이대로 이자성이 권력을 잡았다면 제2의 주원장이 되었을지도 모르지만 그렇게 되지 않았습니다.

운명의 톱니바퀴를 움직인 것은 명의 국경을 지키던 장수 오삼계였습니다.

이자성의 반란군이 명을 멸망시켰을 때 오삼계는 마침 장성의 동쪽 끝에 위치한 산해관(山海關)을 방어하며 청군의 남하에 대비하고 있었습니다.

그곳에서 베이징 함락과 황제의 자살 소식을 들은 오삼계는 청나라에 사신을 보내 이자성군(軍) 토벌을 위한 원군을 요청한 것입니다.

아마 청나라로서는 오삼계의 요청은 예상치 못한 일이었으리라 생각합니다. 물론 국경을 두고 대치하고 있었으므로 청은 명을 쓰러뜨리고 싶다거나, 이기고 싶다는 마음은 있었을 겁니다. 하지만 설마 자신들이 그 후에 명의 모든 것을 계승하게 되리라고는 생각지 못했을 겁니다.

왜 오삼계가 돌아섰는지에 대해선 여러 설이 있지만, 여하튼 이 요청을 접수한 청은 오삼계의 군사와 함께 이자성군을 격파했습니다. 그러므로 청이 군사적으로 강해서 명을 대체했다기보다는 타이밍이 좋았던 것입니다.

청으로서는 생각지도 않은 행운으로 뜻하지 않게 명의 후계자 자리가 굴러들어온 셈인데 그런 만큼 이후가 힘들었습니다.

베이징에 들어왔다고 해서 곧바로 전 국토에 군림할 수 있을 리 없었고, 우선은 이자성의 잔당 및 청나라에 투항을 거부한 명의 잔존 세력을 소탕해야 했습니다.

그뿐만이 아닙니다. 각지에서 발생하고 있는 내란 역시 진압해야 하고 통치 시스템도 구축해야 했습니다.

청은 기존의 시스템을 살리면서 문제가 생길 때마다 여러 의견을 들으면서 개량해 나갔습니다.

시스템 구축과 국내의 평정은 동시에 진행되었습니다. 과제들을 해결하고 안정된 통치를 실현하기까지는 약 40년이라는 세월이 걸렸습니다.

청의 통치 이데올로기 '화이일가(華夷一家)'

청은 '만주인의 왕조'라고 하지만 그 성립 과정은 좀 복잡합니다.

만주인은 원래 랴오둥(遼東요동) 지역에 사는 '여진(女眞, 주셴)'이라고 자칭하던 퉁구스계의 수렵민이었습니다. 이들은 남쪽의 한인 농경민의 왕조 '명'과 서쪽의 유목민 '몽골'과 인접한 삼림 지역에 거주하고 있었는데, 이들의 터에도 16세기가 되면 상업화의 물결이 밀려듭니다.

삼림 지역에 거주하는 이들은 인삼, 담비 가죽 등의 특산품을 취급하다가 드디어 남쪽의 명과 조선, 서쪽의 몽골인들과 거래하는 '상업자본가 집단'을 결성하여 활동하게 됩니다.

그중 한 사람이 훗날의 청 태조(재위 1616~1626)인 누르하치입니다.

누르하치는 1583년 겨우 100여 명의 동료들과 거병한 뒤 30여 년에 걸쳐 여진족(주센)을 통합하여, 1616년 청의 전신이 되는 아이신국(國)을 세웠습니다. 이윽고 그들은 자신들을 '만주(滿洲)'라고 자칭하게 됩니다.

만주어 '아이신'은 금(金, gold)을 뜻합니다. 하지만 12세기에 이미 같은 여진족이 세운 '금'나라가 존재했기 때문에, 이와 구별하고자 아이신국은 한자어로는 '후금(後金)'으로 표기됩니다.

아이신국은 그 후 2대 황제 태종 홍타이지(재위 1626~1643)의 치세에 이웃한 몽골의 차하르부(部)를 병합합니다. 그때 쿠빌라이의 후예를 자임한 몽골의 링단 칸(林丹汗)의 아들에게서 '옥새'를 양도받아, 1636년 국명을 '대청국(大淸國, 다이칭 울루스)'으로 고치고 황제로 즉위합니다. 아마 이 국명은 쿠빌라이가 만든 '대원국(大元國, 다이온 울루스)'을 의식한 국명이라 생각합니다.

홍타이지가 '황제'를 자칭하면서 명과 청에 각각 황제가 있게 되어 황제 두 명이 동시에 존재하게 되었습니다. 한어로 '황제'는 천자와 같은 뜻이므로 이는 두 나라에 불편한 상황이었고, 자연히 둘은 적대하게 됩니다.

참고로 그들이 자칭한 '만주'는 문수보살의 '문수(文殊)'에서 유래한 명칭입니다. 그런데 한어 이름으로 '滿洲(만주)'라는 한자를 붙인 것은 명나라의 '明(명)'자가 불의 이미지에서 만들어진 글자이기 때문에 일부러 '만주'의 발음에 맞는 한자 가운데 물의 이미지를 가진 것을 선택했다고 합니다. 요즘은 '滿州(만주)'라고 '삼수 변'을 붙이지 않은 한어 표기를 많이 쓰시만, 원래대로라면 한자로 '滿洲(만주)'를 사용해야만 합니다.

이렇게 명과 청이 적대적이었다고 하지만, 당초 청의 국력은 명에 미치지 못했고 수차례 명나라 군과 교전을 벌였어도 끝내 격파는 하지 못하고 있었습니다.

이에 청은 명의 오랜 조공국인 조선을 휘하로 접수하고(1637년), 명에서 투항한 한인(漢人) 부대를 흡수하여 세력을 증강해 나갔습니다.

청이 명을 상속하게 된 것은 바로 그런 때였습니다. 청의 성립 과정에 대해 언급한 것은 청 정권의 통치를 보려면 그 근저에 있는 성격을 이해할 필요가 있기 때문입니다.

그 성격이란 원래 그들이 '다종족으로 구성된 무장 무역집단'이었다는 점입니다. 무역 거래를 하기 위해 다른 종족과도 단결, 무장하고, 집단으로서 조직력을 키워온 청은 만주인이 중핵이기는 하지만 처음부터 한인(漢人)과 몽골인 등을 내부에 포섭한 혼합 정권이었습니다.

이러한 성격은, '화이의 변'을 국시로 하고 자유무역을 인정하지 않는 명과는 대극(對極)에 위치하는 것이었습니다.

흥미로운 것은 정반대의 성격을 지니면서도 청은 경제, 사회 전부 명의 제도를 거의 건드리지 않고 이어갔다는 사실입니다.

예를 들면, 과거 시험을 포함한 명의 관료제를 청은 거의 그대로 답습합니다. 게다가 종전 그대로 한인을 등용하여 통치합니다.

또한 청은 기존 한인들의 사회질서와 경제활동에 간섭하거나 개입하지 않고, 있는 그대로 용인합니다.

명나라 때부터 민간에서 은과 사주전(私鑄錢)을 화폐로 사용하던 관행도 그대로 인정했습니다. 청 역시 명과 마찬가지로 '제전'을 발행했지만, 제전 발행으로 화폐의 가치나 사용을 통제하지는 않았습니다. 왜냐하면 은과 사주전을 화폐로 사용하는 것은 민간경제가 정부에 들이민 '불신임'을 의미했기 때문입니다.

즉 청은 민간경제가 갖고 있던 정부에 대한 불신을 굳이 파고들지 않고 간섭하지 않음으로써 경제발전을 시장에 맡겼다고 할 수 있습니다.

그 결과 청대에는 민간 차원에서 일종의 공동체가 형성되어 그 내부에서 사법(私法)을 제정·집행하였고, 나아가 경제활동을 보호하고 통제했습니다. 그런 공동체들이 '종족(宗族, 성과 조상이 같은 부계 혈연 집단)'이나 '행회(行會, 동향의 동업 집단)'라고 하는 것으로, 겉으로는 비슷해 보여 서양인들은 이 '행회'를 길드라고 번역하고 있습니다.

그래서 민간인들이 볼 때는 자신들을 얽매는 것도 지키는 것도 정부가 아니라 종족이자 행회였습니다. 그러면 종족과 행회의 리더는 누가 담당했는가 하면, 명대 이래의 과거(科擧) 학위와 특권을 가진 계급인 '향신'이며, 그 상인 버전인 '신상(紳商)'이었습니다.

청 정부는 재정 업무와 징세를 향신이나 신상에게 다 위탁했습니다. 그것이 가장 효율이 좋고, 사람들의 신경을 거스르지 않는 방법임을 알았던 것입니다.

청이 '민간·시장에 맡기는' 결단을 할 수 있었던 것은 역시 그들의 뿌리가 '다종족으로 이루어진 무장 무역집단'이었기 때문일 것입니다.

명대의 시스템을 그대로 사용한 것은 가능한 한 혼란 없이 그리고 신속하게 한인 지배를 안정시키기 위해서였습니다.

그렇다면 명 이외의 지역에 대해서는 과연 어땠을까요.

청의 세력과 위세는 명의 기존 시스템을 그대로 쓰기로 한 명의 옛 영토를 넘어서 몽골과 조선을 비롯한 외부로 확대되었습니다.

명을 계승한 이후 가장 먼저 대치한 것은 북쪽에 있는 러시아였습니다.

러시아는 16세기 후반부터 시베리아 동부 개발에 나섰고 흑룡강(아무르강) 부근에서 청과 자주 분쟁을 일으켰습니다. 1689년 4대 황제 강희제(康熙帝, 재위 1661~1722)는 러시아와 네르친스크조약을 맺어 국경선을 확정해 러시아 남하를 막았으며, 또한 국경무역에 대해서도 약정을 맺었습니다.

이렇게 북쪽의 근심을 털어낸 청나라는 서쪽으로 진격해 1696년에는 몽골고원을, 그리고 1720년에는 티베트를 청에 편입했습니다.

청이 몽골과 티베트를 그 휘하에 넣은 것은 자국을 전(全) 몽골에 군림하는 '대칸'으로 자칭하고 있어서입니다. 당시 티베트가 유목민 오이라트가 세운 '중가르(Jungar)' 제국의 침공을 받고 있는 상황이었으므로, 대칸으로서 몽골인이 신봉하는 티베트 불교의 성지를 지킬 필요가 있었기 때문입니다.

강희제는 티베트를 위해 원정까지 단행했고, 강희제의 뒤를 이은 옹정제(雍正帝, 재위 1723~1735)는 티베트의 귀속을 확고하게 만들기 위해 반란군 진압을 위해 노력합니다. 이어 건륭제(乾隆帝, 재위 1735~1795)는 더욱 대규모의 외부 원정을 벌여, 서쪽으로는 중가르 및 중가르 휘하에 있던 동투르키스탄의 회부(回部, 新疆신강)를 정복하고, 남쪽으로는 베트남, 미얀마를 복속시켰습니다.

그렇다면 이렇게 확장된 대청국을 어떻게 통치했을까요?

주목해야 할 것은 종래의 사회구조·제도가 거의 온존되었다는 점입니다.

티베트에서는 티베트 불교의 최고 지도자인 달라이 라마 아래에서 이루어지는 종교와 정치가 일치된 제정일치(祭政一致) 시스템을 무엇 하나 바꾸지 않았습니다.

청 황제는 한인의 거주지에서는 중화 왕조의 황제(=천자)로, 몽골인들에게는 티베트 불교를 신봉하는 대칸으로 동시에 군림했습니다.

종래의 형태를 존중했다고 하는 의미에서는, 직접적인 지배가 미치지 않는 조공국에 대해서도 마찬가지였습니다. 청의 조공국은 명대의 실질적인 조공국이 그대로 넘어온 것에[slide] 불과합니다.

명나라 때는 민간무역이 활발히 이루어졌음에도 불구하고 공식 인정되지 않고 밀무역으로 단속되기도 했습니다. 그러나 청대에서는 민간무역이 성행하는 현실을 부정하지 않고 과세를 조건으로 인정했기에 무역이 확대되었습니다. 조공국만 무역을 할 수 있던 시대의 장점[merit]은 사라집니다. 그렇다고 조공무역이 폐지되었는가 하면 그렇지는 않고 면세 특권을 부여함으로써 청대에도 계속되었습니다.

이상의 설명은 후세의 우리들이 그렇게 분류, 정리하고 있을 뿐 당시 청이 이러한 기획과 분류를 명확하게 의식하고 있었던 것은 아닙니다.

제각각인 여러 종족을 단 한 명의 황제가 다스리는 이상, 대청국 황제는 피지배민의 지지를 얻어야만 했습니다. 만약 한 종족이라도 통치가 실패하면 다른 종족에게도 파급되어 지배가 흔들릴 수 있기 때문입니다.

만주인, 한인, 몽골인 등으로 구성된 무장 무역집단으로 출발한 그들은 각 종족에게 어떻게 하는 것이 가장 좋은지 알고 있었습니다. 바로 문제가 생기지 않는 한은 개입, 간섭하지 않고 지금까지의 방식을 답습하도록 하는 것입니다.

이제 자연스럽게 청의 통치 원칙이 보입니다.

각 종족의 습속과 관행을 존중하고 현행 질서에는 가급적 손을 대지 않는 것입니다.

이 원칙에 입각한 청의 통치 이데올로기를 '화이일가(華夷一家)'라고 합니다.

이는 원래 대외무역을 경영하던 한인들이 자신들의 장사가 번성하도록 내건 슬로건인 '화이동체(華夷同體)'를 답습하면서 더 가까운 관계로 나아간 것이라고 할 수 있습니다.

각 지역의 자치를 인정한 결과, 같은 군주를 모시면서도 한인과 몽골인·티베트인은 서로 기의 관계가 없는 별개의 정치체제 아래에서 교섭도 별로 없었고, 상호 인식도 멀어져 갔습니다.

당시 동아시아를 평화롭게 만드는 데는 이런 방법이 가장 적합했습니다.

만주인, 한어를 쓰게 되다

명대의 시스템을 그대로 사용한 것은 가능한 한 혼란 없이 신속하게 지배를 안정시키기 위해서였습니다. 그러나 이면에는 시스템을 바꾸고 싶어도 바꿀 수 없었던 사정이 있습니다.

당초 명으로 들어온 만주인은 다 합해도 약 50만 명밖에 되지 않았습니다. 이는 명 말기 전체 인구 약 1억 명의 1퍼센트도 채 안 되는 숫자입니다.

그런 소수파인 청이 베이징을 점령하자마자 딱 한 가지 한인에게 강요한 것이 있습니다.

복종의 표시로 변발(辮髮)을 시킨 것입니다.

변발이란 북방 수렵민인 만주인 남성의 머리 모양입니다. 머리를 뒤통수만 남기고 삭발한 뒤에 뒤통수의 머리는 길러서 땋아 뒤로 길게 늘어뜨린 것입니다.

청은 '머리를 남기려는 자는 머리카락을 남기지 말고, 머리카락을 남기려는 자는 머리는 남길 수 없다'는 강력한 언사로 변발을 명령했습니다. 변발을 하거나 머리가 잘리거나 둘 중 하나를 택하라는 것입니다. 게다가 열흘 안에 실행하라고 기한까지 정했습니다.

한인이 유일하게 변발을 피할 수 있는 방법은 변발 대상에서 제외되는 승려나 도사가 되는 것입니다. 그래서 변발하기를 꺼렸던 명의 지식인 중에는 이때 승려가 되는 길을 택한 사람이 적지 않았다고 합니다.

얼핏 고압적으로 보이지만 뒤집어 보면, 당시 청이 한인들에게 명령한 것은 이 정도밖에 없었다고 할 수 있습니다.

또 하나 변발을 강요한 데는 인구의 1퍼센트에도 미치지 못하는 자신들의 존재를 눈에 띄지 않게 한다는 목적도 있었습니다.

겉보기에는 변발을 시키고 복장도 만주인 복식으로 바꾸라고 했지만, 다른 한편으로 만주인들은 열심히 주자학과 한자를 공부했습니다.

다시 말해 사람들의 겉모습은 만주인이 되었지만 속은 그대로 한인이었는데, 오히려 만주인들이 한인에게 더 가까워졌다고 말할 수 있습니다.

사회형태 역시 마찬가지였습니다.

왕조는 명에서 청으로 바뀌고 황제도 한인에서 만주인으로 바뀌었지만, 사회와 경제는 기본적으로 명나라 때 그대로 바뀐 게 없습니다.

명대에 탄생한 향신은 청대에도 그대로 남아 앞서 언급한 것처럼 종족과 행회의 리더로서 역할을 담당했기 때문에 힘이 더욱 강력해져 최종적으로는 청 말기의 군벌로 성장하게 됩니다.

따라서 명과 청은, 특히 한인 민간사회의 경우 하나의 연속적인 시대로 바라볼 필요가 있습니다.

청 왕조는 처음에는 '화이일가'라는 슬로건을 내걸었지만 머지않아 '화이일가'라고 말하지 않게 됩니다. 우리 만주족은 주자학이나 한어를 공부하고 습득하여 한인들 위에 군림하고 있는데, 스스로를 '이(夷)[外夷외이, 蠻族만족]'라고 하는 것은 이상하다는 인식이 싹텄기 때문입니다.

일찍이 '화이일가(華夷一家)'라는 의식 아래 단행된 것이 강희제, 옹정제, 건륭제의 3대에 걸친 '문자옥(文字獄)'이었습니다.

문자옥에 관해서는 주원장 부분에서 설명했기에 반복하지 않겠지만, 주원장이 금지 글자로 지정한 것이 '대머리 독(禿)'이나 '승려 승(僧)' 등 자신의 신체나 과거의 오점을 연상시키는 문자였다면 청에서 금지한 것은 이적(夷狄)을 연상시키는 문자나 황제의 권위와 관련된 문자가 위주였습니다.

예를 들어 옹정제 때 과거 시험문제의 한 구절에 '이것[維]이 민(民)의 머무는[止] 곳'[維民所止유민소지]라는 부분이 문제시되어 이 문제를 출제한 시험관이 처형됐다는 기록이 남아 있습니다.

이 출제에서 무엇이 문제냐면 연호 즉 황제의 이름에 사용된 '옹(雍)'과 '정(正)' 한자에서 글자 머리 부분을 잘라냈다는 혐의였습니다.

이처럼 비정상적인 언론통제를 하는 것은 스스로의 통치 지배에 자신이 없기 때문입니다. 따라서 문자옥이 성행한 것은 청나라 전반기까지이고, 통치가 안정되는 후반에 들어서면 이런 일은 없어집니다.

그런 의미에서 청나라 전반과 후반이 이른바 중화사상의 형태에 변화가 보입니다. 이것을 '만주인의 한어화(漢語化)'라고 부르고자 합니다.

왜 '한어화'라고 하냐면 이런 변화가 만주인이 한인의 문물에 물들어 한자를 외우고 만주어를 잊고 한어만 말하게 된 것과 정확히 연계[link]되어 있기 때문입니다.

사람이 언어를 사용해 사고하는 이상, 그 말이 내포한 사고에 세뇌되어 가는 것을 막을 수 없습니다. 사용하는 말에 따라 사람의 사상도 바뀌어 간다는 것입니다.

그리하여 종국에는 완전히 중화사상에 물들어 대청국의 범주에 포함되는 한인, 만주인은 물론 몽골인도 티베트인도 중화이며, 그 밖에 있는 것이 '이(외이)'라고 생각하게 되었습니다. 만주인의 한어화로 인해 예를 들어 영국 등 유럽인들은 외이로 인식되었습니다.

유럽의 중국 진출과 중국의 인구 폭발

16세기 유럽에서 일어난 종교개혁은, 개신교에 대항하는 수단으로써 가톨릭의 세계 포교 활동을 촉진했습니다. 세계 선교를 위해 아메리카 신대륙과 동아시아에 파견된 이들이 예수회 선교사들이었습니다.

마테오 리치[중국명 이마두(利瑪竇)]로부터 시작된 중국에서의 선교 활동은 명에서 청으로 왕조가 교체되는 정치 격동에도 흔들리지 않고 계속되었습니다.

선교사들은 기독교(가톨릭)뿐만 아니라 유럽의 다양한 문화와 사상을 중국에 가져왔습니다. 동시에 이들은 유럽에 동아시아의 상황을 전하는 역할도 했습니다.

이로 인해 서양에서 중국 붐이 일어납니다. 그러나 유럽 경제는 이른바 '17세기 위기'라는 불황을 겪기도 해서 영국을 비롯한 서구 각국의 무역 상인들이 중국과 본격적인 무역을 시작한 것은 17세기 말엽부터였습니다.

유럽에서는 그 사이에 '17세기의 위기'를 극복하기 위해 다양한 시도를 합니다. 그것이 과학혁명이나 군사혁명이라고 불리는 변화를 가져왔고, 그 도달점이 영국에서 일어난 '산업혁명'이었습니다.

산업혁명으로 성장을 이룬 영국은 세계경제를 견인해 나가게 됩니다.

이미 서술했듯이 17세기는 중국에서도 내란이 지속된 데다, 일본 은이 고갈됨에 따라 은 부족까지 설상가상으로 겹친 고통스러운 시대였습니다.

거기에다 청을 괴롭힌 것은 정치적, 군사적 요인 때문에 부득이하게 해금(海禁)을 함으로써 무역이 더욱 축소된 점입니다.

정성공(鄭成功, 1624~1662)의 청에 대한 저항이 원인입니다. 정성공은 타이완을 공략했고 그 후손들도 해상에서 계속 청을 괴롭혔습니다. 청은 정씨 세력을 봉쇄하기 위해 엄중한 해금을 실시해야만 했습니다.

이 싸움은 정성공의 어머니가 일본인 여성이었기 때문에 일본에서도 잘 알려져 정성공을 주인공으로 하는, 지카마쓰 몬자에몬(近松門左衛門)이 만든 소루리(浄瑠璃)1) 작품 〈고쿠센야 갓센(國姓爺合戰)〉이 에도시대에 인기를 얻었습

---

1) 일본의 악극-역주

니다.

정씨 가문이 1683년에 마침내 항복하자 청은 곧 해금을 풀고 무역을 공인합니다.

18세기 초에는 아직 미미했던 영국과 중국의 무역량은 영국 본국의 발전과 함께 급증해서 1770년에는 초기의 40배에 이르렀습니다.

영국이 중국에서 구입한 것은 생사나 도자기 등 다방면에 걸쳐 있었지만 그중에서도 특출하게 많았던 것이 '차'였습니다. 산업혁명이 진행되는 와중에 차를 마시는 습관이 정착·보급된 영국에서 차는 중국 무역으로만 손에 넣을 수 있는 가장 중요한 품목 중 하나였습니다.

1784년에 그때까지 100%를 넘던 차의 수입관세가 10분의 1로 인하되자 차의 매입량은 폭발적으로 증가합니다. 하지만 영국에는 중국이 원하는 특산품이 없어서 증대된 차 수입의 대가를 영국은 모두 은으로 지불해야 했습니다. 이렇게 해서 대량의 은이 영국에서 청으로 흘러들어갔습니다.

영국에서 은이 유입되면서 18세기 후반부터 청은 미증유의 호황을 누리게 되었습니다. 이 호경기는 때마침 건륭제 치세의 후반기에 해당하는데 '건륭의 성세'로 불리는 청조의 황금시대를 출현시켰습니다.

경기가 좋아지면 인구가 늘어나는 것은 자연스러운 흐름이지만 이 시기 청의 인구증가는 당시로서는 폭발적이었습니다. 17세기 내내 약 1억 명으로 거의 변하지 않았던 청나라 인구는 18세기 중반에 3배인 3억 명에 달했고, 19세기 초에는 벌써 4억 명을 돌파합니다.

인구의 급격한 증가는 청나라 사회에 여러 문제를 일으켰지만 가장 큰 문제는 식량 문제였습니다.

기존의 경지만으로는 인구를 부양할 수 없게 된 것입니다.

이렇게 해서 먹을 것보다 더 넘치게 많아져버린 사람들은 두 가지 길 중

어느 한쪽으로 나가게 됩니다.

하나는 장시(江西), 후베이, 후난, 쓰촨(四川) 등의 개간되지 않은 산에 들어가 허름한 오두막을 짓고 사는 길입니다. 이런 생활은 예전이라면 고려 대상이 아니었겠지만, 신대륙에서 담배, 옥수수, 감자 등 산간지대의 경사지에서도 자라는 작물이 전해져서 가난하더라도 간신히 살아갈 수는 있었습니다.

또 다른 길은 인구가 적은 변경 지역으로 이주하는 것입니다. 특히 만주인이 베이징에 입성하는 바람에 인구가 희박해진 동삼성(東三省)11)은 많은 이민을 받아들였습니다.

머지않아 산간 지역도 변경 지역도 이주할 여유 공간이 없어지게 됩니다. 국내에서 살 곳을 잃은 사람들은 바다를 건너 동남아시아로 이주의 범위를 넓혀가게 됩니다. 이것이 '화교'의 시작입니다.

그들은 어디에 이주해도 기본적으로 자신이 속한 커뮤니티의 생활방식을 바꾸지 않기 때문에 각지에 차이나타운이 생겨났습니다.

그러나 민간이 아무리 노력한다고 해도 1억 명을 위해서 만들어진 시스템이 4억 명의 사회에 통용될 리가 없습니다. 그래도 청 정부는 기존의 통치 시스템을 바꾸려 하지 않았습니다. 바꿀 역량이 없었다는 게 오히려 정확할지도 모르겠습니다.

이제 가난한 사람들은 반정부적 색채를 띤 일종의 지하조직, 이른바 '비밀결사(秘密結社)'에 일신을 의탁하게 됩니다.

비밀결사의 본질은 이미 살펴본 '종족', '행회'와 상호부조 조직이라는 면에서는 아무런 차이가 없습니다. 그런데 기존의 '종족'이나 '행회'와 크게 다른 점은 사회조직에서 일탈한 무법자(outlaw)들로 구성된 조직이라는 점입

---

1) 중국 동북부 만주족 발상지에 있는 길림성, 흑룡강성, 요령성의 3개 성, 만주라고도 불림_역주

니다. 그런 무법자들을 결속시킨 것은 사상적으로는 백련교(白蓮敎)나 기독교, 이슬람교 같은 유교 이외의 종교였고, 경제적으로는 소금이나 아편 같은 금지 품목 거래였습니다.

반체제 결사인 이들은 종종 관헌의 탄압을 받게 되자 무장을 하게 되고, 급기야는 결사를 중심으로 한 반란이 빈발하게 됩니다.

'백련교도(白蓮敎徒)의 난(1796년)' '천리교도(天理敎徒)의 난(1813년)' '태평천국(太平天國)의 난(1851년)' '의화단(義和團)의 난(1900년)', 이들은 모두 종교적 비밀결사가 일으킨 반란입니다.

아편전쟁으로 가는 길

18세기 청의 번영을 뒷받침한 것은 차와 바꾸어 영국에서 유입된 대량의 은이었습니다. 청에는 좋은 거래였지만 영국 입장에서는 일방적인 무역적자는 간과할 수 없는 문제였습니다.

이에 영국은 18세기 말부터 19세기 초에 걸쳐 교역 조건의 개선을 거듭 청에 요구했습니다. 그러나 청은 모두 거절했습니다. 이유는 '애당초 우리는 무역을 할 필요가 없다. 그쪽에서 차나 생사를 요구하므로 특별한 은혜를 베풀고 있는 것에 지나지 않는다. 그런데도 이것저것 요구하다니 주제넘다'는 것이었습니다.

바로 중화가 이적(夷狄)을 대하는 태도였습니다.

당시 영국은 산업혁명이 진행되면서 국내 자금 수요가 높아져 예전처럼 대량의 은을 반출해야 하는 교역은 할 수 없었습니다. 곤란해진 영국은 식민지화가 진행 중인 인도에서 '아편'을 생산하여 중국에 반입했는데, 생각보다 매상이 크게 늘어 현안이던 차의 대금을 상쇄할 수 있었습니다.

영국은 이제 기분 좋게 인도의 아편을 중국에 수출하고, 거기서 얻은 흑자로 중국에서 구매할 차 값을 치르는 '삼각무역'을 실현합니다.

아편은 양귀비 열매에서 나오는 수액을 건조시켜 만드는 알칼로이드 계통의 마약입니다. 중독성이 높은 마약이어서 청 정부는 당연히 수입과 흡입을 금지했지만 거래량이 감소하기는커녕 19세기 이후 급격하게 늘어납니다. 18세기 말에는 약 40만 명의 소비량이었던 아편 수입량이 아편전쟁 직전인 1828년에는 400만 명분에 상당하는 수입량이 되어 10배나 늘었습니다.

아편의 수입 증가로 청이 보유하고 있던 은이 이제는 아편의 대가로 인도를 거쳐 영국으로 흘러나가는 역전 현상이 발생했습니다.

은의 대량 유출은 중국 국내의 은가(銀價) 폭등을 불러와 당시 세금을 내야 하는 서민들에게 사실상의 증세로 이어졌습니다. 서민들이 작물을 팔아 얻을 수 있는 것은 동전이었습니다. 서민들은 납세를 위해 동전을 다시 은으로 환전해야 하는데, 은 가격이 오르면 납부하는 은의 양은 바뀌지 않더라도 더 많은 동전이 필요하기 때문에 증세나 마찬가지였던 것입니다.

인구 증가로 힘겹게 살아가던 서민들은 아편 무역이 늘어나면서 더욱 궁지에 몰렸습니다. 물론 정부의 재정 역시 영향을 피할 수 없었습니다.

이런 곤궁한 상황이 되자, 어지간해선 안 움직이던 청 정부도 1838년 드디어 아편의 수입·판매·흡입 금지를 목표로 해서 아편 엄금론을 주창하던 임칙서(林則徐)를 흠차대신(欽差大臣)[1]으로 임명해 문제 해결을 맡깁니다.

하지만 아편 무역이 없어지면 영국 경제는 굴러가지 않게 됩니다. 만약 그렇게 되면 런던의 국제 금융시장을 중추 허브로 해서 연계되어 있던 세계경제마저도 굴러가지 않게 될 위험이 있었습니다.

---

1) 황제가 특정 사안의 해결을 위해 전권을 주어 파견한 특명 전권대신_역주

도저히 아편 무역을 포기할 수 없는 영국은 1840년 아편전쟁을 감행합니다.

결과는 영국군의 승리였습니다. 영국은 난징조약(南京條約)으로 무역 확대를 실현시키지만, 그것은 아직 그들이 바라는 '자유무역'은 아니었습니다.

아편전쟁으로는 바뀌지 않았다

흔히들 아편전쟁으로 중국이 세계 넘버원 자리에서 굴러떨어졌다고들 하는데, 그것은 중국인의 내셔널리즘이 만들어낸 신화일 뿐입니다. 아편전쟁 전과 후는 그다지 달라진 것이 없습니다.

전쟁에 져서 내키지 않은 조약을 맺은 것은 사실이지만, 그들에게 전쟁이라는 무력 행위에서 패한 것은 이데올로기상 부끄러운 일도 억울한 일도 아닙니다. 그래서 '세계 넘버원 자리에서 굴러떨어졌다'는 말로 표현할 정도의 굴욕감을 느끼지 않았습니다.

그 증거로 이들은 당시 영국과 조약을 맺는 것을 '무이(撫夷)'라고 합니다.

'무이'라는 것은 글자 그대로 읽으면 '오랑캐[夷狄이적]를 어루만지다'는 뜻입니다. 유교에서 오랑캐는 금수(禽獸)와 같은 야만적 존재이기 때문에 상대가 원하는 조약을 맺는 것 정도는 맹견을 길들이기 위해 쓰다듬어 주고 먹이를 조금 주는 것과 같은 거다, 이런 느낌이었던 겁니다.

이런 느낌은 일본인에게는 없기 때문에 솔직히 실감하지 못합니다.

일본에도 유교가 들어왔지만, 유교의 진정한 의미를 모르고 몸에 익히지도 않았습니다. 따라서 에도막부 말기에 일본인들은 '이적'이란 무찔러야만 하는 존재로 생각했고, 막상 그게 무리라는 걸 알게 된 순간에는 상대방을 받아들여 재빨리 문명개화로 방향을 틀었습니다.

'양이(攘夷)' 아니면 '개국(開國)'밖에 없었다는 것은 말하자면 상대를 대등하게 바라보았다는 것입니다. 금수처럼 깔보는 '무이' 같은 건 생각할 수도 없는 발상이었습니다. 일본식의 견해·자세는 상하 관계를 주축으로 하는 유교의 틀에서는 나올 수 없습니다.

유교의 본산인 중국에서는 이적을 진지하게 상대하는 따위는 하지 않으며, 전쟁이 터졌다고 해도 금수를 상대하는 것이므로 전혀 진지하게 안 합니다. 원래 유교에서 무력은 멸시할 만한 행위이므로 이긴다고 해서 자랑할 만한 것이 못 됩니다.

1871년에 메이지유신 직후의 일본과 '청일수호조규(淸日修好條規)'를 맺었을 때도 청은 기본적으로 동일한 감각이었던 것입니다.

당시 일본과 청 사이에는 조공 관계가 없었습니다. 그렇다는 것은 일본은 청에 '이적'입니다. 그 이적이 뭔가 번거로운 사안을 계속 가지고 오는데, 그대로 내버려두기도 성가시고, 물어뜯을 수도 있으니 어쩔 수 없이 좀 쓰다듬어 얌전히 만들어 둘까, 하는 의미입니다.

이렇게 '무이'라는 생각으로 행했던 것이 중국의 분할을 초래했다는 것을 깨달은 것은 19세기 말엽에 이르러, 즉 청일전쟁에서 패했을 무렵입니다.

그래서 적어도 아편전쟁에 패배한 시점에서는 동시대나 후세의 일본인이 상상한 것처럼 또는 지금 중국공산당이 신화로 말하는 것 같은 그런 낙담과 쇼크는, 청은 전체적으로 느끼지 않았던 것입니다.

아편전쟁이 세계 역사상 작지 않은 의미를 지닌 사건이라는 데에는 이견이 없습니다. 하지만 우리가 흔히 알고 있는 것처럼, 거기서 중국의 새로운 시대, '근대 중국'이 시작되었다는 설에는 동의하기 어렵습니다.

이미 말했듯이 그 시점에서는 아직 기존 체제에도, 경제에도, 그리고 사람들의 생각에도 큰 변화는 생기지 않았기 때문입니다.

제 8 장

관과 민이 괴리된[官民乖離] '서양화'와 '국민국가'

경제적 분립이 부른 분할[瓜分]의 위기

아편전쟁에 패배한 청은 어떤 것도 바꿀 생각을 하지 않았습니다.

난징조약으로 청은 배상금을 지불하고 홍콩 섬을 할양했으며, '광저우, 푸저우(福州복주), 샤먼[廈門하문], 닝보(寧波영파), 상하이' 다섯 항구를 개항했지만 그들에게는 '무이(撫夷)'에 불과했기 때문입니다.

완전한 자유무역을 원하는 영국은 납득하지 않았고, 1856년 홍콩 선적을 자칭하는 애로호(Arrow號)라는 선박을 청 관헌이 검색하면서 영국 국기를 끌어내리고 선원들을 체포한, 이른바 애로호사건을 빌미로 이번에는 프랑스와 함께 전쟁을 일으킵니다. 이것이 '애로전쟁' 또는 '제2차 아편전쟁'입니다.

애로전쟁에서 다시 패한 청은 그 강화조약인 톈진조약과 베이징조약에서 새롭게 여섯 항구와 네 도시를 개항장으로 추가하고, 나아가 영국에는 구룽반도(九龍半島)를, 강화를 중개한 러시아에는 아무르강(흑룡강) 유역과 연해주의 영토를 양도합니다.

청의 실패는 '오랑캐를 어루만지는 것[무이]'에 불과하다고 생각했던 행위가 나중에 어떤 영향을 줄지 상상하지 못했던 점일 겁니다.

명에도 청에도, 외부와의 경제 관계가 내부의 사회·경제를 움직이는 구조가 생겨나 있었습니다.

지금까지 살펴본 것처럼 해외 수요가 커지면 그 수요에 부응하고자 중국 내 생산량이 늘고, 생산량이 늘면 수출량이 늘어납니다. 수출이 늘어나면 해외에서 은이 들어와 풍요로워지므로, 국내 수요가 자극되어 다시 생산이 늘어납니다. 이것이 명청시대의 시스템입니다.

이는 마찬가지로 대외무역에 문제가 생기면 중국 내부에도 변동을 초래한다는 의미이기도 합니다.

17세기 불황의 원인은 외국에서 은이 들어오지 않아서입니다. 그 후 18세기에 갑자기 호경기가 되는데, 영국이 중국차를 사면서 그 대가로 막대한 양의 은이 들어왔기 때문입니다. 중국 내에서는 호황으로 인구가 폭발적으로 증가하면서 전에는 사람이 별로 살지 않았던 산간 지역과 변경까지 개발이 진행되었으며, 화교로 해외로 이주한 사람도 증가했습니다.

그러나 19세기에 이르자 영국이 세계경제를 발전시키면서 은의 유출을 꺼려하고 대중(對中) 무역의 적자를 상쇄하려고 식민지인 인도에서 만든 아편을 이용해 삼각무역을 하게 됩니다.

은 유입에서 은 유출로 바뀌자 청은 임칙서를 기용해 아편 밀무역을 막으려 했지만 그 조치는 결과적으로 아편전쟁을 유발했습니다.

아편전쟁 이후에도 한동안은 중국의 경제구조에 큰 변화는 없었습니다. 변화가 생긴 것은 1880년대에 들이시었습니다.

첫 번째 변화는 구미(歐美) 국가들이 금본위제로 이행하면서 금을 사고 은을 방출하는 움직임이 활발해졌고, 그 결과 은값이 하락한 것입니다. 그러

지역 간 분업도2(청대)

동삼성
(東三省)

베이징

제품·세은(稅銀)

은

제품

대두(大豆)

창장강
(長江, 양쯔강)
유역

미곡

제품

강남

창장강

은

차·생사

광저우

은

수출

해외

출저《근대중국사》를 바탕으로 작성

자 은을 화폐로 사용하던 중국에서 통화가치가 대폭적으로 떨어졌습니다.

중국 통화가치가 떨어지자 농작물 등 가공되지 않은 중국의 1차 산품은 환율 하락으로 인해 해외 무역시장에서 경쟁력이 높아지고 수출 규모와 범위가 비약적으로 확대되었습니다.

게다가 이 시기 제2차 산업혁명으로 미국과 독일에서 유지 화학공업이 발달하면서 중국에서 원료를 찾게 됩니다. 지금은 주로 석유가 사용되지만 당시에는 석유화학이 아직 없었으므로 수요가 커진 것은 중국의 대두유(大豆油)였습니다.

그리하여 종래의 차와 비단에 더해서, 동삼성(東三省, 만주, 현재의 랴오닝성, 지린성, 헤이룽

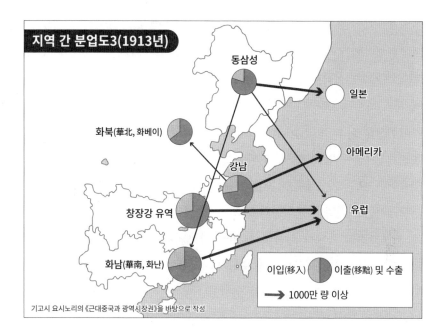

지역 간 분업도3(1913년)

동삼성

일본

화북(華北, 화베이)

강남

아메리카

창장강 유역

유럽

화남(華南, 화난)

이입(移入) / 이출(移黜) 및 수출

→ 1000만 량 이상

기고시 요시노리의《근대중국과 광역시장권》을 바탕으로 작성

장성)에서는 대두, 창장강(양쯔강) 유역에서는 곡물 등 다양한 농산물이 대량으로 수출되었습니다.

수요 확대로 중국에서는 그때까지 개발되지 않았던 지역의 경제까지 일시에 호황으로 돌아섰고, 대외 교역의 창구가 된 상하이, 톈진, 난징, 한커우(漢口), 샤먼(廈門), 광저우(廣州) 등 '개항 도시'의 중요성이 증대합니다. 이들 개항 도시를 중심으로 1차 산품 수출을 기축으로 하는 물류와 금융이 조직되는 경제권이 형성되어 갔습니다. 이를 '개항장 시장권'이라고 합니다.

각지에 개항장 시장권이 탄생하면서 그동안의 지역 간 분업이 무너집니다. 예전에는 지방의 농촌에서 상품작물이 생산되면 경제적으로 발전하고 인구가 밀집한 강남 삼각주 및 주요 개항장인 상하이, 푸서우 등 몇 곳에 집하되어 소비되거나 수출되었습니다. 그런데 이제는 각지에 개항장이 발전하면서 생산물이 현지에서 직접 소비되거나 수출되게 된 것입니다.

이전까지는 외국과 연결되는 개항장이 몇 곳밖에 없어 상품도 사람도 다 그곳으로 몰렸습니다. 중국 국내에는 주요 개항장에 물자를 운반하는 네트워크가 생겨나 전체가 연결되어 있었습니다. 즉, 중국 전체에서 해외 수요를 서로 나누는 '지방 분업'이 성립하고 있었던 것입니다.

아편전쟁 이후 개항장 수가 늘어났어도 외국의 수요가 변하지 않았기에 종전의 '지방 분업'도 거의 그대로 유지됩니다. 그런데 1880년대에 들어와 외국에서 요구하는 상품의 종류와 양이 늘어나면서 상황이 달라집니다.

절대적인 거래량이 늘어나자 외국 상인들은 더 많은 상품을 더 효율적으로 거래하려고 필요한 상품별로, 멀리 있는 주요 개항장이 아니라 산지에 가까운 개항장을 거래장으로 활용하기 시작한 것입니다.

각 개항장이 세계경제와 직접 연결되면서 생산품은 현지에서 소비되어 지금까지의 국내 네트워크는 사라지고 '지방 분립'이 진행됩니다.

그리하여 1880년대 이후, 아편전쟁으로 오랑캐를 달래려고 외국에 넘겨준 항구와 토지가 포석이 되어, 중국의 '외부와의 연결 방식'이 변해버렸고, 그에 따라 중국 국내의 지역과 시장은 쪼개져서 나뉘고 말았습니다.

시장에서 생긴 '지방 분립'은 이윽고 외국 열강이 각 지방과 경제적으로 결합하는 것을 넘어서 정치적으로 개입하는 발판이 되어 중국에 '과분(瓜分)'의 위기를 가져오게 됩니다. '과분'이란 참외나 수박처럼 잘라서 나눠먹는 것을 의미합니다.

이렇게까지 지방 분립이 진행되어 버린 것은 중앙정부가 일원적으로 무역·경제를 관리하지 않았기 때문입니다.

청 정부는 청일전쟁(1894~1895)에서 패하고 나서야 비로소 위기감을 느끼게 됩니다.

양무운동은 독무중권(督撫重權)의 한 측면

애로전쟁(Arrow戰爭)이 끝난 1860년경부터 1894년의 청일전쟁까지의 기간을 흔히 '양무운동의 시대'라고 합니다.

'양무(洋務)'란 '이무(夷務)'를 바꿔 말한 것입니다.

'이무'는 원래 서양 각국과의 무역 사무를 뜻하는 말이었습니다. 즉 '이적과의 사무'입니다. 이 명백한 멸칭을 서양인들이 싫어했기 때문에 서양의 '양'을 써서 '양무'라고 바꿨습니다.

중국도 처음에는 서양과의 관계라고는 무역밖에 없었으나, 이제 여러 형태의 관계를 맺게 됩니다. 이에 따라 '양무'가 의미하는 바도 늘어나 19세기 후반에는 무역은 물론 외교, 서양 기술의 도입 등 서양에 관한 모든 것에 이 말을 사용하게 되었습니다.

양무의 구체적인 내용으로 '군비의 근대화'나 '군비 공업 및 관련 사업의 창설·추진'을 들 수 있습니다. 그래서 메이지 시기 일본의 '부국강병' '식산흥업의 추진'과 유사점이 자주 논의되지만 중국의 양무는 메이지 일본과는 결정적인 차이가 있습니다.

메이지 일본의 근대화 정책이 국가 체제 교체의 일환으로서 관민이 일치하여 실행한 것에 비해 중국의 양무는 정부의 관여가 제로는 아니라고 해도, 어디까지나 '독무중권(督撫重權)' 속에서 지방의 장관들이 각자의 재량으로 실행한 데 지나지 않기 때문입니다.

양무의 실태를 이해하려면 먼저 '독무중권'이 무엇인지 알아야 합니다.

제7상에서 서술했듯이, 18세기 인구 증가로 중국에는 수많은 비밀결사가 생겨났습니다. 이런 결사의 구성원은 제대로 된 생업에서 밀려난 무법자 [outlaw]들입니다. 그러다보니 비밀결사의 대부분이 비합법적인 국내 거래나 해외 밀수에 관계했습니다. 아편 밀수 역시 그중 하나로 외국 상인과 결탁하여 이루어졌습니다.

무법자[outlaw]들의 증가는 치안 악화를 초래했고, 치안 악화에 따른 내란의 발생은 비밀결사뿐 아니라 정부의 관할 안에 있는 중간 단체까지도 자위를 위한 무장을 하도록 촉진하는 요인이 됩니다.

이윽고 민간의 무장단체는 크게 둘로 통합되어 나갔습니다.

하나는 청에 적대하는 단체이고, 또 하나는 청을 지지하는 단체입니다.

전자는 태평천국을 비롯한 반란 세력으로 무력을 행사했고, 후자는 자경단(自警團)을 조직하여 반란 세력과 대치하게 됩니다. 그래서 전자는 '비밀결사' '반란 세력'으로 불리고, 후자는 '의용군'으로 불립니다.

하지만 반란 세력이나 의용군이나 본질은 자위를 목적으로 한 무장 집단인 것은 똑같습니다. 따라서 자신들의 이해관계가 바뀌면 상대편 쪽으로 간단히 변절했습니다.

당시의 반란이 갑자기 대규모로 성장하거나 좀처럼 평정되지 못했던 것도 이런 변절이 있었기 때문입니다.

청에는 아이신국(國) 시대부터의 '팔기(八旗)'와 베이징 입성 후 한인을 조직한 '녹영(綠營)' 두 정규군이 있었지만, 이 시기에 오면 이미 유명무실해져 정규군만으로 반란 세력을 누르는 것이 불가능했습니다.

그런 상황에서 의용군을 장악해서 사실상 정부군으로 삼아 지휘한 것이 지방 장관[地方大官]인 총독(總督)과 순무(巡撫)였습니다.

청의 통치는 본디 수많은 정무의 대부분을 지방 장관 한 명에게 통째로 맡기는 방식이었습니다. 정해진 세금만 중앙에 딱딱 입고하면, 나머지 일들은 지역[local]의 치안 유지까지 포함해 현지에서 어떻게든 알아서 해라, 하는 스타일입니다. 그래서 총독과 순무 모두 원래 문관이지만 군사까지 겸임했는데, 군사의 비중이 높아졌습니다.

　문제는 현지에서 들어가는 군사비는 어떻게 조달할 것인가,였습니다. 물론 경비의 조달도 중앙정부가 지방에 통째로 맡겼습니다. 결과적으로 지방행정에서 총독 및 순무의 재량권이 확대되었습니다. 이 현상을 '독무중권'(督撫重權)[1]이라고 합니다.

　군사 비용을 마련하기 위해 총독과 순무는 새로운 세금을 부과했습니다. '이금(釐金)'이라는 세금입니다.

　이금이란 원래 합법, 비합법을 불문하고 행회를 운영하려고 구성원에게서 징수하는 회비를 뜻했습니다. 군비 염출이 필요해진 지방의 고위 관리들이 이 시스템을 이용한 것입니다. 즉, 그동안 공인되지 않았던 행회나 중간 단체들에게 당국이 보호와 승인을 해주는 대신에, 그 대가로 이금으로 자금을 내도록 한 것입니다.

　이 방법으로 지방의 고위 관리들은 비합법적인 장사를 하는 비밀결사들을 자기편으로 끌어들이는 동시에 그들의 수익 일부를 상납받는 데 성공했습니다.

　이금 시스템을 가장 광범위하고 유효하게 활용하여 권력을 가졌던 인물이 지방의용군인 '상군(湘軍)'을 거느린 증국번(曾國藩)과 '회군(淮軍)'을 이끈 이홍장(李鴻章, 1823~1901)입니다.

　당시의 사회 정세 하에서 어쩔 수 없이 실행할 수밖에 없었던 '독무중권'은 지방의용군을 탄생시켰는데, '양무운동'이란 이 지방의용군의 장비를 근대화하려고 시행한 서양식 기술이나 무기의 도입입니다.

---

1) 총독과 순무의 권한이 커짐.역주

일본은 '화혼양재(和魂洋才)', 중국은 '중체서용(中體西用)'

중국에서 '양무'의 가장 큰 특징은 '지방의 재량으로 실행되었다'는 점입니다. 도입된 것은 주로 무기이며, 정치 시스템의 근대화 등 체제 전체에 관련된 것은 어떤 것도 도입되지 않았습니다.

흔히 일본은 재빨리 근대화를 달성했는데 중국은 왜 할 수 없었는지 묻지만 중국의 경우는 국가 차원에서 착수한 것이 아닙니다. 정확하게는 국가로서는 착수할 수 없었기 때문이라고 할 수 있습니다.

이 점은 일본과 중국이 각각 서양 문명을 받아들일 때 사용된 슬로건을 보면 여실히 나타납니다.

일본에서는 '화혼양재(和魂陽才)'가 주창됩니다.

이 말은 일본의 혼(大和魂)을 간직한 채 복장이나 언동은 서양식으로 바꾸자는 것이므로, 이미지로는 실크 모자를 쓰고 연미복을 입은 사무라이 정도가 되겠습니다. 차림새나 행동은 서양식으로 해도 그 사람의 혼은 일본인 그대로라는 것입니다.

이에 대해 중국에서 주창한 말은 '중체서용(中體西用)'이었습니다.

'체(體)'는 본체, '용(用)'은 지엽적이고 하찮은 것, 혹은 수단으로 번역되는 경우가 많지만 이 말의 의미를 이해하려면 앞에서 주자학에 대해 설명했던 것을 상기해야 합니다.

주자학은 이기이원론(理氣二元論)이라고 하는데, 모든 것을 나누어 생각합니다.

'이기' 외에도 '도기(道器)' '지행(知行)' '사서(士庶)' 등 상반되는 의미를 가지는 쌍의 어휘가 수많이 사용되는데, '체용'도 그중 하나입니다.

'체용'의 '체'는 신체가 아니라 본체나 근간을 의미하고, '용'은 수단이나 행동, 표현 등을 의미합니다.

문제는 주자학에서 이런 쌍의 어휘는 한 사물이 동시에 겸비한 두 측면을 지칭하는 것이 아니라 별개의 두 사물 간의 상대적 관계를 나타낸다는 것입니다.

즉, 앞서 '화혼양재'의 이미지는 한 사람의 인물로 나타냈지만 '중체서용'은 한 사람의 인물로는 나타낼 수 없습니다.

이미지로 나타내면, '엘리트인 사(士)가 서민에게 서양의 도구를 사용하도록 하는' 정경이 됩니다. 사람도 다르고, 그 복장도 다릅니다.

중체서용에서는, '중'과 '서'를 각각 담당하고 있는 것은 별개의 다른 인물들입니다. 청 정부나 엘리트는 '중체'를 관철하지만, 서민은 '서용'을 해도 된다는 것이 '중체서용'이 의미하는 바입니다.

지방 및 현장에서 각자 재량으로 '서양 기술이나 도구를 이용하는' 것은 상관없지만, 조정 및 중앙은 '중체'여야 하므로 상반되는 '서(西)'를 받아들이는 것은 용납할 수 없습니다.

그러니까 '관민괴리(官民乖離)'도 '중체서용'도 둘 다 근저에 있는 것은 역시 '사'와 '서'의 분리입니다.

단지, 이 문제에서 여러분이 오해하지 않았으면 하는 점은 재빨리 서양화했다고 해서 반드시 선진을 의미하는 것은 아니라는 것입니다.

만약 서양화야말로 선진적이고 문명적이라고 생각한다면, 그것은 서양 문명의 가치관에 젖어 있음을 보여주는 것일 뿐입니다.

여러 번 반복하지만 서양과 동양은 지리적 여건이 다르고, 거기에서 길러진 사상과 가치관도 전혀 다릅니다.

역사를 보는 데 중요한 것은, 다지와 비교해서 우열을 가리고 누가 잘나고 못났는가를 따지는 것(毁譽褒貶훼예포폄)으로 빠지는 것이 아니라 각각의 같은 점과 다른 점을 이해하고 그 유래를 이해하는 것입니다.

예를 들어 몽골제국에서는 정치와 경제를 각각 다원적 주체가 담당했기 때문에 전체를 완전히 하나로 통합하지는 못했습니다. 그 때문에, 전체를 일률적으로 규제하는 법제는 완성되지 않았습니다. 그 결과 엄격한 의미에서 관민 일체가 된 '법의 지배'가 작동하지 않는 사회가 될 수밖에 없었습니다.

이는 청나라뿐 아니라, 같은 '포스트 몽골(post-Mongol)'[1]인 오스만제국과 무굴제국에서도 공통적으로 볼 수 있는 구조입니다.

혹시나 싶어서 말해두지만, 이런 '법의 지배'의 유무는 그 사람들이 사는 자연환경과 그에 기초한 역사적 결과이지 결코 본질적인 우열의 문제가 아닙니다. 정치적인 이데올로기나 주장이라면 몰라도 학문적으로는 현대 세계의 기준(standard)에서 옳고 그름을 평가할 문제가 아닙니다.

우리 일본인은 무심코, 근대화할 수 있었던 것이 좋은 것이며 이것이야말로 선진적인 것이라고 생각하기 쉽지만 그건 단지 일본이 걸어온 역사의 도달점에 지나지 않는다는 것을 알아야 합니다.

중국에는 중국이 걸어온 스타일이 있고, 그것은 마침 우연히 서양과는 아예 맞출 수 없는 성질의 것이었습니다.

일본과 중국은 다릅니다.

이홍장의 걱정이 현실로 드러난 청일전쟁

청 정부가 '양무' '중체서용'을 말하며 안 변하고 버틸 수 있었던 것은 절박한 데까지 몰리지 않았기 때문이라고도 할 수 있습니다.

위기감이 절박하게 다가오자 과연 정부 내에서도 서양식 근대화를 지향

---

1) 몽골제국 분열 이후 탄생한_역주

하는 움직임이 나타납니다.

전환점이 된 것이 1894년에 발발한 청일전쟁이었습니다.

그런 의미에서는 '19세기는 서양화, 근대화할 필요가 없었던 시대'였고, '20세기는 필요해져서 하려 했지만 못했던 시대'라고 할 수 있습니다.

19세기, 중국이 '양무' 정도로 끝낼 수 있었던 것은, 아편전쟁 같은 일을 치르기는 했지만 '무이(오랑캐를 달래는 것)'로 서양 각국이 어느 정도 얌전히 있어 주었기 때문입니다.

그런데 쓰다듬어도 얌전해지지 않는 이적이 나타납니다. 일본입니다.

청이 메이지 일본과 '청일수호조규'를 맺은 것은 앞서 기술했습니다.

이 조약으로 청일 양국은 상호 '소속 국토[所屬邦土]'를 침범하지 말자고 약속했습니다. 사실 이 '소속(所屬)'이라는 한어가 너무나 이해하기 어렵기 때문에, 당시 일본과 중국의 차이를 여실히 보여주고 있습니다. 일본은 이 말을 서양의 국제관계를 근거로 실효 지배를 하고 있는, 즉 영토로 간주했습니다. 한편, 청은 '속국(屬國)' 즉 '조공국'도 포함한 범위라고 해석하고 있습니다. 각각 서로의 세계관, 세계질서를 반영한 해석입니다.

이렇게 어긋나는 부분이 있었기 때문에 얼마 안 가서 대립이 깊어집니다. 일본은 그 3년 후인 1874년에 류큐도민(琉球島民) 조난사건을 빌미로 타이완에 출병했고, 청은 '소속 국토'를 불가침으로 해놓고 조약을 위반했다고 항의했습니다. 일본은 잘못을 인정하기는커녕, 1879년에는 청에 조공을 계속해온 류큐를 자국에 편입하여 오키나와현(縣)으로 삼았습니다. 이른바 '류큐처분(琉球處分)'을 두고 청나라에서는 자국을 따르는 '조공국을 멸망시켰다'고 간주하여 일본에 대한 경계를 강화합니다.

다음으로 청일 갈등의 초점이 된 것이 역시 청의 조공국이었던 조선[1]이었습니다.

일본은 1882년 조선 국내에서 일어난 반란[壬午軍亂임오군란]으로 일본인이 살해되고 공사관이 습격당하자 그 책임을 물으려 군대를 파견합니다. 한편, 이에 민첩하게 반응한 청나라도 일본의 움직임에 대항하여 서울로 출병하고 군란을 먼저 진압하고 말았습니다.

한반도에서 갑자기 청 세력이 커지자 일본도 조선의 인사들도 이에 위기감을 느껴 2년 뒤인 1884년, 청에 의존하는 정부를 쓰러뜨리려는 쿠데타인 갑신정변(甲申政變)을 일으킵니다. 일본과 청은 결국 조선 정권을 둘러싸고 무력 충돌을 벌이게 됩니다. 군사적으로는 청이 우세했지만, 일본도 외교적 노력으로 어떻게든 쌍방이 한반도에 군대를 두지 않는다는 조건을 관철시켜 청일은 일단 무기를 내려놓았습니다.

청이 그동안 일본의 행위를 조약 위반이라고 항의하면서도 전쟁까지 나가지 않았던 것은 근대식 해군을 가지고 있지 않았기 때문입니다. 하지만 그래도 한반도는 눌러두지 않으면 위험하다는 위기의식이 강하게 발동했습니다. 일본은 일찍이 도요토미 히데요시(豊臣秀吉)의 조선 출병(唐入り, 임진왜란)[2]이라는 전과가 있기 때문에 더욱 그러했습니다.

이홍장은 실제로 일본의 한반도 진출을 베이징 방위에 있어서 중대 사안으로 파악하고 강력히 경종을 울렸습니다.

명은 도요토미의 조선 출병 시 원군을 보냈지만, 그 계기는 평양 함락입니다. 지정학적으로 평양이란 곳은 베이징 방위의 요체였습니다.

---

1) 일본 원문에서는 이씨조선으로 칭함_역주
2) 일본 원문은 '朝鮮出兵(唐入り)'임. 임진왜란을 조선 출병으로 서술했으며, 저자가 ( ) 주로 넣은 '唐入り'(가라이리)는 '당으로'라는 뜻으로 명 정벌 또는 대륙 정벌을 의미함_역주

청이 류큐 처분에 격노한 것도 문제는 류큐가 아니라 조선이었습니다. 당시는 류큐도 조선도 같은 '조공국'입니다. 같은 입장에 있는 류큐가 일본에 병합된 것을 인정해 버리면 그것이 전례가 되어 한반도 역시 **빼앗길** 수 있다는 우려에서였습니다.

이후 일본과 청은 한반도를 무대로 청일전쟁에서 싸우게 되는데, 이때 청이 항복한 것도 역시 평양이 함락되어 베이징이 위태로워졌기 때문입니다.

이건 지정학적인 문제여서 지금도 변함이 없습니다. 중국이 북한에 집착하는 것도 본토 방위 라인으로서 평양을 유지할 필요가 있어서입니다.

일본을 일찍부터 경계했던 이홍장은 그의 기반인 톈진이 일본 및 한반도와 가까운 이유도 있어서, 타이완 출병 소식을 들었을 무렵부터 일본에 대항하기 위해 자신이 이끄는 의용군인 '회군'에 해군[北洋艦隊북양함대]을 창설하는 작업에 나섰습니다.

하지만 이홍장은 일본과의 전쟁을 원했던 것은 아니었고, 가능한 한 일본과 전쟁은 피해야 한다고 주장했습니다. 그러나 라이벌 옹동화(翁同龢)가, 아직 젊어서 개전론으로 기울고 있던 광서제(光緒帝, 재위 1875~1908)를 끼고 개전을 성사시켰고, 북양함대를 거느린 이홍장에게 전투를 압박하여 이홍장의 권세에 타격을 입히려고 했습니다.

결국 청일전쟁은 일본이 승리했고, 시모노세키조약에서는 타이완과 랴오둥반도(遼東半島요동반도)의 할양, 2억 냥의 배상금, 나아가 조선의 '완전무결한 독립자주'가 확정되었습니다.

중국인에게 '국민' 의식 심어준 량치차오(梁啓超)

청일전쟁의 패배는 국내외에 큰 충격을 주었습니다.

그동안 청을 '잠자는 사자'로 보았던 서구 열강들은 이를 계기로 노골적인 정치 개입을 하게 됩니다.

1895년 러시아, 프랑스, 독일은 이른바 삼국간섭을 하여 일본에는 랴오둥반도의 반환을 받아내고, 나아가 청에는 각종 이권을 요구했습니다.

그 결과 러시아는 중동철도(中東鐵道) 부설권과 랴오둥반도 남단의 뤼순(旅順)·다롄(大連) 조차권을, 프랑스는 안남철도(安南鐵道)의 연장 및 윈난(雲南운남)·광둥(廣東) 등지의 광산 채굴권 및 광저우만(廣州灣) 조차권을, 독일은 자오저우만(膠州灣교주만) 조차권을 획득했습니다.

삼국의 움직임에 대응하고자 영국은 웨이하이(威海衛위해위)와 주룽반도(九龍半島구룡반도)의 조차를 요구했고, 청은 이를 인정했습니다.

이렇게 중국의 분할 즉 '과분(瓜分)'이 급속히 추진됩니다.

여기에서는 청 정부도 위기감을 느끼게 됩니다.

지금까지 진행해 온 '양무'의 성과라 할 수 있는 북양함대는 일본군에 무참히 패했고, 새로운 변혁이 필요하다는 것은 누가 봐도 분명했습니다.

변혁은 더 근본적인 것이어야 한다, 이런 인식 속에서 서양의 국민국가를 본받아 정치 방식을 바꾸는 '변법(變法)'을 주창하고 지도한 사람이 바로 캉유웨이(康有爲강유위, 1858~1927)였습니다.

이전까지 유교의 근본적인 관념[concept]은 '바꾸면 안 된다'였습니다. 그 관념을 바꾸어야 하니 나름의 이념과 논리[logic]가 필요합니다. 그래서 캉유웨이는 기존 사상의 표리를 완전히 뒤집는 놀라운 일을 합니다. 지금까지의 유교 해석은 한(漢)나라 때 유학자인 유흠(劉歆)이라는 사람이 만든 '가짜 경전의 해석'이라며, 공자가 주장한 본래의 유교에서는 '개혁은 선하다'고 했다고 주장했습니다.

물론 이는 캉유웨이의 일방적인 날조가 아니라 유흠 이전의 경전에는 확

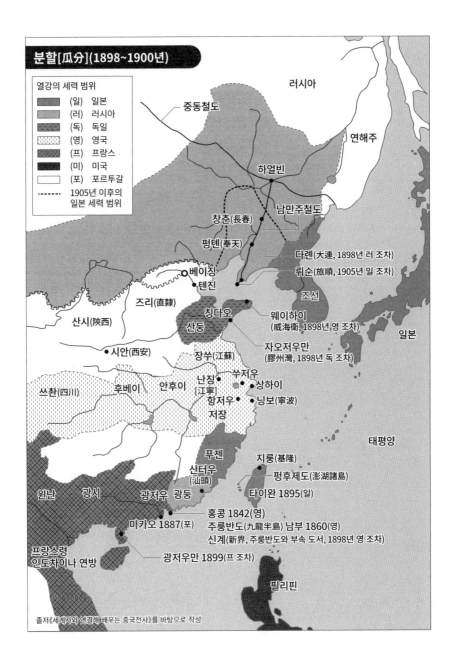

분할[瓜分](1898~1900년)

열강의 세력 범위

- (일) 일본
- (러) 러시아
- (독) 독일
- (영) 영국
- (프) 프랑스
- (미) 미국
- (포) 포르투갈
- ------ 1905년 이후의 일본 세력 범위

러시아

중동철도

연해주

하얼빈

남만주철도

창춘(長春)

펑텐(奉天)

다롄(大連, 1898년 러 조차)

뤼순(旅順, 1905년 일 조차)

조선

베이징

톈진

즈리(直隷)

산시(陝西)

칭다오

산둥

웨이하이(威海衛, 1898년 영 조차)

자오저우만(膠州灣, 1898년 독 조차)

일본

시안(西安)

장쑤(江蘇)

난징[江寧]

쑤저우

상하이

항저우

닝보(寧波)

쓰촨(四川)

후베이

안후이

저장

푸젠

태평양

지룽(基隆)

산터우(汕頭)

펑후제도(澎湖諸島)

타이완 1895(일)

윈난

광시

광저우

광둥

광저우만 1899(프 조차)

홍콩 1842(영)

주룽반도(九龍半島) 남부 1860(영)

신계(新界, 주룽반도와 부속 도서, 1898년 영 조차)

마카오 1887(포)

프랑스령 인도차이나 연방

필리핀

졸저《세계사와 연결해 배우는 중국전사》를 바탕으로 작성실히 그렇게 해석할 수도 있는 문구가 씌어 있습니다.

복고(復古)라는 개념을 통해 현재를 부정하여 개혁을 단행하는 방식은 중국에서는 몇 번이나 반복되어 온 수법입니다. 중국에서는 갑자기 새로운 것을 내놓아도 받아들여지지 않습니다. 반드시 옛 가르침에 비추어 보아 언뜻 보기에 새로운 그것이 실은 복고라고 주장할 필요가 있습니다.

그렇다고는 하지만 정말로 '공자는 바꾸라고 했다'고 과감하게 주장하고, 게다가 그것을 실제 정치 활동으로 연결시킨 사람은 캉유웨이 외에는 전무후무합니다. 게다가 그가 주장한 '복고=개혁'이 지향하는 것은 유교가 이적으로 멸시하는 '서양'의 사상이어서 캉유웨이라는 사람은 유학자로서는 보기 드문 괴짜였다고 볼 수 있습니다. 그의 주장은 곧 주변 엘리트들로부터 거센 비판을 받습니다.

그래서 캉유웨이는 자신의 주장을 선전하고자 저널리즘을 이용하려는 생각을 합니다. 이것도 서양의 방식인데, 요점은 신문을 만든 겁니다.

타깃[target]은 엘리트층 중에서도 과거 수험생 같은 젊은이들이었습니다. 신문의 기사는 캉유웨이의 대변자로서 젊고 글재주가 뛰어난 수제자 량치차오(梁啓超양계초, 1873~1929)가 집필했습니다.

캉유웨이의 제언은 1898년 '무술변법(戊戌變法)'으로 개시되어 개혁도 진행되는 듯했으나 불과 백여 일 만에 탄압받게 됩니다. 주장·사상도 과격했지만, 무엇보다 개혁이 실정에 맞지 않는데 무리하게 실행하려 한 바람에 오히려 반발을 격화시켰기 때문입니다.

정적(政敵)에 쫓긴 캉유웨이와 량치차오는 일본으로 망명하게 되는데, 이것이 이후의 량치차오와 중국의 운명을 크게 바꾸게 됩니다.

일본에 갈 때 량치차오는 음력 나이로 26살의 젊은이였습니다. 일본에서 많은 책을 읽은 그는 충격을 받습니다. 당시 일본어 책은 대부분 한문으로 쓰였기 때문에 중국인인 량치차오도 그대로 읽을 수 있었는데, 한자로 쓰여있어도 그 내용이 서양의 사상을 훌륭하게 전달하고 있었던 것입니다.

캉유웨이(康有爲, 왼쪽)와 량치차오(梁啓超, 오른쪽)

비결은 메이지시대에 일본인이 만든 번역어였습니다.

서양 문헌은 중국에도 많이 들어와 있었지만 오리지널 한어로는 고전을 인용하지 않으면 문장으로 인정받지 못한다는 단점이 있어서 중국에 본래 존재하지 않는 서양 개념을 제대로 번역하지 못하고 있었습니다.

일본 번역어 덕분에 탐욕스럽게 신사상을 섭취한 량치차오는 캉유웨이와 결별하고 자신이 발행하는 《청의보(淸議報)》, 《신민총보(新民叢報)》를 무대로 중국 지식인들에게 자신이 얻은 지식을 정력적으로 발언하기 시작합니다. 량치차오의 활동으로 메이지시대 일본인이 고안한 번역어가 중국에 대량으로 전해지면서 침투하였습니다.

일본어의 영향을 받은 량치차오의 새로운 문장은 '신민체(新民體)'라고 불렸습니다. 그가 주재한 《신민총보》라는 잡지 이름에도 사용되고 있는 '신민'이란 유교 경전에 나오는 말이지만, '새로운 시대의 국민'라는 의미로 사용해 량치차오는 '신민'을 자신의 필명으로도 썼습니다. 당시 중국에 존재한 것은 오로지 '사(士)' 이니면 '서민'으로, '국민'은 아직 존재하지 않았습니다. 이에 량치차오는 서민을 국민으로 만들고, 국민에 의한 국민국가를 지향하려고 한 것입니다.

국민국가를 지향한다는 점에서는 스승인 캉유웨이와 같지만 량치차오의 개념과 논리는 스승의 그것과는 달랐습니다. 스승 캉유웨이가 끝내 유교를 떠나지 못한 데 비해 량치차오는 유교에서 벗어나 서양 사상을 직설적으로 설파했고, 자립한 신민[국민]에게 필요한 자질로 애국주의를 꼽았습니다.

새로운 국가·국민을 목표로 했으므로, 그의 사상은 확실히 그 후의 중국 '혁명'을 견인했다고 할 수 있습니다.

중국인이 '우리는 중국인입니다'라고 자칭하게 된 것은 량치차오 이후입니다. 그들은 그때까지 '자신들의 나라'라는 개념을 갖고 있지 않았습니다.

그러니 자신들을 가리킬 때 왕조 이름을 써서 '청인(清人)'이라고 부를 수밖에 없었습니다. '청인'임을 부정할 수는 있겠지만, 대체할 개념은 외래어밖에 없었습니다. 심지어 량치차오 자신조차 스스로를 한때는 '지나인(支那人)'이라고 합니다. 그러나 '지나'는 외국에서 중국을 부르는 칭호이므로 일본인이 '나는 저팬인입니다'라고 하는 것처럼 부자연스럽습니다.

그래서 자신들의 나라를 무엇이라고 칭할 것인가가 문제가 되었고, 그때까지 '한가운데'라는 의미밖에 없었던 '중국(中國)'을 자신들의 국명으로 사용하게 된 것입니다.

그러므로 '중국인'이라는 호칭은 20세기에 이르러 처음 사용되기 시작한 새로운 호칭입니다.

신해혁명이란 무엇인가

캉유웨이, 량치차오 등이 쫓겨났을 때 중국 국내는 배외(排外)의 기운이 높았습니다. 그런 가운데 민중을 동원한 것이 백련교의 흐름을 잇는 의화단(義和團)이라는 종교 비밀결사였습니다.

의화단은 1900년에 봉기해 베이징을 점령해 버렸습니다. 의화단과 때를 맞춰 광둥성 후이저우(惠州혜주)에서 봉기한 것이 바로 쑨원(孫文손문)입니다.

쑨원은 화교[1] 집안에서 태어나 14세 때 하와이의 칼리지(college)에서 공부한 뒤 19세에 중국으로 돌아와 홍콩에서 개업의를 하지만 사람을 구하는 의사보다 나라를 구하는 '국의(國醫)'로 살기로 결심하고 무장봉기에 참여했습니다.

쑨원의 첫 봉기는 의화단과 함께 곧 진압되고, 1895년 광둥에서 다시 봉기하나 여기서도 실패한 뒤 쑨원은 일본으로 망명합니다.

그리고 여러 차례 무장봉기를 시도한 끝에 1911년 신해혁명(辛亥革命)으로 마침내 청이 멸망하고 중화민국(中華民國)이 성립합니다.

신해혁명은 후베이성(湖北省호북성) 우창(武昌무창)에서 일어난 반란이 도미노 식으로 확산된 사건이었는데, 이때 반란의 주체는 의화단 같은 종교 비밀결사가 아니라 청 정부 산하의 군대로 들어간 혁명파였습니다.

사실 우창에서의 무장봉기는 치밀한 계획하에 이루어진 것이 아니었습니다. 물론 봉기 계획 자체는 있었고 준비도 하고 있었지만, 계획 도중에 정보가 누설되어 체포자가 나오는 혼란 속에서 발생한 일이었습니다.

그러나 타이밍이 좋아서인지 봉기가 성공했을 뿐만 아니라 각지로 확산되어 각 성에서 지방정부가 수립되었습니다.

재미있는 것이 혁명은 왠지 주도면밀히 계획하는 것보다 우연히 일어난 경우가 더 잘 풀립니다. 프랑스혁명, 러시아혁명, 그리고 이 신해혁명은 역사적인 배경과 발생 요인은 다 다르지만 유일하게 '우연'이라는 요소만은 공통됩니다. 그리고 우연히 그렇게 되었기에 혁명이 성공한 후에는 마치 되

---

1) 쑨원은 광둥성 출신이지만 쑨원의 형이 하와이로 간 화교 노동자인데, 쑨원이 13살일 때 하와이로 불러들임. 이 시기 미국 화교의 대부분이 광둥성 출신임_역주

갚음 하듯이 혼란이 발생했습니다.

프랑스혁명에서도 공화제가 바로 정착되지 못하고, 황제 체제[帝制]와 공화제를 몇 번이나 반복하다가 현재의 '제5공화국'으로 자리잡았습니다.

중국의 경우는 신해혁명 이후에도 몇 번이나 '혁명'을 반복했으며, 그런데도 황제 체제인가 공화제인가 정해지기도 전에 '공산주의'라고 하는 새로운 선택지가 더해져 더욱 더 정리되지 않은 채, 아직도 '혁명'이 끝나지 않고 있습니다.

어쨌든 각 지방정부의 대표자들은 난징에 모여 1912년 1월, '난징임시정부(南京臨時政府)'를 수립하고 임시대총통에 쑨원이 취임합니다. '중화민국'의 시작입니다.

이 시점에는 아직 베이징에 청 정부가 존속하고 있었지만 청의 실력자 위안스카이(袁世凱원세개, 1859~1916)는 황제의 퇴위 조건으로 자신에게 중화민국 임시대총통의 지위를 양보할 것을 요구했습니다.

쑨원은 위안스카이의 야심을 경계했으나 국내 안정을 위해 대총통 자리를 물려주었고, 청조는 선통제(宣統帝, 재위 1908~1912)의 퇴위로 멸망합니다.

선통제 푸이(傅儀부의)는 이때 불과 6세, 퇴위 의사는 모후가 대신 표명했습니다. 그리고 그것을 받은 사람은 청 정부의 내각총리대신(內閣總理大臣)이었던 위안스카이 본인이었습니다.

황제를 퇴위시킨 위안스카이가 신정권인 중화민국의 임시대총통에 올랐으니 어떤 의미에서 청에서 중화민국으로의 이행 또한 그동안 중국에서 반복되어온 '찬탈' 내지 '선양'에 의한 왕조 교체와 같다고도 할 수 있습니다.

적어도 체제, 사회의 근본을 뒤집는다는 의미에서의 '혁명[revolution]'은 아닙니다. 과연 위안스카이는 이후 독재 체제를 공고히 하게 됩니다.

위안스카이가 최고 지도자[top]의 자리에 올랐기 때문에 새 정부에는 청

정부 사람들과 왕조의 존속을 지지하던 사람들이 합류하게 됩니다. 이것이 쑨원 등이 목표로 하는 신정권의 성격에 큰 영향을 주는 결과를 가져왔습니다.

혁명과 오족공화(五族共和)

쑨원은 어려서부터 서양식 교육을 받았기 때문에 새 정체는 '공화제'를 지향했습니다. 그리고 그 실현을 위해 '삼민주의(三民主義)'를 제창합니다.

삼민주의란 '민족주의', '민권주의', '민생주의' 세 가지를 말합니다. 간단히 설명하면, 민족주의는 중국의 자립·민족의 독립을 획득하는 것입니다. 민권주의란 민주공화제를 수립하는 것입니다. 민생주의는 토지권의 균등화를 원칙으로 경제적 불평등의 개선을 목표로 하는 것입니다.

이상은 삼민주의라고 총칭되지만 비중으로 보면 압도적으로 민족주의가 부각[closeup]되었습니다. 이유는 간단한데, 가장 알기 쉽기 때문입니다. '소수의 이민족 왕조인 청을 무너뜨리고 한민족이 독립하여 새로운 정체를 만든다', 그래서 황제의 퇴위를 요구했는데 공화제로 만든 뒤에는 어떻게 할 것이냐를 두고 신정부 내에서도 의견이 제각각이어서 통합되지 못하고 국민국가를 건설하는 데 실패합니다.

쑨원 자신도 앞날의 일까지는 생각하지 않았던 것 같습니다.

쑨원은 이후 '오족공화(五族共和)'를 주창하며 '우리 중국의 모든 민족이 융합하여 하나의 중화민족이 되어야 한다'고까지 말하고 있는데, 이건 나중에 추가한 내용입니다.

오족은 한인, 만주, 몽골, 티베트, 무슬림이라는 대청국(大淸國) 판도에서 살았던 사람들을 말합니다.

원래 쑨원과 동료들은 배만(排滿)을 주장해 한족은 청에서 이탈해 독립하자고 주장했습니다. 오족의 통합을 소리 높여 주장한 측은 청의 존속을 염두에 두었던 량치차오 사람들입니다. 그들은 오랜 역사와 업적을 지닌 청 왕조가 아니면 이처럼 이질적인 사람들을 통합할 수 없다, 만약 청을 타도하면 중국은 산산조각이 난 끝에 서양 열강에게 분할될 것이라고 생각했던 것입니다.

그런데 쑨원 쪽 사람들은 아니었습니다. 물론 그런 건 아무래도 상관없다고까지는 하지 않았지만, 어디까지나 최우선 사항은 한인이 만주인을 타도하는 것이었고 그 밖의 것은 나중에 생각하면 된다고 보았습니다. 혁명을 서둘렀던 사람들 중에는 다른 민족은 상관하지 않고 한인의 독립만 실현하면 된다고 생각하는 혁명파들도 있었습니다.

오족공화 자체는 혁명이 지향한 것이 아닙니다.

그런데 신해혁명이 일어나자 혁명파가 주도권을 확실히 잡지 못합니다. 청을 쓰러뜨린 것은 그때까지 청의 존속에 관여하고 있던 인사들의, 이른바 변절에 의한 것이었습니다. 이에 따라 새 정부는 청의 잔당이나 혹은 청을 온존한 채 정치체제를 바꾸려던 량치차오 일파의 방향성을 완전히 무시할 수 없었습니다.

그런 가운데 '오족공화'을 주장하게 되었지만 그 실체는 평등하지 않고, 기이하게도 쑨원 스스로 말했듯이 '만주·몽골·티베트·무슬림을 우리 한인에게 동화시키는' 것이었습니다.

그때까지 사실상 자치가 인정되던 몽골이나 티베트가 이에 반발하는 것은 당연했습니다. 역사적으로도 그들이 한인에게 복속할 이유는 없기 때문입니다.

몽골과 티베트 모두 중화민국이 한인 중심의 오족공화를 내걸자 독립을 목표로 움직였습니다. 그리고 몽골은 러시아의 후원 아래 내몽골(內蒙古)은 중국에 빼앗겼지만 독립을 이루었습니다.

티베트는 이웃나라 인도를 가진 영국의 원조를 받아 독립을 지향했으나 결국 중화민국에 편입되고 말았습니다.

그래도 중화민국에 영국은 위협적이었으므로 공식적인 독립은 이루지 못했어도 티베트는 나름대로 자치를 유지할 수 있었습니다. 티베트의 자치가 상실되는 것은 1951년 이후 영국의 입지가 약해지고 나서입니다.

이후 티베트 불교의 종교적 지도자이자 정치적 지도자였던 달라이 라마는 중국의 완전 지배를 피하고자 갖은 노력을 다했으나 1959년 생명의 위험이 있다며 인도로 망명합니다.

현재도 달라이 라마의 망명 생활은 계속되고 있으며 티베트는 오족공화 슬로건대로 한민족으로의 동화 정책이 진행되고 있습니다.

공화제를 지향하면서도 위안스카이의 독재와 혼란으로

신해혁명으로 성립한 중화민국의 난징(南京)임시정부였지만, 자신들만으로는 서양 열강에 대항하기 곤란하고 북쪽의 청나라 세력과 전쟁을 하는 것도 열강에 국토를 빼앗길 기회를 주는 것이어서 위험했습니다.

즉, 서로 지향하는 것이 같지는 않아도 북쪽의 청 정권과 남쪽의 혁명정부는 서로 타협하고 손을 잡는 수밖에 없었습니다.

그 타협의 형태가 북쪽에는 청 왕조의 종언이었고, 남쪽에는 위안스카이를 최고지도자[top]로 앉히는 것이었습니다.

이리하여 남북은 '반(反)제국주의'라는 실로 묶이는데, 마침 그 무렵부터 열강의 개입이 약화됩니다. 이유는 두 가지입니다. 하나는 유럽을 무대로 한 제1차 세계대전(1914~1918)의 발발이고, 다른 하나는 러시아혁명(1917)입니다.

열강의 개입이 퇴조하자 중국에 남은 위협은 일본뿐이었는데, 일본이 만주에 개입하려 했으므로 방심할 수 없었습니다.

중화민국 정부는 정권이 위안스카이에게 넘어간 후에도 공화제를 유지하는 방향으로 노력합니다. 하지만 선거를 치러 봐도, 의회정치 같은 걸 해봐도, 의견 수렴이 안 되는 토론만 계속될 뿐 잘 돌아가지 않았습니다.

내우외환의 시기에 이렇게만 있을 수 없다면서 위안스카이가 독재를 강화하는 방향으로 조타수를 틀었습니다. 이를 목도한 쑨원 등은 1913년 '제2혁명'을 칭하며 반항했으나 힘없이 패퇴하고 일본에 망명합니다. 승리한 위안스카이는 마침내 황제 즉위와 제제(帝制) 부활까지 획책하며 국호를 '중화제국'으로 고쳤습니다.

프랑스혁명 후에 의회가 제대로 작동하지 못하자 나폴레옹의 독재와 황제 즉위를 초래한 것과 매우 비슷합니다. 일이 진행되지 않을 때는 상명하달[top down]의 독재를 하는 편이 가장 손쉬운 대처법이기 때문입니다.

공화제 체제를 지키면서 톱다운 방식을 고집한다면 아무래도 레닌이 생각한 'Party State[당 국가]', 즉 일당독재 국가여야 했습니다.

현재 중국이 일당독재인 것은 이 때문입니다.

선거도 토론도 전부 체제를 통합하기 위한 것으로 극단적으로 말하면 쓸모없는 절차입니다. 그러나 현대 세계에서는 더 이상 독재나 황제 지배 체제는 선진국으로 인정받지 못하는 풍조가 되고 있으니 어쩔 수 없습니다.

'제국'이라는 나라의 형태는 제1차 세계대전을 거치면서 세계적으로 점차 사라집니다. 독일제국, 러시아제국, 오스트리아제국, 오스만제국. 그리고 마지막 남은 것이 대일본제국이었는데 그것도 제2차 세계대전과 함께 종말을 맞았습니다.

현재 독재라든가 황제 체제와 같은 정치체제를 취한 나라는 없지만, '시스템'이라는 의미에서는 지금도 'Party State'의 형태로 계속 살아 있는 것입니다.

그래서 'Party State'가 아니게 된 러시아에서도 여전히 푸틴이 권좌에 계속 앉아 있고, 또 그것을 영속화하려 하는 것입니다.

중화민국의 경우에는 위안스카이의 제제운동(帝制運動)이 국내외의 반발 때문에, 또 본인이 1916년에 급사함으로써 저지되어 가까스로 제제는 면할 수 있었지만 여전히 공화제가 뿌리내리지 못했습니다. 퇴위한 선통제를 복위시키려는 움직임마저 있었습니다.

이후 베이징정부 내에서는 위안스카이의 부하들 사이에 후계자 다툼이 벌어졌습니다. 대외적으로는 중화민국의 정식 정부로서 외국과 교섭하고 있었지만, 이미 중국 전역을 통합할 힘은 없었습니다. 중국 국내는 각 지방을 근거지로 하는 군벌들이 세력을 휘두르는 군웅할거 상태에 빠졌습니다.

새로운 움직임은 제1차 세계대전이 끝난 후에 나타나게 됩니다. 베이징정부는 영국과 프랑스 편을 들고 있었기 때문에 중화민국은 국제적으로 전승국의 입장이 되었지만, 파리강화회의에서 반환을 기대한[1] 이권은 모두 일본이 차지하게 결정합니다. 그러자 중국 내에서 불만이 폭발해 제국주의에 반대하는 '5·4운동(五四運動)'이 일어났습니다. 그 후 1920년대에 들어서면 제1차 세계대전의 종식으로 고양되던 반제국주의 의식이 급격하게 한층 가속화됩니다. 이들 민간에서 일어난 애국운동을 정치적으로 수용하여, 이후 정국의 중심이 된 것은 광저우를 거점으로 쑨원이 1919년 창당한 중국국민당(中國國民黨)입니다.

쑨원은 얼마 후 러시아혁명으로 새로 성립한 소비에트연방의 지원을 받아 국민당을 개조하는데, 그 개조의 근간이 된 것이 중국공산당과의 제휴, 이른바 '국공합작(國共合作, 1924년의 제1차 국공합작)'이었습니다.

---

1) 패전국인 독일이 중국에 가지고 있던 이권이 중국에 반환되리라 기대했음.역주

중국공산당은 1921년 소련과 코민테른(국제공산주의조직)의 주도로 상하이에서 결성되었습니다. 국민당과는 이념도 지지 기반도 다르지만 민족의 독립과 국가의 통일을 내걸고 제휴를 결의합니다.

쑨원은 소련·중국 공산당과 제휴함에 있어서 그들의 주장을 자신이 주창한 삼민주의와 연계시켰습니다. 공산당이 지향하는 반제국주의는 삼민주의 중에서 가장 중요시하던 '민족주의'와 등치시키고, 공산주의는 민생주의와 같다고 재해석한 것입니다.

쑨원은 국공합작 이듬해 세상을 떠났는데, 중국국민당은 때마침 고조된 반제국주의 운동을 틈타 광저우에 국민정부를 세우고, 이듬해인 1926년에는 마침내 국민혁명군(國民革命軍)을 북벌(北伐, 베이징의 군벌정부를 타도하는 전쟁)에 진군시킵니다. 이때 쑨원의 유지를 이어 국민혁명군 총사령으로 북벌의 지휘를 맡은 이가 장제스(蔣介石)입니다.

이듬해 1927년에 장제스는 공산당에 의한 사회주의화를 염려하여 상하이 쿠데타를 일으켜 공산당 세력을 배제합니다. 이에 따라 제1차 국공합작은 붕괴되지만, 그 후에도 북벌은 계속되어 만주의 이권을 고집하는 일본 제국주의와 대결의 자세를 강화하게 됩니다.

제 9 장

'공산주의 국가' 중국

변하지 않는 중국 사회

청 왕조가 무너지고 중화민국이 되어도, '사와 서'라는 중국 사회구조는 바뀌지 않았습니다. 어쨌든 천 년 이상 쭉 이어져 온 사회구조이기 때문에 갑자기 바뀌지는 않습니다.

서민들은 하루하루 살아가는 데 급급하여 생활과 사회에 불만이 있어도 그런 부분까지 생각할 여유가 없었고, 대부분의 '사⁽엘리트⁾'들은 자신들의 특권을 당연하게 여겼습니다.

바꾸려는 사람이 아무도 없었느냐 하면 그렇지 않습니다. 새로운 나라는 어떤 모습이어야 하는가를 고민한 사람들 중에는 국민국가를 창출하려면 '사와 서', '관민 괴리(官民乖離)'라는 중국 사회의 이원적 구조를 없애고 새로운 사회구조를 구축하는 것이 필요 불가결하다고 생각한 사람들도 있었습니다.

이를테면 '신민(新民)'이란 용어로 그동안 숭국에는 없었던 국민의 모습을 제시한 량치차오도 그중 한 사람입니다. 또 '삼민주의'를 주창하고 혁명을 지도한 쑨원도 그랬습니다.

쑨원은 국민국가 수립을 목표로 량치차오와 마찬가지로 서민을 포함한 모든 민들이 '국민'이 되어야 한다고 생각했습니다. 그가 구상한 국민국가가 영미식의 민주주의 국가였음은 틀림없을 것입니다.

그러나 현실의 쑨원은 독재주의자였습니다. 그 점에서는 위안스카이와 다르지 않습니다.

쑨원이 민주주의 국가의 수립을 꿈꾸면서도 독재주의로 일관한 데는 이유가 있습니다. 쑨원은 중국의 인민들도 교육을 통해 언젠가는 민주주의 국가를 짊어질 '국민'이 될 수 있다고 믿었습니다. 하지만 동시에 그것은 끝없이 먼 훗날의 일이라고 생각했습니다.

중화민국이 성립한 초기에 의회정치에 도전했다가 실패했기 때문입니다. 정당을 만들고 선거도 했지만 매수가 횡행해 제대로 된 선거가 되지 못했습니다. 의회를 열어도 분규가 일어나고, 당수가 암살되는 일까지 일어났습니다. 그러던 중 대총통으로 맞아들인 위안스카이가 황제가 되겠다고 나서자, 쑨원은 당장 민주주의를 구축하는 것은 무리라고 체념했던 것입니다.

그러면 어떻게 해야 사회구조를 바꾸고 민주주의를 뿌리내릴 수 있을까, 그때까지는 어떤 정치를 해야 좋은가.

쑨원이 내놓은 답은 '훈정(訓政)'이었습니다.

'훈정'은 뛰어난 자가 사람들을 지도하는 정치를 말합니다. '훈'은 교훈, 훈계의 훈으로 가르친다는 뜻입니다. 뛰어난 리더가 인민을 가르치고 이끈다는 것으로, 즉 중국의 서민들은 아직도 무지몽매하니 국정을 책임지는 국민이 못된다, 그러므로 그들이 교육을 통해 소임을 다할 수 있게 되기까지 먼저 깨친[先覺] 엘리트가 이끌어 줘야 한다,는 것입니다.

이러한 사고를 토대로 쑨원은 3단계 발전론을 제창합니다. 민주주의를 실현하는 길을 '군정(軍政)', '훈정', '헌정(입헌정치)'의 세 단계로 나눈 것으로, 현재 중국은 훈정 단계이므로 독재가 필요하다고 한 것입니다. 쑨원의 뒤를 이은 장제스는 독재를 했는데, 이 논리에 근거하고 있습니다.

쑨원도 장제스도 서양식 국민국가, 민주주의 국가를 목표로 삼은 것은 맞습니다. 그러나 훈정으로 제대로 국민을 교육한 다음에야 비로소 이행할 수 있다는, 끝없이 먼 비전(vision)으로서 지향한 것이었습니다.

이에 비해 공산당은 조금 다른 비전을 그립니다.

중국 종래의 이원(二元) 사회구조를 공산주의의 '계급투쟁' '계급 타파'라는 개념에 끼워 맞춤으로써 혁명으로 '사(士)'와 '서(庶)'의 관계를 바꿀 수 있다고 생각했습니다.

마오쩌둥(毛澤東모택동, 1893~1976)이 지주를 배척하고 농촌에 인민공사(人民公社)를 세워 토지의 집단 소유로 소작인과 빈농에게 경지를 재분배하거나 문화대혁명을 실시하는 등 여러 시도를 한 것은 그 주관적 실천이라 할 수 있습니다.

그런 의미에서는, 국민당과 공산당 어느 쪽이 '관민 괴리'나 '사와 서라는 계급적 분단'을 해소하는 당면 과제에 진지하게 노력했는가 묻는다면, 압도적으로 공산당 쪽이라고 할 수 있습니다.

하지만 공산당의 그러한 노력으로 중국의 사회구조가 바뀌었는가 묻는다면, 확실히 한때는 목표에 가까워진 듯 보였지만 덩샤오핑(鄧小平등소평, 1904~1997)의 개혁 개방으로 도로 아미타불이 되고 말았습니다.

그리고 현재는 구태의연한 이원 사회(二元社會)를 공산당이 사실상 일당독재로 다스리고 있습니다.

언제나 결론은 '하나의 중국'

일당독재는 쑨원이 행했던 민주화의 전 단계로서의 독재가 아니라 '중국의 체질'이라고 생각합니다. 어쩌면 중국인들은 독재를 하는 쪽이 더 안심되는지도 모른다고까지 느낍니다. 사실상 독재하에 있는 러시아 사람들도 그럴지 모르겠습니다.

이렇게 말하면 같은 중국인이라도 홍콩은 민주화를 요구하며 현재는 오히려 본국의 간섭을 거부하고 있지 않은가, 그러므로 중국인도 진심으로 체제를 바꾸어 나가면 민주화할 것이다,라고 반론을 듣습니다. 물론, 그 가능성이 제로는 아닐 것입니다. 그러나 민주화에는 '민주화에 맞는 사이즈'라는 것이 있는 것도 사실입니다.

민주주의가 잘 되려면 일본 정도가 빠듯한 최대한의 사이즈라고 생각합니다. 프랑스는 살짝 크고, 러시아와 중국은 너무 커서 격차가 심합니다.

게다가 중국은 얼핏 보면 중앙의 권력이 아주 강하게 보이지만 예나 지금이나 지방 재지(在地) 세력의 힘이 막강합니다. 따라서 중앙은 자신들에 의한 통일을 유지하면서 그런 재지의 역량을 부수지 않고 민간의 활력으로 사용하는 방법을 늘 모색해 왔다고 할 수 있습니다.

지방 재지 세력이 그렇게 세다면 나누면 된다고 생각할 수도 있지만 아무래도 그렇게는 안 되는 것이 중국의 특성입니다.

홍콩이나 타이완이나 독립해도 잘 해나갈 수 있을 정도의 힘을 가지고 있고, 다른 지역 역시 나눠놓으면 각자 잘 해나갈 터이지만 역시 중국인에게는 '중국은 커다란 하나여야만 한다'는 강한 믿음이 있어 쪼개져 나눠지는 것은 용납할 수 없습니다.

한 번이라도 '쪼개져 나눠져도 괜찮다'고 체념해 버리면 정말로 모든 것이 뿔뿔이 나눠져 흩어져 버린다는 것을 알기 때문일 것입니다. 그래서 중국은 미국처럼 주(州)마다 다른 법률을 가진 연방제라는 스타일을 취할 수 없습니다. 연방제를 하면 진짜 산산조각 날 수 있습니다. 중화민국이 건국

된 뒤 '연성자치(聯省自治)'라는 미국적 연방제가 시도되었지만 실패했습니다.

따라서 도저히 완전하게 하나로 통합하기 힘든 지역에는 '자치구(自治區)'가 도입되었지만 결국은 이름뿐인 '자치'가 되어 근래에는 강제적인 일체화가 진행되고 있습니다.

아무래도 '하나의 큰 중국'인 것이 중국에 있어서는 중요한 것입니다. 이 강한 신념은 중국인이 한어를 사용하고 있는 한 버릴 수 없을 것입니다. 한어에서 '중국'은 '대국'과 같은 뜻이기 때문입니다.

같은 맥락에서 한반도에는 '사대(事大)'라는 말이 있었습니다. 이 말은 '대(大)를 섬기다'라는 뜻이지만 '대'는 단순히 '대국'이 아니라 '중국'을 가리키는 것입니다.

중국(中國)인 이상 커야 하고, 커야지만 중국이라고 할 수 있다, 이것이 중국인의 정체성[identity]이 되고 있는 것입니다.

타이완 사람들이 '우리는 중국인이 아니고 타이완인이다'라고 주장하는 것을 자주 보고 듣는데, 그것은 '중국'이라고 자칭하는 한 하나로 통합되어야 한다는 언어적, 개념적, 논리적 주박[1]이 있어서입니다. '중국인'으로 있는 한, 국토의 작은 귀퉁이에서 따로 독립하는 것은 허용되지 않습니다. 중국인이기를 스스로 그만두는 것이 그들에게는 독립의 첫걸음인 것입니다.

타이완이 독립을 한다고 해도 중국에는 그다지 실질적인 손실[damage]은 없을 것입니다. 그럼에도 불구하고 타이완의 독립을 인정할 수 없는 것은 대국으로서 계속 존재하기 위해서입니다. 만약 홍콩이나 타이완을 놓아주면, 그것을 계기로 대륙 안에서도 분리가 진행될 위험이 높기 때문입니다.

그래서 중국은 도저히 자립이니 독립을 인정할 수 없는 것입니다.

---

1) 속박보다 훨씬 강한 개념이며 주문을 걸어 정신을 얽매는 것으로 세뇌에 가까운 의미임_역주

중국은 '중국'을 자칭하는 이상 계속 대국이어야 하고, 대국인 이상 민주화는 어려울 것입니다.

유교는 중국인에게 역사 그 자체이다

중국은 1949년 중화민국에서 중화인민공화국이 되었는데 내실은 얼마나 달라졌을까요. 일당독재로 민주주의가 미완성이라는 점에서도 중화민국과 중화인민공화국은 같습니다. '사(士)와 서(庶)'라는 사회의 이원 구조도 근저에서는 바뀌지 않았습니다.

장제스의 국민정부는 당초 목표로 했던 중국의 공간적 사회적 통합을 이뤄내지 못했습니다. 영국 자본주의의 원조를 받아 표면적으로는 영미식의 국가 체제를 취하고 있었기 때문에 공산주의적인 정책은 실시하지 않았습니다. 국민정부는 서민에게까지 권력이 두루 미치지 못했고, 결국 거기에 공산당이 파고들 틈이 생겼습니다.

장제스가 의욕이 없었던 것도 아니고 무언가 큰 실수를 한 것도 아닙니다. 국민정부의 목표를 가로막고 나선 것은 일본이었습니다.

당시 일본은 1905년 러일전쟁의 승리로 얻은 만주의 권익을 유지하기 위해 국민정부에 반발했습니다. 이 시대의 '과분(分割)'에 전형적으로 보이는 행동이지만, 그 방향성은 같이 '과분'을 밀어붙였던 미국과·영국과는 달랐습니다. 일본이 중국 내셔널리즘과 정면으로 대치한 것과 달리 미국과 영국은 '국민혁명'과의 타협을 선택했기 때문입니다. 미국과 영국은 자신들이 국민정부와 대립하면 소련에 세력 확대의 기회를 줄 것이라 걱정했습니다.

장제스가 상하이에서 쿠데타를 일으킨 배경에는 이런 영미의 접근과 관계가 있습니다. 공산당과 손을 끊고 대신 미국과 영국의 지지를 얻은 난징 국민정부는 외국자본과 결탁한 부유층과 일체화하여 권력을 얻었습니다. 이들을 속칭 '저장(浙江절강) 재벌'이라고 부릅니다.

난징 국민정부의 정책은 자본가·부유층을 비호해야만 했고, 사회 재편의 꿈은 실현되지 못하게 됩니다. 후에 공산당은 국민정부에게 '관료자본'이라든가 '4대가족(四大家族)'이라는 딱지를 붙여 비방했는데, 어느 정도는 핵심을 찌르고 있어 전부 적대적 정치선전[propaganda]이라고는 할 수 없습니다.

'사와 서'라는 사회 구성이 유지되었다고 했지만 청이 멸망하고 이미 과거도 없어졌습니다. 그러면 이 시대의 '사'는 어떤 사람들이 담당했을까요?

제도로서 '과거'가 없어져 '사'와 '서'를 나누는 명확한 기준 역시 없어졌습니다. 따라서 여기서 말한 기준은, 아마 이 시대에는 '외국 유학'이 엘리트 변별 기능을 계승했다고 생각합니다. 그리고 왕조 관료를 대신한 것이 군벌 세력과 정당 국가의 조직이었습니다.

명나라도 청나라도 정부는 매우 작아 현지 실무는 향신들에게 맡겨져 있었습니다. 그래서 위정자가 바뀌어도 정부 관료가 아니었던 그들의 세력은 그대로 온존되었고, 역으로 큰 혼란 없이 새 정부 아래 편입되었습니다. 명에서 청으로의 변화에서도, 청에서 중화민국으로의 변화에서도 이는 마찬가지였다고 생각합니다.

민족주의가 외쳐지고 중국 내외의 정치는 눈이 핑핑 돌 정도로 빠르게 바뀐 것처럼 보이지만, 내실을 보면 예부터의 사회구조가 거의 그대로 신정권에 이식되었고 사회의 이원 구조도 유지됩니다.

유교와 황제 체제라는 겉으로 드러난 간판은 내려졌지만, 사회에 원래 존속한 틀은 그대로 이어져 바뀌지 않았습니다. 왜 변하지 않는가 하면, 중국 사회가 바로 중국의 역사 그 자체이기 때문입니다. 우리는 유교를 사상·교리로서 파악하지만, 중국인에게는 유교가 토착의 습속·관례라고 해야 실태에 가깝습니다. 매일 당연한 일로서 아무런 의심도 가지지 않고 행하고 있는 행위, 마치 수면이나 식사와 같이 중국인들은 유교의 이론이나 교의를 의식하지 않은 채 그 틀에 근거하는 사회생활을 하고 있습니다.

그래서 변하지 않는 것입니다.

중국은 왜 공산주의 국가가 되었는가

국민정부는 1928년 북벌을 완성해 베이징정부를 무너뜨리는데, 그것으로 바로 중국 전역을 통일할 수는 없었습니다.

장제스가 이끄는 국민정부는 강남 삼각주를 중심으로 한 경제 선진 지역을 장악하고 있었지만, 만주에는 일본군이 여전히 전력을 재배치하고 있었고, 내륙 농촌 지대는 국민당과 결별한 공산당이 장악하고 있었습니다.

장제스는 일본보다 공산당을 먼저 제압하려고 군사를 서쪽으로 돌려 공산당 세력을 산시성(陝西省섬서성) 산간까지 몰아붙입니다. 그런데 1937년 일본군과 안 싸우면서 중국인끼리 서로 죽이는 상황에 의문을 느낀, 국민정부의 동북군 리더 장쉐량(張學良장학량)이 장제스를 연금까지 하면서 설득했고[西安事變, 시안사건], 국민당은 공산당과 화해(제2차 국공합작)하고 항일전선을 펴게 됩니다.

1930년대에서 1940년대에 걸쳐 중국은 전화로 막대한 피해를 입습니다. 1945년 일본은 패전하고 중국에서 철수했으나 중국은 여전히 전쟁에서 벗어나지 못했습니다. 그동안 항일전에서 함께 싸웠던 장제스의 국민당과 마오쩌둥이 이끄는 공산당이 대립하여 내전에 돌입한 것입니다.

군사적으로만 보면 이 싸움은 국민당이 당초 압도적 우위에 있었습니다. 그러나 중일전쟁으로 피폐해진 경제는 금방 회복되지 않았고, 가뜩이나 달러 대비 환율이 하락하고 있었는데도 국민정부가 불어나는 전쟁 비용을 충당하려고 화폐를 남발하는 바람에 국민당 지배 지역은 기록적인 하이퍼인플레이션에 시달렸습니다.

더욱이 국민정부는 전시물자의 접수와 분배, 혹은 징세나 사법 분야에서 무리한 정책을 계속 폈기 때문에 국민의 지지를 잃고 공산당에 패퇴하는 결과를 낳았습니다.

이리하여 1949년 10월 1일, 중국 공산당은 중화인민공화국의 성립을 선언합니다.

내전의 결과는 분명 '공산당의

마오쩌둥 1949년 10월 1일, 마오쩌둥은 베이징의 톈안먼 단상에 올라 중화인민공화국의 건국을 선언했다.

승리'이지만, 그 절반은 국민당의 자멸 덕분입니다. 공산당이 힘으로 국민당을 무릎 꿇린 것도 아니고, 중국 국민이 공산당을 전폭 지지한 결과도 아니라는 점은 간과할 수 없습니다.

공산당이 승리한 시점에서 얼마나 중국 사회를 장악하고 있었는지는 미지수입니다. 물론 국민정부가 패배한 것은 부패와 고압적인 자세로 중국 사회에서 버림받아서이지만, 그것은 정도와 비교의 문제이지 반드시 공산당의 지지를 의미하는 것은 아니었습니다.

장제스는 대처해야 할 적이 너무 많았습니다.

먼저 베이징정부가 있었고, 북부에는 여러 군벌이 있었으며, 이들을 타도해도 만주에서는 일본군이 남하했고, 서쪽 내륙부에는 마오쩌둥이 이끄는 공산당이 있었습니다.

미국과 영국의 지원을 받았지만, 역설적으로 너무 많은 지원이 국민당 내부에 부패를 만연케 했습니다. 게다가 공산당과 내전을 벌일 때는 이미 중일전쟁에서 국민당의 힘이 다 소진되어 버린 상태였습니다.

미국과 영국처럼 중국의 내셔널리즘을 가볍게 받아넘길 만한 여유가 당시의 일본에 없었던 것은 중일 양국 모두에게 불행이었습니다.

량치차오나 쑨원를 보면 알 수 있듯이 중국은 당초 일본과 친밀했고, 일본에서 여러 가지를 얻어 민주적 국가를 세우려 했기 때문입니다. 그랬는데 어느 시기부터 중국인은 일본이 아닌 미국으로 유학을 가게 됩니다. 그리고 유학파의 대부분을 미국 유학 경험자가 차지하면서 사고방식이 미국화(Americanize)됨과 동시에 일본을 싫어하게 되어, 최종적으로는 일본만이 나쁜 자가 되어 버렸습니다.

장제스의 국민정부를 보고 반성하면서 출범한 마오쩌둥 정권은 출범 2년 만인 1951년 반'부패'의 대대적 캠페인을 펼칩니다.

'삼반운동(三反運動)'으로 불리는 캠페인은 당 간부 및 관료의 '부패' '낭비' '관료주의'의 세 가지 해악[三害]에 반대한다는 슬로건 아래, 대규모 적발을 실시했습니다. 실제로 삼반운동으로 적발된 관료의 숫자는 중대 안건만 해도 무려 29만 명에 달했습니다.

덕분에 관료들에 대한 통제가 강화되고, 공산당이 이끄는 중화인민공화국은 중화민국이 이상으로 삼았지만 이루지 못한 '국민국가'를 마치 실현한 듯했습니다.

하지만 현실은 그렇게 쉽게 바뀌지 않습니다.

이를 보여주는 것이 1957년의 '백화제방 백가쟁명(百花齊放 百家爭鳴)'으로 터져 나온 지식인의 체제 비판이었습니다.

마오쩌둥은 당초 지식인들에게 춘추전국시대의 제자백가와 같은 자유로운 언론 활동을 요청하면서 '언자무죄'(言者無罪, 무슨 말을 해도 죄가 되지 않는다)라고 했지만, 실제로 당 간부와 농민 간의 소득 격차를 격렬하게 지적하는 목소리가 높아지자 비판자들을 '우파'로 단정 짓고 탄압으로 전환합니다.

그리고 이를 기회로 공산당 정권은 상궤를 벗어난 정책과 운동을 차례차례 실시해 나가게 됩니다. 1958년에 나온 '대약진(大躍進)'은 그 전형입니다.

'대약진'이란, 불과 10년이라는 단기간에 고도 경제성장을 완수해 당시 세계 제2의 경제대국 영국을 추월하겠다고 목표를 세운 계획입니다. 마오쩌둥은 이 무모한 계획을 밀어붙였습니다. 그 결과 경제를 대혼란에 빠뜨리고 수천만 명에 이르는 아사자를 냈으며, 1959년 국가주석 자리를 류사오치(劉少奇유소기, 1898~1969)에게 물려주었습니다.

류사오치는 총서기 덩샤오핑(鄧小平등소평, 1904~1997)과 함께 경제 재건에 힘썼고 1960년대 전반에는 그 효과가 나타나 생산이 회복되면서 중국 경제가 다시 일어설 조짐을 보였습니다.

그렇게 되자 마음이 불편한 사람이 마오쩌둥이었습니다.

복권을 하려던 마오쩌둥은, 1964년에 《마오쩌둥 어록(毛澤東語錄모택동어록)》을 출판하고 자신의 신격화와 당국에 대한 조반(造反)을 획책합니다. 이때 조반의 과격분자로 활동한 것이 '홍위병(紅衛兵)'이라고 자칭한 젊은이들이었습니다. 이렇게 1966년부터 '문화대혁명(文化大革命)'이 시작되었습니다.

문화대혁명은 1976년 마오쩌둥의 사망으로 홍위병을 동원해 온갖 흉행을 저지른 4인방(四人幇)[1]이 뒷배를 잃을 때까지 약 10년 간 계속되었습니다.

마오쩌둥은 '문화대혁명'으로 무엇을 꿈꾸었던 것일까요.

거기서 보이는 건 중국 사회가 여전히 상하가 격절된 이원 구조였다는 점

---

[1] 장칭(江靑), 왕훙원(王洪文), 장춘차오(張春橋), 야오원위안(姚文元)_역주

입니다. 아마 마오쩌둥 일파는 이중 구조의 하층에 위치하는 사람들을 동원해 그들에게 상층을 격멸하게 함으로써 사회의 일체화를 목표로 했을 것입니다. 그렇기 때문에 마오쩌둥은 이 정책을 '혁명'이라고 이름 붙여 단행한 것입니다.

공산당 정권에서 자유경제가 성립하는 논리

마오쩌둥 일파의 주관적 이상이야 어쨌든지 간에 문화혁명 후 중국의 상황은 비참했습니다.

긴급했던 것은 최빈국 수준으로 몰락해버린 경제의 재건이었습니다.

이 책임을 진 것이 마오쩌둥의 죽음으로 복권된 덩샤오핑(鄧小平)입니다.

덩샤오핑은 이원 사회의 일체화를 포기하고 경제 재건을 지향합니다. "흰 고양이든 검은 고양이든 쥐를 잡기만 하면 좋은 고양이다."[1]라는 유명한 문구의 실행입니다. 흰 고양이는 사회주의를, 검은 고양이는 자본주의를 그리고 쥐는 경제발전을 상징합니다. 이 문구대로 덩샤오핑은 중국에 자본주의 경제를 도입합니다. '개혁개방'이라고 불리는 정책입니다.

개혁개방은 나중에 '사회주의 시장경제'라는 현재의 체제로 결실을 맺게 되었습니다. 사회주의와 시장경제는 우리 입장에서 보면 모순되는 개념과 제도인데, 어떻게 중국에서 모순 없이 성립되었고 또 성공을 거두었을까요?

이 모순을 모순이 아니게 만드는 열쇠는 중국의 사회구조에 있습니다.

덩샤오핑은 중국 정권이 근대 이후 몇 번이나 노력했지만 도저히 극복할 수 없었던 '이원 사회구조'를 오히려 이용하여 경제발전으로 이끌었다고 할

---

1) 黑猫白猫論흑묘백묘론_역주

수 있습니다.

즉, '관민 일체'가 되어 경제발전을 목표로 하는 것이 아니라 '관민 괴리'를 받아들인 다음, 정치는 '사회주의'의 공산당 정권인 '관(官)'이 독재를 하면서 담당하고, 자유로운 '시장경제(자본주의)'는 '민간'에게 맡기는 분업을 성립시킨 것입니다.

상하 괴리, 관민 괴리, 사와 서라는 중국이 도저히 극복할 수 없는 이원 구조에 순응한 분업 정책이었기에 개혁개방은 눈부신 성과를 거둔 것입니다.

덩샤오핑은 우선 농촌 개혁부터 착수해 1980년대 초반까지 이를 성공시키고, 회복된 생산력을 살려 도시의 상품경제를 용인합니다. 이에 따라 기업 활동이 활성화된 1990년대에 들어서면, 시장경제를 전면 개방합니다. 이런 단계[step]를 밟으며 중국 경제는 안정적인 발전을 이루어 장기간에 걸친 고도성장을 실현했습니다. 그 결과가 현재의 경제대국 중국을 만들었습니다.

경제발전은 대단한 성과이지만, 자본주의를 받아들인 이상 피할 수 없는 문제도 있습니다. 바로 격차입니다.

중국이 이원 구조이기 때문에 경제 격차는 더욱 조장됩니다. '사회주의 시장경제'가 중국 구래의 사회구조에 맞는 체제인 이상, 거기에 뿌리를 둔 폐해 또한 면할 수 없습니다. 상층부의 오직(汚職)과 부패입니다.

일찍이 마오쩌둥은 일시적이기는 하지만 이 문제의 근절에 성공했습니다. 단지, 그것은 사회구조와 체질이 변화한 것이 아니라 모두가 똑같이 가난해진 결과 이루어진 일체화였습니다. 경제발전을 이룬 중국이 두 번 다시 이 방법으로 문제 해결을 지향하지는 않을 것입니다. 지금 중국은 성장은 유지한 채 오직(汚職)과 부패를 처결할 방법이 필요하기 때문입니다.

그러나 현실적으로는 '개혁개방' 이후 계속된 경제성장은 지칠 줄 모르는 부의 추구와 그에 따른 격차의 확대를 지속적으로 만들어내고 있습니다.

그런 의미에서는, 중국의 '사회주의 시장경제'는 아직 시행착오의 과정 [process] 위에 있다고 할 수 있습니다. 현재 안고 있는 문제를 정치가 어떻게 제어[control]할지는 아직 답이 나오지 않은 문제입니다.

중국인은 국가가 아니라 커뮤니티에 귀속되어 있다

중국은 이웃에 있지만, 일본인은 이해하기 힘든 것이 많은 수수께끼의 나라입니다.

'하나의 중국'을 외치면서도 국내는 늘 제각각이고, 장구한 중국사에서 진정으로 하나로 통합된 적도 한 번도 없습니다.

그럼에도 불구하고 중국인은 세계 어디에 가든, 몇 세대에 걸쳐 외국에서 생활하든 계속 중국인으로 남아 있습니다. 이런 강한 전통과 결속을 지탱하는 것은 국가가 아닌 민간 커뮤니티입니다.

중국인에게 있어서 이 커뮤니티의 존재는 우리는 상상할 수 없을 만큼 중요합니다. 중국인은 커뮤니티가 없으면 문자 그대로 살아갈 수 없습니다. 게다가 그것은 해외든 중국 국내든 똑같습니다.

일본인은 화교를 타향에서 살고 있는 사람들로 생각하지만 그들은 타향에서 살고 있다는 이질감을 느끼며 생활하고 있지 않습니다. 왜냐하면 그들은 항상 커뮤니티 안에서 생활하며 그 커뮤니티는 고향의 친척이나 고향의 조상 묘지와 연결되어 있습니다. 단 그 울타리를 벗어나면 중국 국내이든 외국이든 상관없이 모두 낯선 곳[異境이경, 타향]이기 때문입니다.

19세기 미국 화교에 대해 쓴 외교관의 일기가 남아 있는데, 거기에 매우 흥미로운 기록이 있습니다.

샌프란시스코의 큰 차이나타운에 사는 화교는 광둥성(廣東省) 출신의 사람들이 많아서 그들이 죽으면 시신을 반드시 관에 안치하여 배로 광둥으로 보내 고향에 안장한다고 합니다.

이때 일련의 절차는 모두 그들의 커뮤니티 안에서 상호부조로 진행되고, 그것이 커뮤니티의 규칙[rule] 중 하나였습니다. 물론 중국 쪽에서는 보내온 시신을 접수하는 체제가 잘 갖춰져 있다고 합니다.

이 내용은 샌프란시스코의 기록이지만, 아마 마찬가지 일이 전 세계의 화교 커뮤니티에서 이루어지고 있을 것입니다.

그만큼 화교들의 고향 귀속 의식이 강해서, 제 지인인 나가사키에 사는 화교 한 분도 '나는 푸젠(福建복건) 진먼(金門금문) 사람이다'라고 합니다. 외국에서 몇 년을 살든, 그들은 자신의 정체성[identity]을 계속 가지고 있는 것입니다.

하지만 이러한 강한 귀속 의식은 국가에 대한 것이 아닙니다. 그들이 귀속하는 것은 어디까지나 자신이 속한 커뮤니티입니다. 이 때문에 커뮤니티 간의 이해가 대립되는 경우에는 중국인끼리도 싸움을 마다하지 않습니다.

이것을 중국어로는 '계투(械鬪)'라고 합니다. '계'는 무기를 의미하므로 직역하면 무기를 들고 싸운다는 말입니다.

커뮤니티를 자위하기 위해서 무장하는 것입니다. 그들이 농민이라면 계투는 농민반란이 되고, 커뮤니티가 무법자[outlaw] 집단이면 마피아가 되며, 커뮤니티가 종교적 집단이면 백련교도처럼 되는 것입니다. 또한 이러한 무장 커뮤니티를 군사력으로 이용한 것이 청 말기의 질서 유지를 뒷받침한 이홍장입니다.

이와 같은 사정을 알면, 왜 오늘날의 중국이 파룬궁(法輪功)을 탄압하는지 일 수 있을 겁니다. 파룬궁은 신흥종교이기 때문에 탄압받는 것이 아닙니다. 강력한 결속력을 가지고 정부와 다른 이데올로기를 받드는 커뮤니티이기 때문에 탄압받는 것입니다.

왕조시대의 체제 교학(敎學)으로서 커뮤니티 결속의 유대가 되었던 것은 유교였습니다.

과거를 통해 커뮤니티에서 대표자를 한 명 배출하면 그 커뮤니티는 혜택을 볼 수 있어 조용해지지만, 아무도 과거에 통과하지 못하면 그 커뮤니티는 무법자[outlaw] 집단이 되어 사회의 위험 분자가 됩니다. 그러므로 전원이 힘을 합쳐 커뮤니티에서 가장 재능 있는 사람을 과거에 합격시키려고 후원[backup]을 했던 것입니다. 유교·과거가 없어지면 그 대체가 필요합니다.

중국인은 커뮤니티에 귀속되어 있기 때문에 뿔뿔이 분산될 수밖에 없고, 하나가 될 수 없습니다. 그렇지만 하나가 될 수 없기에 '하나의 중국'을 외치고, 위정자는 힘으로 그 뿔뿔이 흩어진 것을 통합해야만 하기 때문에 독재가 되기 십상입니다.

왜 하나가 되지 않으면 안 되는지에 대해서는 이미 여러 번 언급했지만, 정리하자면 표리일체의 관계라 할 수 있는데, 중국의 위정자가 항상 느끼는 이 '산산조각 나는 것에 대한 공포'가 그렇게 만드는 것입니다.

하나여야만 하는 관념이 산산조각 난다는 공포를 낳고, 그 공포가 결국 통일로 향하게 내몰고 있다는 것입니다.

따라서 중국공산당은 세계 각국이 아무리 비난해도 몽골과 티베트, 센카쿠를 편입하려 할 것이고, 홍콩의 민주화를 절대 허용하지 않을 것이며, 타이완도 결코 포기하지 않을 것입니다.

중국과 잘 지내기 위한 비결

'관민 괴리'에 '커뮤니티에 대한 강한 귀속 의식', 그리고 '하나의 중국'. 모두 일본인에게는 좀처럼 이해하기 어렵게 느껴지지만, 이 세 가지는 늦어도 명대 이후 지금까지 모습은 다르지만 본질은 변하지 않고 중국이 계속 가지고 있는 특징이라고 할 수 있습니다.

그러한 특징을 가진 중국과 일본은 어떻게 하면 잘 지낼 수 있을까요.

솔직히 이 물음에 대한 정답은 아직 보이지 않습니다.

그렇다고 해도, 지정학적으로 이웃한 이상 일본은 중국과 앞으로도 교제해 나가야만 합니다. 그래서 상기하고 싶은 한어의 성구가 다음 말입니다.

'군자지교 담여수, 소인지교 감여예(君子之交淡如水、小人之交甘如醴)'

이 문구는 《장자(莊子)》에 나오는 말로, '군자의 사귐은 담백함이 물과 같고, 소인의 사귐은 달콤하기가 감주와 같다'는 것입니다. 의미는, '성숙하고 훌륭한 사람의 교제는 물과 같이 상쾌하고 너무 깊이 들어가지 않으나, 형편없는 사람의 교제는 감주처럼 끈적끈적하다'는 것입니다.

중국과의 교제는 '물과 같은' 것이 좋다고 생각합니다.

너무 깊이 들어가는 것은 좋지 않습니다. 특히 상대를 모르는데 깊이 관계하는 것은 상대방에게 실례이고, 자기 자신에게 위험합니다.

장구한 중국의 역사를 보고 말할 수 있는 것은, 일본과 중국의 관계가 나쁠 때는 일본이 중국에 깊이 개입했을 때입니다. 일본과 중국은 관계가 깊어지면 반드시 말썽이 일어난다는 것이 역사의 교훈입니다.

일본과 중국의 관계가 가장 좋았던 때는 청나라 때입니다. 왜 별 문제가 없었는가 하면 이 시대는 일본이 쇄국을 하고 있었기 때문에 필요한 만큼만 하는 최소한의 교류밖에 하지 않았기 때문입니다.

그 시대야말로 일본과 중국의 이상형일 것입니다.

인간관계에서도 사람마다 '잘 지낼 수 있는 거리감'이 모두 다릅니다 나라와 나라 간의 관계에서도 너무 가까워지면 안 되는 상대가 있습니다.

중국에 대해서 그냥 '국제 룰[rule]을 지켜라'며 시비조로 떠드는 것은 역시 능숙한 교제 방식이라고 할 수 없을 것입니다.

그렇다고 어떤 일이 있을 때 일본이 자기 입장을 무너뜨리면서까지 양보하는 것도 잘못입니다. 할 말은 해야 합니다. 그럴 때 중요한 건 말투입니다.

미국은 무엇이든 '국제 룰[rule]이 아니라면 용납 못한다'며 강한 입장에서 상대를 위협하지만, 일본과 미국은 국력도 다르고 지리적인 조건도 다릅니다. 게다가 과거에 어떤 관계를 맺어 왔는지도 다릅니다.

역사적으로 일본이 중국인들에게 어떤 나라였는가를 우리는 역사에서 배우고 분별한 뒤에 비로소 사귀어 나갈 출발선[start line]에 설 수 있다고 생각합니다. 하지만 역사를 배운다고 그것으로 서로 이해할 수 있는가 하면, 그렇게 '손쉬운' 문제가 아니라고 생각합니다.

그러므로 '물처럼' 정도가 좋은 겁니다.

일본인이 중국인을 이해할 수 없다는 것은, 뒤집어 말해서 중국인도 일본인을 이해하기 어렵다는 것입니다.

일본인은 정치도 경제도, 관과 민이 모두 일체가 되는 것이 당연하기 때문에 일체가 아니면 이상하다고 느낍니다. 하지만 중국인은 사와 서, 관과 민이 괴리하고 있는 이원 사회가 당연한 겁니다.

서로 다른 것이 당연하다, 다르기 때문에 완전히 서로 이해 못하는 것이 당연하다, 이런 의식을 가지고, 잘 이해되지 않아도 나름 상대를 이해하려고 하는 것이 역사나 타문화를 배운다는 것이 아닐까요.

그리고 배운 후에 '군자의 사귐[君子之交]'을 지향하는 것이 일본이 중국과 좋은 관계를 맺는 방법이 아닐까 생각합니다.

PHP가 호평을 받으며 출간하고 있는 '교양 ~ 역사' 시리즈. 이 시리즈는 저명한 역사학의 대가들이 학식의 일단을 피력하여, 역사에 꼭 친숙하지 않은 이들이라도 '교양', '문화'의 향상에 도움이 되도록 하자는 것이 취지이다.

역사학의 한 분야에 종사하는 나는 의미 있는 기획이라 여기며 서점 진열대에 수북이 쌓여 있는 책을 곁눈질로 바라보며 잘 되기를 기원하기만 했다. 그런데 '동아시아 근대'라는 인기 없는 분야가 전공인 내가 그 당사자가 될지는 전혀 생각하지 못했다.

그 말석에라도 참여할 수 있어 영광일 뿐이다. 2018년에 집필 제안을 받았을 때에는 그리 생각해서 어깨가 으쓱 기쁘기만 했다. 언제나처럼 나쁜 버릇이다. 이 책의 시작은 얕은 학식을 알면서도 동경을 못 참고 저질러 버린 무모함이었다.

이윽고 대가를 즉각 치러서 책 쓰기는 내내 진척이 없었다. 그래도 저명한 '교양 ~' 시리즈를 맡아온 편집 담당자 스즈키 다카시(鈴木隆) 씨와 편집 협력자 이타가키 하루키(板垣晴己) 씨의 주도면밀한 일처리로 마침내 졸저가 빛을 보게 되었다.

스즈키 씨는 프로 편집자로서 '교양' 시리즈의 책에 적합한 주제[topic]를 딱 맞게 조합하고, 이타가키 씨는 프로 작가[writer]로서 장황하고 산만한 '전공' 서적류의 만연체를 유려한 문장으로 바꿔주었다. 이 책은 세 명의 공저라고 하는 것이 확실히 맞을 것이다.

교양이 없는 전공 지식은 그저 '오타쿠'이고, 전공 지식이 없는 교양은 그저 박식일 뿐이다. 둘 다 쓸모없는 존재이다. '중국사' 전공과는 무관한 두 분과 함께한 즐거운 시간에서 세상의 그런 당연한 이치도 다시 배웠다. 특별히 충심 어린 감사를 나타내고 싶어 여기 적는다.

2020년 7월, 쓰르라미 소리가 스며드는 가모(賀茂, 교토 소재)의 저녁에
오카모토 다카시

참고 문헌

본문에서 인용, 언급한 것을 중심으로 하여 대체로 손쉽게 읽을 수 있는 서적만 적었다. 관련 있는 저자의 책들은 책 판권 페이지의 '약력'에 대략 소개되어 있으므로 생략한다.

《アカデミア世界史》浜島書店, 2009년

飯塚浩二《東洋史と西洋史のあいだ》岩波書店, 1963년

石田幹之助 / 榎一雄解説《増訂 長安の春》平凡社·東洋文庫, 1967년

加藤弘之《中国経済学入門 ——〈曖昧な制度〉はいかに機能しているか》名古屋大学出版会, 2016년

木越義則《近代中国と広域市場圏 —— 海関統計によるマクロ的アプローチ》京都大学学術出版会, 2012년

岸本美緒《東アジアの〈近世〉》山川出版社·世界史リブレット, 1998년

桜井邦朋《太陽黒点が語る文明史 ——〈小氷河期〉と近代の成立》中公新書, 1987년

斯波義信《華僑》岩波新書, 1995년

——《中国都市史》東京大学出版会, 2002년

島田虔次《朱子学と陽明学》岩波新書, 1967년

——《中国の伝統思想》みすず書房, 2001년

白川静《常用字解》제2판, 平凡社, 2012년

杉山正明《クビライの挑戦 —— モンゴルによる世界史の大転回》講談社学術文庫, 2010년

——《遊牧民から見た世界史》증보판, 日本経済新聞出版社·日経ビジネス人文庫, 2011년

谷川道雄《隋唐世界帝国の形成》講談社学術文庫, 2008년

檀上寛《永楽帝 —— 華夷秩序の完成》講談社学術文庫, 2012년

内藤湖南 / 礪波護責任編集《東洋文化史》中公クラシックス, 2004년

狭間直樹《梁啓超 —— 東アジア文明史の転換》岩波現代全書, 2016년

古松崇志《草原の制覇 —— 大モンゴルまで》シリーズ中国の歴史③, 岩波新書, 2020년

丸橋充拓《江南の発展 —— 南宋まで》シリーズ中国の歴史②, 岩波新書, 2020년

三田村泰助《宦官 —— 側近政治の構造》中公文庫, 1983년

宮崎市定《科挙 —— 中国の試験地獄》中公文庫, 1984년

—— 《中国古代史論》平凡社選書, 1988년

—— 《九品官人法の研究 —— 科挙前史》中公文庫, 1997년

—— / 礪波護編《中国文明論集》岩波文庫, 1995년

—— / 礪波護編《東洋的近世》中公文庫, 1999년

村松祐次《中国経済の社会態制》東洋経済新報社, 1949년(복간판1975년)

森安孝夫《シルクロードと唐帝国》興亡の世界史05, 講談社, 2007년

渡辺信一郎《中華の成立 —— 唐代まで》シリーズ中国の歴史①, 岩波新書, 2019년

ジョゼフ・ニーダム / 藪内清監修ほか《中国の科学と文明》新思索社, 1974-81년

A・マディソン / 金森久雄監訳・政治経済研究所訳《経済統計で見る世界経済2000年史》柏書房, 2004년

K・ポメランツ / 川北稔監訳《大分岐 —— 中国、ヨーロッパ、そして近代世界経済の形成》名古屋大学出版会, 2015년

キショール・マブバニ / 山本文史訳《大収斂 —— 膨張する中産階級が世界を変える》中央公論新社, 2015년

* 저자, 문헌명, 발행처는 원문으로 표기하였습니다.

　이 책의 원래 제목이 일본인이 교양으로서 알아야 할 중국의 역사이고, 개설 중국사가 아니라는 점을 염두에 둘 필요가 있다. 단순히 중국사를 다이제스트로 소개하는 글이 아니라, 오늘날 중국과 함께 살아가야 할 일본인들에게 중국은 이런 길을 밟아왔다며, 이런 점을 주의해야 한다고 저자가 건네는 메시지이다. 한편 한국인이 읽으면, 오늘날 일본 학계와 일본 사회가 중국을 어떻게 보고 있는지 볼 수 있는 창문이 된다. 이 책은 한국인이 오늘날 중국을 어떻게 인식할지 참고하는 부교재이면서도, 옆 나라에서는 이런 인식이 강해지고 있구나 객관적으로 볼 수 있는 이중적 역할을 한다.

　따라서 개설서가 아니라 문제작이다. 저자 오카모토 다카시 교수는 중국사 분야에서 뛰어난 학술 연구자이면서 동시에 교양서 시장에서 적지 않은 베스트셀러와 구독자층을 가진 분으로 저서의 사회적 영향력이 적지 않다. 저자와는 학문적 교분을 나눈 지 어언 30년이 가깝다. 이 책을 번역하면서, 예나 지금이나 저자의 역사적 통찰력은 대단하구나 감탄하면서도, 저자가 중국사와 중국을 이야기하는 방식이 (물론 내적으로 한결같은 부분은 있지만) 참으로 바뀌었구나 절감했다. 저자만 그렇겠는가? 한중일이 포스트 냉전 시기 미국 주도의 세계화 속에서 각개약진하며 사이좋았던 1990년대와 미중 디커플링 및 동아시아 상호 혐오가 돌출하는 2020년대를 비교하면, 각 사회의 서로에 대한 인식은 급격히 변화했다. 그 하나의 명징한 사례가 이 책의 중국관이 아닌가 싶다. 일본인에게 중국 문명은 서구나 일본과는 DNA가 다르므로 패러다임이 다르다는 점을 인정하고 멀찍이 사귀자는 메시지이다. 물론 나쁘고 좋고의 문제가 아니라 다를 뿐이라고 하지만, 민주주의, 인권, 공정 이러한 규범들은 중국적 맥락에서는 실현되기 힘든 것으로 선고되고, 시진핑의 중국은 원래 그런 것이 된다. 왜냐면 문명의 출발부터 지금까지 역사적 DNA가 규정하기 때문이다. 각자 알아서 살자고 말하지만, 사실 가치가 다르다면 같은 방향의 미래를 바라보는 것은 불가능해진다. 얼핏 과거의 '중일이질론(中日異質論)'을 연상시키는 저자의 논리에 역자는 동조하기 어려운데, 산업혁명과 근대 이후 인류가 그 이전 인류와 다른 차이만큼, 전근대 시기의 각 사회 간의 차이는 크지 않다고 보기 때문이다.

2009년에 역자는 두 권의 책을 번역 출판했는데, 하나는 조공, 책봉에서 조약체제로 바뀌는 한중일의 역사적 관계를 다룬 저자의 책이고(《미완의 기획, 조선의 독립》, 소와당), 다른 하나는 미국 패권에서 중국 패권으로의 변화를 새로운 문명의 대안으로 희망하는 지오바니 아리기의 책이었다(《베이징의 애덤 스미스》, 길). 양자의 중국관은 분명히 달랐지만 서구적 관점의 극복과 아시아적 시각이라는 면에서는 공명했었다. 올해 역시 우연히도 이 책과 함께 문화대혁명을 다룬 영문 저작을 번역했는데(리처드 커트 크라우스, 《문화대혁명》, 교유서가, 근간), 이 두 책의 중국관은 철도 레일처럼 만날 수 없는 평행선을 그린다. 중국을 비판하지 않고 다만 다를 뿐이라고 하지만 역자의 눈에는 사실상 불통 선언으로 보인 이 책의 시각과, 문혁 시기 중국을 비판하지만 반자본주의 대안으로 21세기 인류사적 보편성을 찾는 또 다른 책의 시각은 오늘날 '중국'이란 대상으로 투영되는 비타협적인 정치적 대결 구도를 보는 것 같다. 그것도 글로벌하게 전개되는 대결이다. 한국인의 교양 중국사를 어떻게 써야 하는지 많은 고민을 던져주리라 기대한다.

행당동에서
강진아

중국사 어떻게 읽을 것인가

황허문명부터 중국공산당까지 역사 흐름과 그 특징

지은이 오카모토 다카시
옮긴이 강진아
발행일 2023년 6월 20일 초판 1쇄 인쇄, 2023년 6월 30일 초판 1쇄 발행
발행인 신미희
발행처 투비북스
등록 2010년 7월 22일 제2013-000091
주소 성남시 분당구 수내로206
전화 02-501-4880 **팩스** 02-6499-0104 **이메일** tobebooks@naver.com
디자인 여백커뮤니케이션 **표지 글씨** 오미숙 **본문 도판 작성** 티하우스 **제작** 한영미디어

ISBN 9788998286064
값 18,800원   © 2020 by Takashi OKAMOTO